Speak Japanese!

わかる！話せる！
日本語会話
基本文型
88　88 Basic Patterns for Japanese Conversation

監修・著
水谷信子
Mizutani Nobuko

松本　隆／**有田聡子**／**高橋尚子**
Matsumoto Takashi　Arita Satoko　Takahashi Naoko

Jリサーチ出版

はじめに

　この本は、会話の日本語をもっと理解して、もっと話せるようになりたいという方のための本です。理解のために、実際の日本語の会話の形を忠実に伝えるよう努力しました。ちょっと見てもわかるように、いわゆる教科書の文でない、"生きた話し言葉"が中心になっています。

　「基本文型88」としたのは、88の基本文型を手がかりに、日本語の実際の姿をとらえていただきたいからです。この文型は、現在の日本人が周囲の人たちとどんな会話をしているかを調査し、分析して得たもので、生きた日本語をつかむよい手がかりになります。

　最初の「日本語会話の基本パターン」で日本語の特徴がつかめたら、「日本語の最重要文型8」で、日本人がよく使う文の終わり方や文の作り方の機能をモノにしてください。日本人がふだん、無意識に、くり返し使っている「小さいけど重要な言葉」を取り上げています。

　　ほんとにそうですね。

　　大丈夫ですよ、心配しなくても。

　　30分遅れるって。

などの「ね」「よ」や「って」など、たびたび耳にされると思いますが、説明や会話文を読んでみると、こうした短い語がどんなにコミュニケーションに威力を発揮しているか、わかって面白いと思われるでしょう。

　次に、そのあとの「日本語会話の基本文型80」を攻略してください。使う場面や使用上のポイントが短く、わかりやすく説明してありますから、飽きる間もなく、どんどん読み進んでいけます。

　この本を手にされたその時から、周囲の日本人の話の要点を耳でとらえることができ、短い文が口をついて出る気がして、きっと会話の勉強が楽しくなります。そうした皆さんの姿を想像しながら、この本を「頑張って」と皆さんのもとへ送り出します。Good luck!

水谷信子

This book is made for people who want to be able to understand spoken Japanese and speak more fluently. We put our efforts to show the Japanese conversations as authentically as possible. Please take a look at the example sentences in this book. You will find that they are practical spoken Japanese, not just sentences from textbooks.

We would like you to learn the features of authentic Japanese using 88 basic key sentence structures. We picked the structures from the results of our research and analysis of modern Japanese conversations. We believe that this will give you good clues to understand practical Japanese more completely.

First, you study "Japanese Conversation Basic Patterns" to understand the fundamental features of the Japanese language. Then, proceed to "The 8 Important Sentence Structures" and learn the authentic ways of making and ending sentences. We show you there the small but important words being used by native speakers automatically and frequently. For example,

ほんとにそうですね。(I really agree.)

大丈夫ですよ、心配しなくても。(It's going to be fine. You don't need to worry.)

30 分遅れるって。(I heard it will be delayed for thirty minutes.)

You hear very often the endings 'ne', 'yo', and 'tte' as you see in the examples above. When you read the examples and the explanations in this book, you will understand how significant these small words are in communication.

Then, please learn "The 80 Japanese Conversation Basic Sentence Structures". We give you clear explanations so you can understand when and how to use these structures. You will find this book fascinating to read through out.

Once you have this book in your hand, you will be excited as you become able to understand Japanese conversation and speak in precise sentences. We give you this book and encourage you to work hard to learn spoken Japanese. Good luck!

本书是专门为那些想进一步理解日语口语，提高口语表达能力的日语学习者而编写的。我们在编写过程中，为了大家更进一步理解日语，努力再现实际生活中的日语口语形式。就像大家所看到的一样，这本书并非刻板的教科书，而是以"生活中所出现的活灵活现的日语口语"为主旨而编写的。

要想真正理解现实生活中日本人所说的日语是非常困难的一件事。但是最近，我们看到了很多努力想了解日本人的外国朋友，为了回应他们的努力，让更多的外国朋友学会说日语，我们致力于这方面的研究，愿意为他们送上一本有价值的书，这本书就是我们所努力的结果。

"基本句型 88"是以 88 个基本句型为原型，希望大家能理解日语本来的姿态。这些句型是通过调查分析现代日本人与周围的人进行着怎样的对话而得出的结果，它成为理解当今实用日语的有益手段。请大家好好利用这些句型，将日语变成自身所拥有的能力。

如果大家在开始的"日语会话基本类型"一章节中抓住了日语的特点，那么，在"日语最重要的句型 8"中，各位就能学习到日本人经常使用的结句方式和写文章所用到的各种功能。还列举了日本人平时无意识地、反复使用的"短小经典的词语"。

ほんとにそうですね。(译句在括号内)

大丈夫ですよ、心配しなくても。(译句在括号内)

30 分遅れるって。(译句在括号内)

等句子的"ね"、"よ"、"って"这次单词大家都经常听到，但当我们读着说明和会话文，并且知道了这些短小精悍的词语在交流中发挥何种威力时，大家一定觉得非常有意思吧。

其次，大家可以攻克"日语会话基本句型 80"这一章节。这本书将一些平时教科书上不太出现的句型通过有趣的形式不断展开。使用场合以及使用要点的说明简洁明了，这种说明方式不会让大家感到厌烦，并且会一口气地读下去。

从这本书拿到手上的那一刻开始，大家就能通过自己的耳朵去理解周围日本人说话的关键之处，不知不觉地就能脱口说出一些短小精悍的句子，这样的学习会让大家感到愉快轻松、非常有成就感。我相像着大家的样子，最后将对这本书的寄托浓缩为一句话 ---- "加油"，以此来送给大家。祝大家好运！

目次
もくじ

Table of Contents ／目录

4

この本は大きく、序章・PART1・PART2 の３つの部分で構成され、次のステップで学習を進めます。しっかり練習を続けることで、"日本語会話の基礎力" が自然に身につきます。

STEP 1 序章「日本語会話の基本パターン」

会話をするときの日本語の特徴やパターンをつかみましょう。

STEP 2 PART1「日本語会話の最重要文型 8 」

特によく使われ、ほかの文型と結びつくことも多い最も重要な文型を取り上げています。意味や使い方を確認しながら、会話の実践練習をします。PART1 では最後に、復習のドリル（「ウォーミングアップ」）をして、PART2 に入る前の準備をします。

STEP 3 PART2「日本語会話の基本文型 80」

ほかの語や文との関係を中心にいくつかのグループに分けながら、さまざまな文型を取り上げています。STEP 2 と同様に学習を進めます。PART2 では、どこから学習してもかまいません。どの文型の会話文にもほかの文型が登場しますので、再確認しながら学習すると、より効果的です。

STEP 4 くりかえし練習

くりかえし学習することで、どんどん効果が増します。CD の音を気軽に聞き流すだけでもいいですし、声に出して練習すると、さらにいいでしょう。
☞「CD の使い方」(p.10)

This book is broadly divided into three sections: Foreword, Part 1, and Part 2. Study proceeds according to the steps listed below. By studying consistently and thoroughly, you will naturally achieve an ability in the basics of Japanese conversation.

STEP 1 **Foreword: Basic Patterns for Japanese Conversation**

Get an understanding of the characteristics and patterns of Japanese conversation.

STEP 2 **Part 1: 8 Essential Patterns for Speaking Japanese**

This section contains the most essential patterns that are particularly used often for joining sentence patterns. You will practice actual conversations while learning meanings and how to use the patterns. At the end of Part 1, there are review drills (warming up) that are preparation for starting Part 2.

STEP 3 **Part 2: 80 Basic Patterns for Speaking Japanese**

This section contains various sentence patterns that are divided into various groups that focus on relationships with other words or sentences. The method of practice in Step 2 is used here as well. In Part 2, you can begin your study at any point. Other sentence patterns appear in every conversation text, ensuring review and mastery.

STEP 4 **Repeat Exercises**

You will become proficient through repetition drills. You can simply listen to the CD, but it would be best to practice the drills out loud. (See: How to Use the CD, p.10)

　本书由序章・PART1・PART2 三部分构成，大家可以通过以下的步骤进行学习。通过坚持不懈的练习，可以自然而然地掌握"日语会话的基础能力"。

STEP 1 序章"日语会话的基本类型"

掌握会话时日语的特征和类型。

STEP 2 PART1（日语会话最重要的句型 8）

　列举了经常使用的，并且和其它句型结合得较多的重要句型。大家可以一边确认意思和使用方法，一边进行会话实践练习。在 PART1 中，最后进行反复练习（准备练习），做好进行 PART2 之前的准备。

STEP 3 PART2"日语会话的基本句型 80"

　以其它的词语和句子之间的关系为中心，分为几个组，列举了各种句型。和 STEP2 进行同样的学习。在 PART2 中，从哪里开始学习都可以。不管是哪种句型的会话文都有其它句型出现，所以，一边进行再次确认，一边学习会更有效果。

STEP 4 反复练习

　通过反复的练习，会增强学习效果。大家只要轻松地听 CD 即可，当然，发出声音进行练习会更有效果。☞"CD 的使用方法"（p.10）

テーマとなる文型を使った
フレーズの例です。

These are examples of sentence patterns
that contain thematic expressions.

这是使用成为话题句型的句子范例。

テーマとなる文型を使ったモデル会
話です。

These are model conversations that use sentence pat-
terns that contain the thematic expressions.

这是使用话题句型的会话原型。

意味・使う場面

文型の意味や機能、使う場面などの
説明です。

These are explanations of the meaning, function, or situ-
ations in which the sentence patterns are used.

这是句型的意思、功能以及使用场合等的说明。

基本パターン

その文型を使った表現の基本的な
型を示しています。意味や形などで
パターンに分類できる場合に、A、
B…として示しています。

These are basic types of expressions that use the sen-
tence patterns. When patterns can be categorized by
meaning or form, they are labeled A, B, etc.

表示出使用此句型的表达方式的基本原型。能通过意思和
形式进行类型分类的时候，通过 A、B…来表示。

テーマとなる文型です。同類のもの
を複数取り上げる場合もあります。

These are the sentence patterns that contain thematic
expressions. Some contain several examples of the same
category of expression.

这是话题的句型。有时候会列举无数的同类事物。

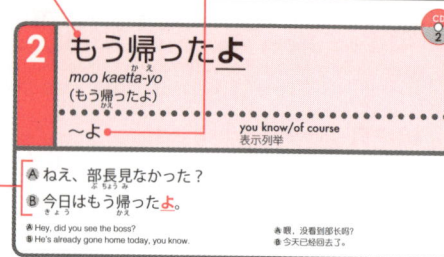

ポイント

文型のニュアンスや使い方などを
理解するポイントを示しています。

These are points for understanding the nuances of the
sentence patterns and how to use them.

表示理解句型语感和使用方法的要点。

この本で使っている記号　Legends Used in this Book　本书所使用的记号

V ＝動詞 verb 动词
A ＝い形容詞 i-adjective い形容词
NA ＝な形容詞 na-adjective な形容词
N ＝名詞 noun 名词

V る＝動詞辞書形 dictionary form of verb 动词 辞书形
V た＝動詞た形 verb-ta form 动词 た行
V ない＝動詞ない形 verb-nai form 动词 ない形
V う＝動詞意向形 volitional form of verb 动词 意向形

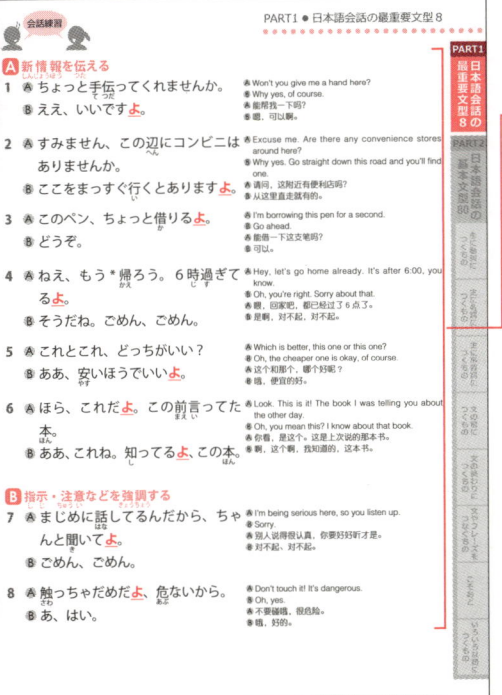

会話練習

文型を使った７～８の会話例を紹介しています。（全体が１ページの場合は３～４例）

Seven or eight conversations are provided for each pattern. (When there is just one page, there are three to four examples.)

介绍使用句型７～８的会话范例。（全部只有一页的时候是３～４例）

MEMO

「会話練習」の会話文についての補足説明です。主に語句に関するものです。

These are supplementary explanations of conversation texts in the "conversation drills." They are usually related to the words and phrases.

关于"会话练习"的会话文的补充说明。主要是关于语句的内容。

CD の使い方
つか かた

付属 CD には、モデル会話と「会話練習」の会話文（日本語）がすべ
ふ ぞく　　　　　　　　　かいわ　　　かいわれんしゅう　　かいわぶん　にほんご
て収録されています。
しゅうろく

❶ まず最初に、2ページ（または1ページ）の中で紹介されている
　　　さいしょ　　　　　　　　　　　　　　　　　　なか　しょうかい
　会話文をすべて読みましょう。一つ一つ意味を理解し、会話が行
　かいわぶん　　　　　　よ　　　　　　　ひと　ひと　いみ　りかい　　かいわ　おこな
　われている場面をイメージしてみましょう。
　　　　　　ばめん

❷ 次に、本を見ながら CD を聞きましょう。どんな音で話されている
　つぎ　　ほん　み　　　　　　　　き　　　　　　　　　おと　はな
　か、イントネーションなど、音のニュアンスをつかみながら確認
　　　　　　　　　　　　　　おと　　　　　　　　　　　　　　　　かくにん
　しましょう。

❸ 本を見ながら CD の音を聴き、すぐ後を追いかけるように、まねし
　ほん　み　　　　　　　おと　き　　　　あと　お
　て口に出しましょう。
　　くち　だ

❹ 今度は本を見ないで、同じように練習しましょう。
　こんど　ほん　み　　　　　おな　　　　れんしゅう

How to Use the CD

The enclosed CD contains all of the model conversations and conversation texts (Japanese) in the "conversation drills" section.

❶ First read all of the conversation texts listed on the two pages (or one page) for each pattern. Try to understand the meaning of each and imagine where the conversations are taking place.

❷ Next, listen to the CD while you read the book. Pay close attention to the types of sounds spoken, intonations, and nuances in speech.

❸ Listen to the CD while reading the text. Try to mimic the sounds aloud directly after they are spoken.

❹ Now practice the same way again without looking at the book.

CD 的使用方法

附带的 CD 收录书中所有的会话原型和"会话练习"中的会话文（日语）。

❶ 首先，我们要学习第二页（或第一页）中所介绍的会话文，然后一个一个地具体理解会话的意思，并且想象会话的场面。

❷ 第二步，边看书变听 CD，边听边确认怎样发音、声调和声音的语感。

❸ 边看书边听 CD，并且趁热打铁地进行模仿练习。

❹ 最后，不要看书，进行同样的训练。

序章
日本語会話の基本パターン

Foreword
Basic Patterns for Speaking Japanese

序章
日语会话的基本形式

あのう——まず話の場をつくる

　会話を始めるには相手の気持ちをこちらに向けなければなりません。その
ために

　　　あのう・・・

と呼びかけます。相手が「はい」と応じてくれたら、質問や依頼など、こち
らの目的を伝えます。このステップを無視して、いきなり用件を言い始める
と、相手はいやな気持ちになったり、「まあいい。外国人だから仕方がない」
と感じたりします。

You use 'anoo' to get the attention of the person you want
to start a conversation with. Once the person responds with
'hai', then, state your intention and give your questions and
requests, etc. If you do not take this first step and start to
tell what you want to say abruptly, your listener might be of-
fended or think 'all right, it is just the way of foreigners.'

如果要让对方和自己说话，首先必须让对方的注意力转移
到自己这一方。于是，我们就通过"あのう・・・"这句
话来向对方打招呼。如果对方回答了"はい"，那就可以
向对方表达自己的问题或委托等等。如果忽视这一步，一
开始就突然想说自己的事情，那对方就会感到不愉快，或
者会感到"啊，这是外国人，没办法"。

「あのう」の言い方

　「あのう」はあまり大きな声ではなく、遠慮の気持ちをいれてゆっくりと
言います。相手は先を急いでいるかもしれないし、何か考え事をしているか
もしれない。そのじゃまをすることになりますから、遠慮やためらいの口調
で言うことです。相手が気持ちよく応じてくれるようにする。これが会話の
第一歩です。

'anoo' should be said slowly and humbly, not loudly. The
person you want to talk to might be in a hurry or thinking of
other things. Since you might be disturbing him/her, please
say 'anoo' with a humble and hesitating tone. Making the
person willing to respond is the first step of your conversa-
tion.

说"あのう"时，不用发出很大的声音，而要用一种客气
的语气慢慢说。有可能对方着急要做其它事情，或者对
方正在思考其它事情，所以，这时候我们有可能会打扰对
方。于是，我们应该以一种客气而收敛的语气来说话，这
样才会让对方心情愉快地答复我们。这是会话的第一步。

適当な距離をとる
てきとう　きょり
Keep an appropriate distance　保持适当的距离

おじぎの距離
きょり

　日本人にとって、外国人は「ちょっとこわい」という感じを与えることが
あります。必ずしも背が高いとか体が大きいということではなく、相手にぐっ
と近づきすぎることが原因です。日本語はおじぎの距離、外国語は握手の距
離といわれるのはこのためです。

Distance for bowing

Japanese people are sometimes a little scared by foreigners. It does not necessarily mean the taller or bigger people are intimidating. It happens mainly because people from different cultures may want to be physically closer while communicating. It is said that you need to keep a distance for bowing to talk in Japanese, and a distance for shaking hands to talk in other languages.

鞠躬的距离

　对日本人来说，外国人有时候会给他们一种"有些可怕"的感觉。并不是因为外国人个子高或者是块头大，而是他们突然靠近对方这种方式让人不舒服。所谓日语里的"鞠躬的距离"和外语中"握手的距离"就是因此而来。

おじぎの気持ち
きも

　そのため、「ちょっと遠いかな」と思われる距離で、少し上体をかがめる、
つまりおじぎに近い姿勢で話しかけると、好感を与えます。会話が弾んでく
れば、お辞儀の必要はありませんが、始めは近づきすぎないほうが安全です。

As if you are bowing

As we discussed above, you would give good a impression if you kept just a little distance and had a slightly bowing posture and feeling when you start to talk. It would be better to hold your head down a bit rather than having your chest out. Once you get a conversation moving, you don't have to bow anymore, but it would be better not to be too close at the beginning.

鞠躬的心情

　从以上的原因可以看出，一开始，人们认为"有些远"的距离中，如果以一种（不是居高临下，而是谦虚低头）微微鞠躬的心态或姿势说话，就会给别人好感。如果谈话比较投机，那就没必要鞠躬，但是，刚开始谈话的时，还是以不要过于亲近的方式为好。

仲良くなるために感じのよい話し方を
なか よ　　　　　　　　　　　　　　　かん　　　　　　はな かた

　日本に滞在する期間は短くても、「感じのよい話し方をする外国の人」と
いう印象を与えることは、きっとあなたのためになります。

Friendly way of speaking to make friends

Even if your stay in Japan is short, it would be better if you gave a good impression by speaking with pleasant manners.

为了与别人相处友好而感觉比较好的说话方式

　即使在日本逗留的时间比较短暂，如果给人的印象是"说话感觉不错的外国人"，就会拉近你和日本的关系。

文を完結させない言い方
ぶん　かんけつ　　　　　　　い　　かた

Expressions that do not complete sentences
不完结句子的表达

どの言語にもその特徴やくせがあります。日本語の一つのくせは、ときどき文を完結させないことです。これから出てくる文型を使った会話例で見ても、

- 切符の買い方がわからないんですが…
- 会場は本館の３階だって聞いたんだけど…

のような文が出てきます。

「が」や「けど」でやめるのは、結論を避けて逃げるのでなく、その先は相手にわかってもらうという態度から来ています。これは、会話は自分だけで完結させるのでなく、相手と協力してつくるものだ、という考え方が基本になっているからです。

All languages have their customs and characteristics. A characteristic of Japanese is that sentences are sometimes finished incompletely. You will see those unfinished sentences in the conversation examples using the grammar structures appearing in this book. For example,
- I don't know how to buy the tickets...
- I heard that the meeting place is on the third floor of the main building...

Stopping sentences with '*ga*' or '*kedo*' does not mean the speaker is avoiding the conclusion. The speaker expects the listener to understand what he/she wants to say after '*ga*' or '*kedo*'. This custom is established on the thought that conversation is based on cooperation between the speaker and the listener.

不管是哪种语言，都有其特征和习惯。日语里有一种习惯的表达方式就是有时句子没有完结。我们来看看下面使用这种句型的会话：
- 我不知道怎么买票……
- 我听说会场是在本馆的三楼……

用"ガ"或"けど"来结句，并不是逃避结论，而是从说话人希望对方理解的态度中来的。这种句型的基本思想是，会话不是仅通过自己这一方来结束的，而是双反共同协作的产物。

三つの文体
みっ　　　ぶんたい

Three Sentence Styles
三种文体

日本語では同じことを言うのに文体が一つではありません。
に　ほん　ご　　　　　おな　　　　　い　　　　　　　ぶんたい　　ひと

① いいお天気ですね。　② いいお天気だね。　③ いいお天気でございますね。
てん　き　　　　　　　　　　　　てん　き　　　　　　　　　　　　　てん　き

と三つもあって、実に面倒だと言われます。しかし実際には、知り合いの間の①、友達や家族の間の②の二つで十分です。③は決まり文句のほかは、接客業で使われるだけです。本書では、友達づきあいができるよう②を主に、丁寧な場面のために①を入れています。

There are three different sentence styles to say the same thing in Japanese and they are considered very complicated.
① It is nice weather, isn't it?　② Nice weather, huh?　③ This certainly is nice weather, don't you think?

However, the style ① (for polite setting) and ② (for casual setting with friends and family) are enough to know actually. The style ③ (~gozaimasu ending) is only used in set expressions and speeches when talking to your business customers. In this book we will mainly focus on the style ② in order to have more friendly relationships. You will also see the style ① for more polite settings.

日语中，叙述同一件事情，并不只限于一种文体。
① いいお天気ですね。　② いいお天気だね。　③ いいお天気でございますね。
以上所示，有三种说法，这确实让人感到麻烦。但实际上，与熟人的对话①，和与朋友、家人的对话②，就足够了。③是固定短语，一般只用于服务行业。本书以能与比较亲密的朋友交往的会话①为主，同时，为了礼貌正式的场合，也引入了②。

4 話し言葉の形
はな　こと ば　　かたち

Spoken Language Style　"口语"形式

　話し言葉では、教科書にあるようなきちんとした形でなく、短くした形が
はな　こと ば　　　　　　きょうか しょ　　　　　　　　　　　　　　　　　　みじか　　　　かたち
使われることがよくあります。本書では「わかる・話せる」ために、こうし
つか　　　　　　　　　　　　　　　　　　　　ほんしょ　　　　　　　　　　はな
た形を積極的に取り入れています。以下は、その主なパターンです。
かたち せっきょくてき　と　い　　　　　　　　　　いか　　　　　　おも

In conversation, shortened words are often used instead of the prop-
er ones you see in textbooks. This book shows you the spoken style
language as much as possible for better understanding and speak-
ing. The followings are the main patterns of the spoken language.

口语并不是像教科书上所写的非常正式的形式，
而经常使用简短的形式。本书为了能让读者"明白・
会说"，积极地导入这些用法。以下是本书的主要
形式。

(1) 「は・が・を・に」などをカットする　Omit particles such as 'wa, ga, o, ni'
去掉「は・が・を・に」

例 これはいくらですか。→これ、いくらですか。

例 頭が痛い。→頭、痛い。
　 あたま いた　　　あたま いた

例 メニューを見せて。→メニュー、見せて。
　　　　　　み　　　　　　　　　　み

例 銀行に行く→銀行行く
　 ぎんこう い　ぎんこう い

例 買い物に行く→買い物行く；取りに行く→取り行く
　 か もの い　 か ものい　 と　い　　 と　い

(2) 文の終わりをカットする　Omit the end of sentences.
ぶん お　　　　　　　　　　　　　去掉句子的结尾

例 見てくれませんか。→見てくれません？　見てくれない？
　 み　　　　　　　　　　 み　　　　　　　　　み

例 行かないといけない。→行かないと。
　 い　　　　　　　　　　 い

例 これはSサイズですか。→これはSサイズ？

(3) 短い質問の形　Shortened questions
みじか しつもん かたち　简短的疑问形式

例 これ、食べる？　もう行く？　もうやめる？
　　　　 た　　　　　　 い

(4) て形を短くする　Shortened Te-form
けい みじか　略缩て形

a)「い」をカットする

例 持っている→持ってる；持っていない→持ってない
　 も　　　　 も　　　　 も　　　　　　 も

b)「てお」→「と」

例 やっておく→やっとく；置いておいて→置いといて
　　　　　　　　　　　　 お　　　　　　 お

5 話し言葉の発音
はなしことばのはつおん
Spoken Language Pronunciations　"口语"的发音

　話し言葉では、言葉を短くするためや言いやすくするために発音が変わることがあります。
はなしことばでは、ことばをみじかくするためやいいやすくするためにはつおんがかわる

In conversation, pronunciations could change to make words shorter or easier to say

口语中，有时候为了缩短某些词汇或者为了简洁方便，会改变发音。

(1) 終わりを短くする　Shorten the endings
おわりをみじかくする　缩短句末

- ～でしょう→～でしょ　例 そうでしょう？→そうでしょ？

(2) 小さい「っ」に変化する　Change into small 'tsu'
ちいさい「っ」にへんかする　变成小"っ"

- ～というか→～っていうか　例 興味がないっていうか
- きょうみ
- ～ということ→～ってこと　例 中止ってこと
- ちゅうし
- どこか→どっか

(3) 「ん」に変化する　Change into 'n'
「ん」にへんかする　变成"ん"

- ～ので→～んで　例 時間がないんで
- じかん
- なに→なん　例 なにで書く→なんで書く；なにかある→なんかある
- か　か
- ～らない→～んない　例 わからない→わかんない；やらない→やんない

(4) 「きゃ」「ちゃ」「じゃ」「りゃ」に変化する　Change into 'kya' 'cha' 'ja' 'rya'
「きゃ」「ちゃ」「じゃ」「りゃ」にへんかする　变成"きゃ"、"ちゃ"、"じゃ"、"りゃ"

- ～ければ→～きゃ　例 行かなければならない→行かなきゃならない
- い　い
- それは→そりゃ　例 それは、そうだろう。→そりゃ、そうだろう。
- ～では→～ちゃ　例 来てはだめ→来ちゃだめ
- き　き
- ～では→～じゃ　例 日本では→日本じゃ
- にほん　にほん
- ～てしまう→～ちゃう　例 遅れてしまう→遅れちゃう
- おく　おく
- ～でしまう→～じゃう　例 飲んでしまう→飲んじゃう
- の　の

(5) その他　Others
その他　其他

例 いう→ゆう［言う］；私のうち→私んち；あまり→あんまり；やはり→やっぱり；
い　わたし　わたし

　なに→なあに；ほんとう→ほんと；どういう→どうゆう；このあいだ→こないだ；

　～ばかり→～ばっかり

16

PART1

日本語会話の
にほんごかいわ
最重要文型 8
さいじゅうようぶんけい

PART1
Eight Essential Patterns
for Speaking Japanese

第 1 部分
日语会话的最重要的句型 8

1 このドーナツ、おいしいね

kono doonatsu, oishii-ne
（このドーナツはおいしいですね）

〜ね　　Isn't it/aren't they.
〜呀、啊

Ⓐ このドーナツ、おいしい**ね**。

Ⓑ うん。もう３個食べちゃったよ。

Ⓐ These donuts are delicious, aren't they.
Ⓑ Yeah. I've already eaten three!

Ⓐ 这个甜甜圈真好吃啊。
Ⓑ 嗯，已经吃了三个啦。

意味・使う場面　**相手とイメージや情報、感動などを共有**しようとするときに使います。
相手に同意や再確認を求めたりします。

Used to indicate impressions, information, or feelings the speaker has in common with the listener. Used to seek agreement or reaffirmation from the listener.

用于想与对方一起拥有相同的印象、信息和感动的场合。寻求对方的同意和再次确认。

基本パターン　[文] + **ね**
Ⓐ **軽く同意を求める**
Ⓑ **再確認する**
Ⓒ **念を押す**

ポイント　相手に対する親しみの気持ちを含み、心配したり励ましたりするときにもよく使います（⇒ Ⓒ）。

Often used to indicate friendly concern or encouragement toward the listener. (⇒ Ⓒ)

对对方表示亲密，以及担心或鼓励对方的场合。（⇒ Ⓒ）。

Ⓐ 軽く同意を求める Mildly seeking agreement　寻求语气较轻的同意。

1　Ⓐ いい写真です**ね**。ご家族ですか。

　　Ⓑ ええ、去年ハワイに行ったときのです。

Ⓐ That's a nice photo, isn't it. Is it your family?
Ⓑ Yes, it's when we went to Hawaii last year.
Ⓐ 这张照片不错啊，是你家人吗？
Ⓑ 是的，去年去夏威夷时照的。

2　Ⓐ 今日は暑いです**ね**。

　　Ⓑ 暑いです**ね**。もう夏です**ね**。

Ⓐ It certainly is hot today, isn't it.
Ⓑ It's hot all right. It's already summer, isn't it.
Ⓐ 今天真热啊！
Ⓑ 真是热啊，已经夏天啦。

3　Ⓐ 先生と会えなかったんですか。それは残念でした**ね**。

　　Ⓑ はい、すごく残念です。

Ⓐ Weren't you able to see the teacher? That's too bad.
Ⓑ Yes, it is really too bad.
Ⓐ 没能见到老师吗？真是遗憾啊！
Ⓑ 是啊，真是太遗憾啦。

4　Ⓐ 今日のお店、おいしかったから、また行こう**ね**。

　　Ⓑ うん。すごく気に入った。

Ⓐ The restaurant today was good so let's go again, okay?
Ⓑ Yeah. I really liked it.
Ⓐ 今天的店，真好吃，有机会再去吧。
Ⓑ 嗯，真的很喜欢。

Ⓑ 再確認する Reaffirmation　再次确认

5　Ⓐ 会議は10時からです**ね**。

　　Ⓑ はい。確か、そうだったと思います。

Ⓐ The meeting is from 10:00, right?
Ⓑ Yes. I'm fairly certain that's correct.
Ⓐ 会议从十点开始吧。
Ⓑ 是的，确实是。

6　Ⓐ じゃ、私たちは先に行ってます**ね**。

　　Ⓑ はい、そうしてください。

Ⓐ Well, then, we'll go on ahead, okay?
Ⓑ That's fine. Please do.
Ⓐ 那我们先去了啊。
Ⓑ 嗯，好的。

Ⓒ 念を押す Reminder　叮咛

7　Ⓐ 風邪をひかないよう、気をつけてください**ね**。

　　Ⓑ はい、ありがとうございます。

Ⓐ Take care not to catch cold, all right?
Ⓑ Yes, thank you.
Ⓐ 注意不要感冒了啊。
Ⓑ 好的，谢谢关心。

8　Ⓐ 野菜もちゃんと食べて**ね**。

　　Ⓑ はい、はい。

Ⓐ Eat your vegetables, too, like you're supposed to, okay?
Ⓑ Yes, yes.
Ⓐ 蔬菜也要好好吃哟。
Ⓑ 好的、好的。

PART1 日本語会話の最重要文型8

PART2 日本語会話の基本文型80

主に動詞につくもの

主に名詞につくもの

主に形容詞につくもの

文の前につくもの

文の終わりにつくもの

会話をつなぐもの

こそあど

いろいろな形につくもの

2

もう帰ったよ
moo kaetta-yo
（もう帰ったよ）

・・・・・・・・・・・・・・・・・・・・・・・・・・・・・・・・・・

～よ　　　　　　　you know/of course
　　　　　　　　　表示列挙

Ⓐ ねえ、部長見なかった？

Ⓑ 今日はもう帰った**よ**。

Ⓐ Hey, did you see the boss?　　　　　　Ⓐ 喂，没看到部长吗?
Ⓑ He's already gone home today, you know.　Ⓑ 今天已经回去了。

意味・
使う場面　「相手が<u>知らないこと</u>や<u>気づいてないこと</u>」を相手に知らせるときに
使います。「よ」を付けることで、相手に<u>語りかける調子</u>になり、相
手の注意を引く効果があります。

Used to inform someone of something they didn't know or hadn't noticed. By adding 「よ」, takes on a tone of addressing the listener, resulting in getting the listener's attention.

用于通知"对方不知道的事情或者对方没有意识到的事情"的场合。加上"よ"，有跟对方说话的口气，有着引起对方注意的效果。

基本
パターン　　［文］ ＋ **よ**　　｛ Ⓐ 新情報を伝える
　　　　　　　　　　　　　　　　Ⓑ 指示・注意などを強調する

ポイント　相手に知らせたい情報を<u>はっきり示す</u>表現です。相手に知らせたい
気持ちが強いときは、語尾を上げる言い方になります。
※「N-だ＋よ」「NA-だ＋よ」は、女性的な言い方。
　　例 今日じゃなくて明日よ。／日曜はだめよ。

A very direct expression for conveying information. When speaker wants to convey the message strongly, the 「よ」 takes on a rising intonation.

※ 「N-だ＋よ」「NA-だ＋よ」 is women's speech.
　　Example: Not today—tomorrow! Sunday is out of the question.

是一种明确向对方表示想通知对方信息的表达方式。想通知对方的心情强烈之时，句末用升调。
※ 「N-だ＋よ」「NA-だ＋よ」是女性用语。
　　例：不是今天，是明天哟。／星期天不行哟。

A 新情報を伝える Conveying new information
しんじょうほう つた
传达新信息

1 Ⓐ ちょっと手伝ってくれませんか。
てつだ
　　Ⓑ ええ、いいです**よ**。

Ⓐ Won't you give me a hand here?
Ⓑ Why yes, of course.
Ⓐ 能帮我一下吗?
Ⓑ 嗯,可以啊。

2 Ⓐ すみません、この辺にコンビニは
へん
　　ありませんか。
　　Ⓑ ここをまっすぐ行くとあります**よ**。
い

Ⓐ Excuse me. Are there any convenience stores around here?
Ⓑ Why yes. Go straight down this road and you'll find one.
Ⓐ 请问,这附近有便利店吗?
Ⓑ 从这里直走就有的。

3 Ⓐ このペン、ちょっと借りる**よ**。
か
　　Ⓑ どうぞ。

Ⓐ I'm borrowing this pen for a second.
Ⓑ Go ahead.
Ⓐ 能借一下这支笔吗?
Ⓑ 可以。

4 Ⓐ ねえ、もう ＊帰ろう。６時過ぎて
かえ　　　　　じ す
　　る**よ**。
　　Ⓑ そうだね。ごめん、ごめん。

Ⓐ Hey, let's go home already. It's after 6:00, you know.
Ⓑ Oh, you're right. Sorry about that.
Ⓐ 喂,回家吧,都已经过了６点了。
Ⓑ 是啊,对不起,对不起。

5 Ⓐ これとこれ、どっちがいい？
　　Ⓑ ああ、安いほうでいい**よ**。
やす

Ⓐ Which is better, this one or this one?
Ⓑ Oh, the cheaper one is okay, of course.
Ⓐ 这个和那个,哪个好呢?
Ⓑ 哦,便宜的好。

6 Ⓐ ほら、これだ**よ**。この前言ってた
まえ い
　　本。
ほん
　　Ⓑ ああ、これね。知ってる**よ**、この本。
し　　　　　　　ほん

Ⓐ Look. This is it! The book I was telling you about the other day.
Ⓑ Oh, you mean this? I know about that book.
Ⓐ 你看,是这个。这是上次说的那本书。
Ⓑ 啊,这个啊,我知道的,这本书。

B 指示・注意などを強調する Emphasizing directives and cautions
しじ　ちゅうい　　　　きょうちょう
强调指示或注意

7 Ⓐ まじめに話してるんだから、ちゃ
はな
　　んと聞いて**よ**。
き
　　Ⓑ ごめん、ごめん。

Ⓐ I'm being serious here, so you listen up.
Ⓑ Sorry.
Ⓐ 别人说得很认真,你要好好听才是。
Ⓑ 对不起,对不起。

8 Ⓐ 触っちゃだめだ**よ**、危ないから。
さわ　　　　　　　あぶ
　　Ⓑ あ、はい。

Ⓐ Don't touch it! It's dangerous.
Ⓑ Oh, yes.
Ⓐ 不要碰哦,很危险。
Ⓑ 哦,好的。

🎵**MEMO**
4 帰ろう：相手にそうするように求めるときは、最後を上げる（帰ろう↗）。
かえ　　あいて　　　　　　　　もと　　　　　　さいご あ　　かえ

3 お祭り行く<u>よね</u>

omatsuri iku-yone

（お祭りは行きますよね）

● ●

〜よね
　　　　　　　　　　　　　　aren't [you]?
　　　　　　　　　　　　　　〜是吧

Ⓐ 今年の港祭りは来週末？

Ⓑ そうだよ。7、8の土日。お祭り、行く**よね**。

Ⓐ もちろん！

Ⓐ Is the harbor festival this year going to be next weekend?
Ⓑ That's right. Saturday the 7th and Sunday the 8th. You are going to it, aren't you?
Ⓐ Of course!

Ⓐ 今年的码头节是下周？
Ⓑ 是啊。7、8 号的周六和周日。你去是吧。
Ⓐ 当然！

意味・使う場面　相手と同じ情報やイメージを持ちたいときに使います。大きく分けて、Ⓐ相手と違いがないことを**確かめる**、Ⓑ相手に**新情報を伝える**、Ⓒ相手の発言に**調子を合わせる**の3つがあります。

Used when want to havae same information and image as other party. Generally three types: Ⓐ Ascertaining there are no differences with other speaker; Ⓑ Conveying information to others: Ⓒ Expressing agreement with speaker.

用于想与对方拥有同样的信息或相同印象的场合。大致分为以下三种情况：Ⓐ 确认与对方一致、Ⓑ 向对方传达新信息、Ⓒ 迎合对方的发言。

基本パターン　[文（の終わり）] ＋ **よね**

Ⓐ 確かめる
Ⓑ 新情報を伝える
Ⓒ 調子を合わせる

ポイント　「〜**よね**」は、相手に気持ちや情報をはっきり示す「〜**よ**」と、相手に柔らかく同意を求める「〜**ね**」を足した表現です。「〜ですね」より「〜ですよね」のほうが、**相手の確認を強く求める**表現です。

The expression "yo ne" is a combination of "yo," which is used to indicate information or one's feelings clearly and "ne," which is a gentle request for agreement. "Desu yo ne" more strongly seeks the confirmation of the listener than does "desu ne."

"〜よね"是明确向对方表示心情和信息的"〜よ"加上委婉地征求对方同意的"〜ね"的一种表达方式。"〜ですよね"比"〜ですね"含有更为强烈地征求对方确认的语气。

PART1
日本語会話の最重要文型8

PART2
日本語会話の基本文型80

主に動詞につくもの

主に名詞につくもの

主に形容詞につくもの

文の前につくもの

文の終わりにつくもの

会話をつなぐもの

こそあど

いろいろな形につくもの

A 確かめる　Ascertainment　确认

1 Ⓐ この曲、知ってる**よね**。

Ⓑ うん。昔よく聴いてた。

Ⓐ You know this song, don't you.
Ⓑ Yeah. I used to listen to it a lot.
Ⓐ 这首曲子，你知道是吧。
Ⓑ 嗯。过去经常听。

2 Ⓐ 今日、雨が降るんだ**よね**。

Ⓑ うん。そうらしいね。

Ⓐ It's going to rain today, right?
Ⓑ Yeah. That seems to be the case.
Ⓐ 今天要下雨是吧。
Ⓑ 嗯。好像是哦。

3 Ⓐ 計算、合ってます**よね**。

Ⓑ はい。2回確認しました。

Ⓐ These numbers add up, right?
Ⓑ Yes. I've checked them twice.
Ⓐ 计算正确了是吧。
Ⓑ 是的。已经确认过两次了。

4 Ⓐ 何でも手伝うって言った**よね**。

Ⓑ え？ ぼく、そんなこと言った？

Ⓐ You said you would help me with anything, right?
Ⓑ What? Did I ever say anything like that??
Ⓐ 你说过不管什么事都会帮我的。
Ⓑ 啊？ 我说过这样的话吗？

5 Ⓐ お店、駅からそんなに遠くなかった**よね**。

Ⓑ うん、駅から5分くらい。

Ⓐ That store's not so far from the station, right?
Ⓑ Right. It's about five minutes from the station.
Ⓐ 那家店离车站不是很远是吧。
Ⓑ 嗯，从车站走过去只要五分钟左右。

B 新情報を伝える　Conveying New Information　传达新信息

6 Ⓐ ここのバス、よく遅れるんだ**よね**。

Ⓑ そうなの？

Ⓐ This bus is late a lot, isn't it.
Ⓑ Really?
Ⓐ 这里的公交车经常晚点。
Ⓑ 是吗？

C 調子を合わせる　Expressing Agreement　迎合对方

7 Ⓐ ここのディナー、一人3万円だって。

Ⓑ そりゃ、そうだ**よね**。超有名な店だからね。

Ⓐ They say that dinners here cost 30,000 yen a head.
Ⓑ I'm sure that's true. After all, it's a super famous restaurant.
Ⓐ 听说在这里吃晚餐，一个人要花3万日元。
Ⓑ 那是啊，因为这家店超有名气。

8 Ⓐ 電気代、また値上げか…。＊いやになるね。

Ⓑ ほんとだ**よね**。

Ⓐ The electric bill is going up again!? That's so bad.
Ⓑ I know!
Ⓐ 电费又涨价啊…。＊真讨厌啊。
Ⓑ 真的是啊。

🎧**MEMO**　**8** いやになる：気分が悪くなる。会話では「いやんなる」になることが多い。

4 それ、コピーしよう<u>か</u>。

sore, kopii shiyoo-ka?
（それをコピーしましょうか）

● ●

〜か　　Is 〜 ?; Shall 〜 ?
　　　　〜吧

Ⓐ それ、コピーしよう**か**。

Ⓑ あ、してくれる？　じゃ、お願い。
　　　　　　　　　　　　　　　ねが

Ⓐ Want me to copy that?　　　　　　Ⓐ 我帮你复印那个吧。
Ⓑ Oh, would you? Thanks!　　　　　Ⓑ 啊，能帮我吗？那就拜托啦。

意味・　文の終わりに「か」を付けることで、Ⓐ「疑問・問いかけ」やⒷ「提
使う場面　案・申し出」、Ⓒ「感心する気持ち・再確認」などの意味を表します。
　　　　　ちょっとした疑問や驚きを感じたときや、提案をして相手の意見を聞
　　　　　きたいときなどに使います。

By appending「か」to the end of a sentence, the meaning becomes: Ⓐquestion or inquiry; Ⓑproposal or offer; Ⓒfeeling of being impressed or reaffirmation. Used when want to ask someone's opinion through a proposal when feeling somewhat doubtful or surprised.

句子的末尾加上"か"，表示以下意思，Ⓐ"疑问・询问"；Ⓑ"提议・申请；Ⓒ"佩服的心情・再次确认"。用于感到有些疑问、惊奇，或者提出建议，询问对方意见时使用。

基本　　　　　　　　　　　　　　　┌ Ⓐ「疑問・問いかけ」
パターン　［文の終わり］＋ **か** ┤ Ⓑ「提案・申し出」
　　　　　　ぶん　お　　　　　　　　└ Ⓒ「再確認」

ポイント　「〜ですか／〜ますか（質問）」や「〜てくれませんか（依頼）」「〜ま
　　　　　せんか（勧誘）」が「〜か」を含む基本表現ですが、ほかにもさまざ
　　　　　まな表現があります。軽く疑問や提案を示したり、驚きや感心する気
　　　　　持ちを表します。

The basic pattern contains「〜か」as in「〜ですか／〜ますか」(question),「〜てくれませんか」(request), or「〜ませんか」(solicitation), but there are many variations. Expresses surprise or admiration, or mildly indicates doubt or a proposal.

除了"〜ですか／〜ますか（疑问）"、"〜てくれませんか（拜托）"、"〜ませんか（劝说）"等都是含有"〜か"的基本句型外，也有其它的表达方式。表示说话人的提问、提议或者惊奇、佩服的心情。

A 疑問・問いかけ Question or Inquiry　疑问・询问

1 Ⓐ 3000円じゃ、足りない**か**。

Ⓑ 足りないよ。5000円用意したほうがいいよ。

Ⓐ Isn't 3,000 yen enough?
Ⓑ No, it's not enough. We'd better have about 5,000 yen on hand.
Ⓐ 三千日元不够吗?
Ⓑ 不够哟、还是准备五千日元为好。

2 Ⓐ 今日はかさ、いらない**か**。

Ⓑ そうね。いらないと思う。

Ⓐ We don't need an umbrella today?
Ⓑ Right. I don't think we do.
Ⓐ 今天不要伞吗?
Ⓑ 嗯、我想不要了。

3 Ⓐ 電車が来るまでだいぶ時間があるね。

Ⓑ うん…。どうしよう**か**。

Ⓐ There's a lot of time before the train comes.
Ⓑ Yeah, what should we do?
Ⓐ 电车来之前还有很多时间啊。
Ⓑ 嗯…。做什么呢。

B 提案・申し出 Proposal or Offer　提议・申请

4 Ⓐ 後でみんなで写真撮ろう**か**。

Ⓑ いいね。そうしよう。

Ⓐ Should we take a photo of everyone later?
Ⓑ That's a good idea. Let's!
Ⓐ 一会儿大家一起照张相吧。
Ⓑ 好啊、照吧。

5 Ⓐ 一緒に行きましょう**か**。

Ⓑ いえ、一人で大丈夫です。

Ⓐ Shall we go together?
Ⓑ No, I'm okay by myself.
Ⓐ 一起去吧。
Ⓑ 不用了、一个人没关系的。

C 再確認 Reaffirmation　再确认

6 Ⓐ あの二人、兄弟だったの**か**。知らなかったよ。

Ⓑ 私も。

Ⓐ I didn't know those two were brothers.
Ⓑ Me, either.
Ⓐ 那两人是兄弟吗? 不知道啊。
Ⓑ 我也不知道。

7 Ⓐ 彼女、試験、不合格だったよ。

Ⓑ そう**か**…。だめだった**か**。

Ⓐ She failed the test, you know.
Ⓑ Is that right? She didn't pass?
Ⓐ 她考试不及格。
Ⓑ 是嘛! 没合格啊!

8 Ⓐ ああ、ここ**か**、スミスさんが言ってたお店。

Ⓑ そうだね。ここだね。

Ⓐ Oh, this is the restaurant that Mr. Smith was talking about.
Ⓑ That's right. It is, isn't it.
Ⓐ 啊、是这里、史密斯先生说的那家店。
Ⓑ 对啊、是这里。

PART1 日本語会話の最重要文型8

PART2 日本語会話の基本文型80

主に動詞につくもの
主に名詞につくもの
主に形容詞につくもの
文の前につくもの
文の終わりにつくもの
会話をつなぐもの
こそあど
いろいろな形につくもの

5 もう予約した**の？**

moo yoyaku-shita-no?

（もう予約したのですか）

• •

〜の？（質問・確認）/**〜の**（事情説明） Have you?/Will you?/
Are you?, etc. 表示疑問

Ⓐ ホテルはもう予約した**の？**

Ⓑ いえ。まだ何もしてないんです。

Ⓐ Have you already booked the hotel?　　　　Ⓐ 酒店已经预约了吧?
Ⓑ No, I haven't done anything yet.　　　　　 Ⓑ 没有，还没约呢。

意味・
使う場面

「**〜の？**」は「〜んですか（←〜のですか）」、「**〜の。**」は「〜んです」
が短くなった形です。説明を求めたり、事情を説明したりするときに
使います。ただし、「〜の。」は主に女性（または小さな子供）の話し
方で、男性は基本的に使いません。

「〜の？」is the shortened version of 「〜んですか（←〜のですか）」, while 「〜の。」is the abbreviated form
of 「〜」. Used when seeking an explanation or explaining a situation. The form 「〜の。」is used in women's
speech (or by small children), however; it is usually not used in men's speech.

"〜の？"是"〜んですか（←〜のですか）"、"〜の。"是"〜んです"省略形式。寻求说明，说明原因时使用。
只是，"〜の。"是女性（或小孩）用语，男性基本上不使用。

基本
パターン

［文の終わり］ + {
の？ …Ⓐ 質問・確認
の …Ⓑ 事情説明
}

ポイント

「**〜の？**」には、驚きや感心を含めた言い方もあります（会話例⑦）。
また、「の」にほかの語が付いた「**〜のか**」「**〜のね**」「**〜のよ**」など
もよく使われます。「**〜のね**」「**〜のよ**」は女性的な言葉です。

例 残念。ここには売ってないのか。／これ、捨てていいのね。／ごめん、知らなかっ
たのよ。

「〜 の？」also has a form that includes feelings of surprise or admiration. (See Conversation Example 7).
Also often used in other combinations, such as 「〜のか」「〜のね」and 「〜のよ」. The forms 「〜のね」and 「〜
のよ」are markers of women's speech.

"〜の？"是表示惊讶或佩服的说法。（会话例⑦）。此外，"の"加上其它词语会构成的"〜のか"、"〜のね"、"〜
のよ"等形式也经常使用。"〜のね"、"〜のよ"是女性用语。

例：遗憾。这里没卖的啊。／这个可以扔了吧。／对不起，我不知道啊。

PART1
日本語会話の最重要文型 8

PART2
日本語会話の基本文型 80

主に動詞につくもの

主に名詞につくもの

主に形容詞につくもの

文の前につくもの

文の終わりにつくもの

会話をつなぐもの

こそあど

いろいろな形につくもの

A 質問・確認 Question or Confirmation 疑問・确认
しつもん かくにん

1 Ⓐ どこに行くの？
　　い

　Ⓑ ああ、ちょっとコンビニに行って
　　　　　　　　　　　　　　い
　くる。

Ⓐ Where are you going?
Ⓑ Uhm, just out to the convenience store and back.
Ⓐ 你去哪里呢？
Ⓑ 哦，我去趟便利店。

2 Ⓐ そのカメラ、買ったの？
　　　　　　　か

　Ⓑ *いや、友達に借りた。
　　　　　ともだち　か

Ⓐ Did you buy that camera?
Ⓑ No. I borrowed it from a friend.
Ⓐ 那个相机，买了？
Ⓑ 没有，跟朋友借了。

3 Ⓐ なんで電話してくれないの？
　　　　でんわ

　Ⓑ ごめん、忘れてた！
　　　　　わす

Ⓐ Why didn't you call me?
Ⓑ Sorry. I forgot!
Ⓐ 为什么不给我打电话呢？
Ⓑ 对不起，忘了啊！

4 Ⓐ これはどこに置けばいいの？
　　　　　　　お

　Ⓑ ああ、その辺に適当に置いてくれ
　　　　　　へん　てきとう　お
　る？

Ⓐ Where should I put this?
Ⓑ Oh, just put it somewhere around there, would you?
Ⓐ 这个放哪里好呢？
Ⓑ 啊，随便放那边好了。

5 Ⓐ え？　今日は練習なし？
　　　　　　きょう　れんしゅう

　Ⓑ そうだよ。知らなかったの？
　　　　　　　し

Ⓐ What? There's no practice today?
Ⓑ That's right. Didn't you know that?
Ⓐ 咦？今天没有练习？
Ⓑ 是的，你不知道吗？

6 Ⓐ あの二人が結婚か…。驚いたね。
　　　　ふたり　けっこん　おどろ

　Ⓑ え？　それ、本当なの？
　　　　　　　ほんとう

Ⓐ Those two are getting married? I can't believe it.
Ⓑ What? Is that true?
Ⓐ 那两人结婚啊 …。真是意想不到啊。
Ⓑ 诶？结婚，真的吗？

7 Ⓐ へー。京都まで一人で行ったの？
　　　　きょうと　ひとり　い
　すごい！

　Ⓑ そんなことないですよ。みんな
　行ってます。
　い

Ⓐ What? Did you go to Kyoto all by yourself? Amazing!
Ⓑ That's not true. Everyone went.
Ⓐ 哦，一个人去的京都？真厉害！
Ⓑ 没有的事。大家一起去的。

B 事情説明 Explanation of Situation 说明情况
じじょうせつめい

8 Ⓐ ねえ、電話代わって。私、英語、話せ
　　　　でんわ　か　わたし　えいご　はな
　ないの。

　Ⓑ え、ぼくも話せないよ。
　　　　　　はな

Ⓐ Hey, could you please take this phone call for me? I can't speak English.
Ⓑ Well, I can't speak it either, you know.
Ⓐ 喂，你来讲电话。我不会说英语。
Ⓑ 诶，我也不会说啊。

> ♪MEMO **7** 相手の言ったことに感心したり納得したことを表すときは、文末は下げて言う
> あいて　い　かんしん　なっとく　あらわ　ぶんまつ　さ　い
> ことが多い。驚きが強い場合は、**7** のように上げて言うこともある。
> おお　おどろ　つよ　ばあい　あ　い

27

6 これ、苦手なんだ

kore,nigate-na-n-da

（これは苦手なのです）

～んだ／～んです

it's because ～
表示断定

Ⓐ さっきからほとんど食べてないね。

Ⓑ ごめん。これ、苦手な**んだ**。

Ⓐ You haven't been eating anything.
Ⓑ I'm sorry. I've never liked this much.

Ⓐ 你从刚才开始就几乎没怎么吃啊。
Ⓑ 对不起，我吃不了这个。

意味・使う場面

「～んだ」「～んです」は、元々は「～のだ」「～のです」で、事情説明が求められるときの形です。「こういうことだから」と理由を述べるときや、「どういうこと？」「それで？」とさらに話を聞いたり確認したりするときに使います。

The original forms 「～んだ」 and 「～んです」 are 「～のだ」「～のです」; they are used when explanations about circumstances are sought. They are used to state reasons ("this is why"), and to ask for further information or verification ("what's it about?" or "and then?").

"～んだ"、"～んです"原本是"～のだ"、"～のです"寻求说明原因的形式。用于叙述"因为这样的事情"等表示原因的场合；"怎么回事？"、"然后呢"等需要询问或者确认的场合。

基本パターン

[文] ＋ んだ／んです

※ ＜[NA／N＋な]＋の＞の形もある。

囫 うそじゃない。本当にきれい**なの**。／1000円**なの**ね。

ポイント

「自分の事情を理解してほしいという気持ち」や**「相手の事情を理解したいという気持ち」**を表します。自分が説明するときは「**～んです**」「**～んだ**」、相手に説明を求めるときは「**～んですか**」「**～んだ？**」「**～の？**」が使われます。

Shows feelings of wishing others understand the speaker's situation or to show to the speaker that the listener understands his situation. When explaining one's own circumstances, the forms 「～んです」 or 「～んだ」 are used; when soliciting explanations from the speaker, the forms used are 「～んですか」「～んだ？」 or 「～の？」.

有着"希望对方理解自己情况的心情"或"想了解对方情况的心情"。自己说明的时候用"～んです"、"～んだ"，向对方寻求说明的时候，用"～んですか"、"～んだ？"、"～の？"的表达方式。

1 Ⓐ 顔色が悪いですね。大丈夫ですか。
　　Ⓑ はい…。ちょっと頭が痛い**んです**。

Ⓐ You don't look well. Are you all right?
Ⓑ Yes, well, I have a slight headache.
Ⓐ 脸色不好啊，没事吧？
Ⓑ 嗯…。有点儿头疼。

2 Ⓐ〈パーティーに〉昨日はどうして来なかったの？
　　Ⓑ 行きたかった**んです**が、仕事の用事があったんです。

Ⓐ (To a party) Why didn't you come yesterday?
Ⓑ I wanted to go, but I was busy at work.
Ⓐ〈在宴会上〉昨天为什么没来呢？
Ⓑ 想去来着，有工作没完成。

3 Ⓐ 真剣に読んでるね。何の本？
　　Ⓑ うん、すごく面白い**んだ**よ。日本文化の本。

Ⓐ You're sure engrossed in reading. What book is that?
Ⓑ Yeah, it's really fascinating. It's a book about Japanese culture.
Ⓐ 读得挺认真啊，什么书呢？
Ⓑ 嗯，很有意思啊，关于日本文化的书。

4 Ⓐ あのう、切符の買い方がわからない**んです**が、教えていただけませんか。
　　Ⓑ ええ、いいですよ。

Ⓐ Uhm, I don't know how to buy a ticket. Would you mind telling me how?
Ⓑ Yes, of course.
Ⓐ 对不起，我不知道怎么买票，您能教一下我吗？
Ⓑ 嗯，可以的。

5 Ⓐ ハワイに行った**んです**か。
　　Ⓑ そうなんです。ハワイは今回が初めてなんです。

Ⓐ Did you go to Hawaii?
Ⓑ Yes, I did. It was my first time to go there, too.
Ⓐ 你去夏威夷了吗？
Ⓑ 是的，这次是第一次去夏威夷。

6 Ⓐ これ、ほんとに捨てていい**んです**か。
　　Ⓑ ええ、いい**んです**。

Ⓐ Is it really okay to throw this away?
Ⓑ Yes, go ahead.
Ⓐ 这个，真的可以扔吗？
Ⓑ 嗯，可以扔的。

7 Ⓐ 髪、切った**んです**ね。似合いますよ。
　　Ⓑ そう？　ありがとう。

Ⓐ You cut your hair, didn't you. Looks nice.
Ⓑ Really? Thanks.
Ⓐ 头发剪了啊。挺相称的啊。
Ⓑ 是吗？谢谢啊！

8 Ⓐ その店、おいしいけど、結構高いよ。
　　Ⓑ そうな**んだ**。残念。

Ⓐ That restaurant is good but pricey, you know.
Ⓑ Oh, is that so. That's too bad.
Ⓐ 那个店的东西挺好吃，就是太贵啦。
Ⓑ 是吧，真遗憾。

MEMO **2** いや：「いいえ」の会話表現。「違う、そうじゃない」とはっきり言いたいときに使う。

29

7 彼が入院した**の**、知ってる？

かれ　にゅういん　　　　　　　し

kare-ga nyuuin-shita-no, shitteru?

（彼が入院したことを知っていますか）
かれ　にゅういん　　　　　　　し

〜の（名詞的用法）　　　**(Used as a nominal)**
　　めいしてきようほう　　　　　（名词性的用法）

Ⓐ 彼が入院した**の**、知ってる？
　かれ　にゅういん　　　　　　し

Ⓑ ううん、知らない。
　　　　　　　し

Ⓐ Did you know that Mr. Tanaka has been hospitalized?
Ⓑ No, I didn't know.

Ⓐ 我喜欢学外语。
Ⓑ 是吗，那你会进步很快的。

意味・
使う場面

文や動詞、形容詞を名詞のようにしたいときに使います。「〜の」の
ぶん　どうし　けいようし　めいし　　　　　　　　　　　　　　　　つか
部分が名詞のように扱われます。
ぶぶん　めいし　　　　あつか

Used when the speaker wants make sentences, verbs, or adjectives into nominals. The part of the sentence
containing「〜の」is treated as the nominal.

用于将句子、动词或形容词变成名词形式的场合。"〜の"的部分作为名词使用。

基本
パターン

［文／Ⅴる／Ⅴた／A］　＋　**の**　…Ⓐ
　ぶん

［NA／N＋な］　　　＋　**の**　…Ⓑ

ポイント

名詞節の中の主語は「〜が」で表されます。「〜の」の後には「を」「が」
めいしせつ　なか　しゅご　　　　　　あらわ　　　　　　　　　　　　あと
「は」などが続きますが、これらの助詞は、会話では省略されること
　　　　　　　つづ　　　　　　　　　じょし　　　かいわ　しょうりゃく
も多いです。Ⓑは形容詞に付く形が主です。名詞に付く形は、例え
　おお　　　　　　けいようし　つ　かたち　おも　めいし　つ　かたち　たと
ば次のようなものです。
　つぎ

例 田中さんがまだ学生なのを忘れてました。
　たなか　　　　　　　がくせい　　　わす

The subject of a nominal clause is indicated by「〜が」. The particles「を」「が」or「は」follow「〜の」, but
these are often omitted in conversation. In pattern Ⓑ,「〜の」is mainly appended to adjectives. The follow-
ing is an example of「〜の」appended to a noun.

Example: I had forgotten the fact that Tanaka is still a university student.

名词节中的主语用"〜が"表示。"〜の"的后面接"を"、"が"、"は"，这些助词在会话中会经常省略。Ⓑ 主
要是接在形容词后面的形式。接在名词后面的形式如下所示。

例：田中忘了自己还是学生。

A ［文／Ｖる／Ｖた／Ａ］ ＋ の

1 〈会社で〉

Ⓐ これを明日までにやる**の**は無理でしょう。

Ⓑ そうですね。ちょっと多すぎますね。

(At a company)
Ⓐ I think that doing all of this by tomorrow is impossible.
Ⓑ Yes, you're right. There's a little too much of it.

〈在公司〉
Ⓐ 这个在明天之前做好是不可能的吧。
Ⓑ 是啊，有些太多了。

2 Ⓐ 青木さんが怒っている**の**を見たことがないです。

Ⓑ 私もないです。優しい人ですよね。

Ⓐ I have never seen Ms. Aoki getting upset.
Ⓑ Me, either. She's a very kind person, isn't she.

Ⓐ 没见过青木生气。
Ⓑ 我也没见过。他是一个和善的人吧。

3 Ⓐ 私がちゃんと確認しなかった**の**がいけなかったんです。

Ⓑ そんなことないって。あんまり気にしないほうがいいよ。

Ⓐ I was in the wrong for not having checked it properly.
Ⓑ I keep telling you that isn't the case. You shouldn't worry yourself so much about it.

Ⓐ 我没有好好确认是不对的。
Ⓑ 都说了没关系啦。别在意啊。

4 Ⓐ 私は外国語を勉強する**の**が好きなんです。

Ⓑ そうですか。じゃ、どんどん上手になりますよ。

Ⓐ I like studying foreign languages.
Ⓑ Is that so? Then you will quickly get good at them.

Ⓐ 你知道田中住院了吗？
Ⓑ 嗯？不知道。

5 Ⓐ これの小さい**の**はないですか。

Ⓑ 少々お待ちください。在庫を確認いたします。

Ⓐ Don't you have a small one of these?
Ⓑ Just a moment, please. I'll go check whether there are any in stock.

Ⓐ 这个没有小的吗？
Ⓑ 请稍等一下。我确认一下库存。

6 Ⓐ コーヒーは、あったかい**の**、冷たい**の**、どっちがいいですか。

Ⓑ あったかい**の**をお願いします。

Ⓐ How would you like your coffee? Hot or cold?
Ⓑ I would like mine hot, thank you.

Ⓐ 咖啡有热的和凉的，你要哪一个？
Ⓑ 请给我热的。

7 Ⓐ 重そうだね。持つ**の**、手伝おうか。

Ⓑ ありがとう。でも、大丈夫。

Ⓐ That sure looks heavy. Shall I help you in carrying it?
Ⓑ Thank you, but it's all right.

Ⓐ 看来挺重的，我帮你拿吧。
Ⓑ 谢谢，没关系的。

B ［ＮＡ／Ｎ＋な］ ＋ の

8 Ⓐ うちの部長、元気な**の**はいいけど、声が大きすぎる。

Ⓑ そう、そう。周りがちょっと迷惑。

Ⓐ I don't mind that our boss is a live wire, but he's too loud.
Ⓑ Yes, he is. He kind of bothers the people around him.

Ⓐ 我们部长倒是挺精神的，就是声音太大。
Ⓑ 是啊，就是有点儿给周围（的人）带来麻烦。

PART1
日本語会話の最重要文型8の

PART2
日本語会話の基本文型80の

主に動詞につくもの
主に名詞につくもの
主に形容詞につくもの
文の前につくもの
文の終わりにつくもの
会話をつなぐもの
こそあど
いろいろな形につくもの

8 ちょっと遅れる<u>って</u>

chotto okureru-tte
（ちょっと遅れますと）

• •

〜って（引用・強調）　Quotations and Emphasis
　　　いんよう・きょうちょう　　引用・強調

Ⓐ さくらさんがちょっと遅れる**って**言ってました。

Ⓑ そうですか。じゃ、待ちましょう。

Ⓐ Sakura said that she would be just a little late.
Ⓑ Really? Well, let's wait, then.

Ⓐ 小樱说要迟一会儿到。
Ⓑ 是吧，那就再等等吧。

意味・
使う場面

「〜と言う」の「**と**」**が会話の中で**「**って**」**に変化**したものです。また、
動詞の「**言う**」**が省略される場合**Ⓒも見られます。

The 「と」 in 「〜と言う」 become 「って」 in a conversational form. Also, when the verb 「言う」 is abbreviated, it appears as in Ⓒ.

这是"〜と言う"的"と"在会话中的变化形式。此外，有时候动词"言う"的省略形式Ⓒ。

基本パターン	［文］ ＋ **って**	＋ Ｖ … Ⓐ 〜とＶ
		＋ Ｎ … Ⓑ 〜というＮ
		＋ "。" … Ⓒ 〜と思う／〜と言っていた

ポイント

「〜という」の意味で「こと」などに付く場合もあります（⇒「〜ってこと」）。「心配ないよ。間に合う**って**」のように**強調**に使われる場合は、「**〜と思うよ**」の意味です。

Sometimes appends to 「こと」 with the meaning of 「〜という」. (⇒「〜ってこと」).
Has the meaning of "I think..." 「〜と思うよ」 when used as an emphasis, as in "Don't worry. I'm telling you, we'll make it in time!"

在"〜という"的意思中，有时候会加上"こと"。（⇒"〜ってこと"）。像"心配ないよ。間に合うって"（"不要担心，会赶上的。"）这样用于表示强调的时候，是"〜と思うよ"（"我认为〜"的意思。）

A 〜と V

1　Ⓐ 日本に来て最初のころは不安だった？

　　Ⓑ はい。毎日国に帰りたい**って**思ってました。

　Ⓐ Did you feel anxious when you first arrived in Japan?
　Ⓑ Yes. Every day I thought that I wanted to go back home.
　Ⓐ 来到日本最初的时候是不是有些不安呢？
　Ⓑ 是的，当时想的是每天都想回国。

2　Ⓐ ABC のコンサートに行くの？

　　Ⓑ ええ。友だちに一緒に行こう**って**誘われたんです。

　Ⓐ Are you going to the ABC concert?
　Ⓑ Yeah. I was invited by a friend to go.
　Ⓐ 去 ABC 的演唱会吗？
　Ⓑ 嗯，朋友邀我一起去。

3　Ⓐ 会場は本館の 3 階だ**って**聞いたんですが。

　　Ⓑ すみません、変更になったんです。

　Ⓐ I heard that the venue was on the third floor.
　Ⓑ I'm sorry. The venue has been changed.
　Ⓐ 听说会场在本馆的三楼。
　Ⓑ 不好意思，地点变了。

B 〜という N

4　Ⓐ ここのパンはすごくおいしい**って**評判なんです。

　　Ⓑ そうなんですか。食べてみたいですね。

　Ⓐ The bread here is considered to be really good.
　Ⓑ Is that right? I would like to try some.
　Ⓐ 大家评价说这里的面包很好吃。
　Ⓑ 是的，真想尝一下。

5　Ⓐ 中止**って**ことは、反対が出たってことかなあ。

　　Ⓑ うん。きっとそうだよ。

　Ⓐ Does the fact that it was cancelled mean there was opposition to it?
　Ⓑ Yeah. I'm sure that's the case.
　Ⓐ 结束就表示出现了反对意见吧？
　Ⓑ 嗯，一定是这样。

C 〜と思う／〜と言っていた

6　Ⓐ 無理しちゃだめだよ。今日は休んだほうがいい**って**。

　　Ⓑ わかった。そうするよ。

　Ⓐ You shouldn't overtax yourself. I'm telling you that you should rest today.
　Ⓑ All right. I will.
　Ⓐ 别太勉强啦。我想今天还是休息一下为好。
　Ⓑ 知道了，我休息。

7　Ⓐ 今日は時間がないから、別の日にしてくれ**って**。

　　Ⓑ え？　彼、また逃げたな。

　Ⓐ He said that he doesn't have any time to-day and so please do it on a different day.
　Ⓑ What? That guy is evading this again?
　Ⓐ 他说今天没时间，改天吧。
　Ⓑ 呢？ 他又逃避啊。

8　Ⓐ 田中さんたち、先に行ったよ。後から来て**って**。

　　Ⓑ え？　もう行っちゃったんですか。冷たいなあ。

　Ⓐ The Tanakas went on ahead. They said to come later.
　Ⓑ What? They already left? They're cold!
　Ⓐ 田中他们先走了。说让你们过会儿去。
　Ⓑ 呢? 已经走了? 真不够意思啊！！

PART1 日本語会話の最重要文型 8の

PART2 日本語会話の基本文型 80

主に動詞につくもの
主に名詞につくもの
主に形容詞につくもの
文の前につくもの
文の終わりにつくもの
会話をつなぐもの
こそあど
いろいろな形につくもの

第1回

ドリル A 次の（　　）に入る最も適当な語を 1 ～ 3 の中から 1 つ選びましょう。

1 A：試験、不合格だったよ。
B：そうか。だめだった（　　　）。　　　1 か　　2 よ　　3 ね

2 A：駅はこっちです（　　　）。
B：ええ、そうです。　　　　　　　　　1 ね　　2 よ　　3 って

3 A：田中さんから電話で、30 分遅れる（　　　）。
B：そう。じゃ、先に食べ始めようか。　　1 って　2 ね　　3 よね

4 A：ねえ、この曲、知ってる（　　　）。
B：うん、前によく聞いてたよ。　　　　1 か　　2 よ　　3 よね

ドリル B 次の（　　）の中の 2 つの言葉を適当な形に変えて文にしましょう。

5 A：ここで（　写真／とる　）。
B：いいね。そうしよう。

1 写真とった　　　　　2 写真とれる　　　　　3 写真とろうか

6 A：切符の（　買い方／わかる　）ですが。
B：ああ、ここにお金を入れるんですよ。

1 買い方がわからない　　2 買い方がわからないん　3 買い方がわかるん

ドリル C 次の（　　）に入る適当な文を 1 ～ 3 から 1 つ選びましょう。

7 A：試合、勝てなかったんですか。（　　　　　　　　　）。
B：ええ、ほんとに残念です。

1 残念でしたか　　　　2 残念でしたね　　　　　3 残念でしたの

8 A：ちょっと手伝ってくれませんか。
B：ええ、（　　　　　　　　　）。

1 いいですか　　　　　2 いいですね　　　　　　3 いいですよ

第2回
<small>だい　かい</small>

正解　／8

PART1
日本語会話の最重要文型8

PART2
日本語会話の基本文型80

主に動詞につくもの

主に名詞につくもの

主に形容詞につくもの

文の前につくもの

文の終わりにつくもの

会話をつなぐもの

こそあど

いろいろな形につくもの

ドリル A　次の（　　　）に入る最も適当な語を 1〜3 の中から 1 つ選びましょう。
<small>つぎ　　　　　　　　　　はい　もっと　てきとう　ご　　なか　　　　えら</small>

1　A：これ、捨てに行こう（　　　）。
<small>す　　い</small>
　　B：あ、行ってくれる？　じゃ、お願い。　　1 か　　2 って　　3 の
<small>い　　　　　　　　　　　　　ねが</small>

2　A：暑いです（　　　）、今日は。
<small>あつ　　　　　　　きょう</small>
　　B：もう夏ですね。　　　　　　　　　　　1 ね　　2 の　　3 よ
<small>なつ</small>

3　A：国に帰りたくなることがありますか。
<small>くに　かえ</small>
　　B：初めは毎日帰りたい（　　　）思いました。
<small>はじ　　まいにちかえ　　　　　　　おも</small>
　　　　　　　　　　　　　　　　　　1 か　　2 って　　3 んだ

4　A：会議は来週火曜日です（　　　）。
<small>かいぎ　らいしゅうかようび</small>
　　B：ええ、そうです。　　　　　1 ね　　2 よ　　3 んだ

ドリル B　次の（　　　）の中の 2 つの言葉を適当な形に変えて文にしましょう。
<small>つぎ　　　　　　なか　　　　ことば　てきとう　かたち　か　　　ぶん</small>

5　A：それ、小説？　熱心に読んでるけど。
<small>しょうせつ　ねっしん　よ</small>
　　B：うん、（　すごく／面白い　）。
<small>おもしろ</small>
　　1 すごく面白いか　　　2 すごくて面白いだ　　3 すごく面白いんだ
<small>おもしろ　　　　　　　　おもしろ　　　　　　　　　おもしろ</small>

6　A：重そうだね。（　運ぶ／手伝う　）
<small>おも　　　　　　　はこ　　てつだ</small>
　　B：ありがとう。でも、大丈夫。
<small>だいじょうぶ</small>
　　1 運ぶの手伝うか　　2 運ぶの手伝おうか　　3 運んで手伝うか
<small>はこ　てつだ　　　　　はこ　てつだ　　　　　　はこ　てつだ</small>

ドリル C　次の（　　　）に入る適当な文を 1〜3 から 1 つ選びましょう。
<small>つぎ　　　　　　はい　てきとう　ぶん　　　　えら</small>

7　A：これとこれ、どっちにする？
　　B：ああ、（　　　　　　　　　）。
　　1 どっちがいいね　　　2 どっちがいいよ　　　3 どっちでもいいよ

8　A：この本、面白そうだけど、2,000 円は高いよ。
<small>ほん　おもしろ　　　　　　　えん　たか</small>
　　B：（　　　　　　　　　）。
　　1 そうだって　　　　2 そうだったの　　　　3 そうだよね

第3回

だい　かい

ドリル A 次の（　　）に入る最も適当な語を1〜3の中から1つ選びましょう。
つぎ　　　　　　　　　　はい　もっと　てきとう　ご　　　　　　　なか　　　　　えら

1 A：交通事故が多いから、気をつけてください（　　）。
こうつうじこ　おお　　　　　き

　　B：はい、気をつけます。　　　　　　　　1 か　　2 ね　　3 の
き

2 A：ねえ、もう帰ろう。7時過ぎてる（　　）。
かえ　　　じす

　　B：そうだね。ごめん、ごめん。　　　　　1 の　　2 か　　3 よ

3 A：会場は本館の3階だ（　　）聞いたんだけど。
かいじょう　ほんかん　かい　　　　　き

　　B：それが変更になったんだ。　　　　　　1 か　　2 って　3 の
へんこう

4 A：彼、元気な（　　）はいいけど、声が大きすぎるね。
かれ　げんき　　　　　　　　　　こえ　おお

　　B：そうそう。　　　　　　　　　　　　　1 だ　　2 ね　　3 の

ドリル B 次の（　　）の中の2つの言葉を適当な形に変えて文にしましょう。
つぎ　　　　　　　　なか　　　　　ことば　てきとう　かたち　か　　ぶん

5 A：コーヒーは（　冷たい／いい　）？
つめ

　　B：うん、そうだね。

　　1 冷たいがいい　　　　　2 冷たいでいい　　　　3 冷たいのがいい
つめ　　　　　　　　　　　　つめ　　　　　　　　　　つめ

6 A：ABC のコンサートに行くの？
い

　　B：うん、友達に（　行く／誘う　）んだ。
ともだち　　　　い　　さそ

　　1 行くか誘われた　　　2 行くのを誘われた　　3 行こうって誘われた
い　さそ　　　　　　　　　い　　　　さそ　　　　　　い　　　　さそ

ドリル C 次の（　　）に入る適当な文を1〜3から1つ選びましょう。
つぎ　　　　　　　　はい　てきとう　ぶん　　　　　　えら

7 A：昨日はどうして来なかったの？
きのう　　　　　　こ

　　B：ちょっと（　　　　　　　　　）。

　　1 用事があったか　　　2 用事があるんだ　　　3 用事があったんだ
ようじ　　　　　　　　　　ようじ　　　　　　　　　ようじ

8 A：あの店、今日、休みなんだ。
みせ　きょう　やす

　　B：うん。（　　　　　　　　　）。

　　1 困ったか　　　　　　2 困ったよ　　　　　　3 困ってるよね
こま　　　　　　　　　　　こま　　　　　　　　　　こま

第4回
だい かい

正解 ／8

PART1
日本語会話の最重要文型8

PART2
日本語会話の基本文型80

主に動詞につくもの

主に名詞につくもの

主に形容詞につくもの

文の前につくもの

文の終わりにつくもの

会話をつなぐもの

こそあど

いろいろな形につくもの

ドリル A 次の（　　）に入る最も適当な語を1～3の中から1つ選びましょう。
つぎ はい もっと てきとう ご なか えら

1 A：合計、合ってます（　　　）。
ごうけい あ
B：はい。確認しました。　　　1 の　　2 よ　　3 よね
かくにん

2 A：中止（　　　）ことは、何か問題があったのかな。
ちゅうし なに もんだい
B：きっとそうだよ。　　　　　1 だ　　2 って　　3 んだ

3 A：この花、どこに置けばいい（　　　）？
はな お
B：ああ、その辺に置いてくれる？　1 の　　2 よ　　3 よね
へん お

4 A：電話、出てくれない？　今、手が離せない（　　　）。
でんわ で いま て はな
B：ああ、いいよ。　　　　　　1 ね　　2 の　　3 よ

ドリル B 次の（　　）の中の2つの言葉を適当な形に変えて文にしましょう。
つぎ なか ことば てきとう かたち か ぶん

5 A：（　さわる／だめ　）、危ないから。
あぶ
B：ごめんなさい。
1 さわっちゃだめだよ　2 さわってだめだよ　3 さわるはだめだよ

6 A：野菜も（　ちゃんと／食べる　）。
やさい た
B：言われなくても食べてるよ。
い た
1 ちゃんと食べたね　2 ちゃんと食べてね　3 ちゃんと食べるよ
た た た

ドリル C 次の（　　）に入る適当な文を1～3から1つ選びましょう。
つぎ はい てきとう ぶん えら

7 A：じゃ、私たちは先に行ってますね。
わたし さき い
B：はい、（　　　　　　　　）。
1 そうしてください　2 そうしましょう　3 そうしよう

8 A：この店、おいしかったね。
みせ
B：うん、（　　　　　　　　）。
1 また来るって　2 また来るよ　3 また来ようね
く く こ

37

第5回

正解
／8

ドリル A　次の（　　　）に入る最も適当な語を1～3の中から1つ選びましょう。
つぎ　　　　　　　　　　　はい もっと てきとう ご　　　なか　　　えら

1 A：まじめな相談なんだから、ちゃんと聞いて（　　　）。
そうだん　　　　　　　　　　　　き
B：ごめん、ごめん。　　　　　　　　　　　　1 か　　2 の　　3 よ

2 A：今日はかさ、いらない（　　　）。
きょう
B：そうね。いらないと思う。　　　　　1 って　2 ね　　3 の
おも

3 A：ここのラーメンはすごくおいしい（　　　）評判だよ。
ひょうばん
B：そう。今度、食べてみよう。　　　　1 って　2 の　　3 んだ
こんど た

4 A：次のバスまでだいぶ時間があるね。
つぎ　　　　　　　　　じかん
B：うん。どうしよう（　　　）。　　　1 か　　2 よ　　3 よね

ドリル B　次の（　　　）の中の2つの言葉を適当な形に変えて文にしましょう。
つぎ　　　　　　なか　　　ことば てきとう かたち か　　ぶん

5 A：（　これ／小さい　）、ないですか。
ちい
B：少々お待ちください。在庫を確認します。
しょうしょう ま　　　　　　ざいこ かくにん
1 これが小さいの　　　2 これの小さいの　　　3 これの小さいは
ちい　　　　　　　　　　ちい　　　　　　　　　ちい

6 A：森さんが、今日は時間がないから（　明日／会う　）って。
もり　　　きょう じかん　　　　　　あした あ
B：わかった。
1 明日会い　　　　　　　2 明日会おう　　　　　3 明日会わなくて
あした あ　　　　　　　　あした あ　　　　　　　あした あ

ドリル C　次の（　　　）に入る適当な文を1～3から1つ選びましょう。
つぎ　　　　　　はい てきとう ぶん　　えら

7 A：ハワイは初めてですか。
はじ
B：（　　　　　　　　　）。うれしくて、うれしくて。
1 そうですか　　　　　2 そうですって　　　3 そうなんです

8 A：このかさ、借りてもいいんですね。
か
B：はい、（　　　　　　　　　）。どうぞ。
1 いいって　　　　　　2 いいですよ　　　3 いいんだ

第6回
<small>だい　かい</small>

正解　／8

PART1
日本語会話の最重要文型8

PART2
日本語会話の基本文型80

主に動詞につくもの

主に名詞につくもの

主に形容詞につくもの

文の前につくもの

文の終わりにつくもの

会話をつなぐもの

こそあど

いろいろな形につくもの

ドリル A　次の（　　）に入る最も適当な語を1〜3の中から1つ選びましょう。
<small>つぎ　　　　　　　　　　はい　もっと　てきとう　ご　　　　なか　　　　　えら</small>

1　A：このペン、ちょっと借りる（　　　）。
<small>か</small>
　　B：ああ、いいよ。　　　　　　　　　　1 か　　2 の　　3 よ

2　A：ああ、ここ（　　　）、テレビに出てた店。
<small>で　　みせ</small>
　　B：そうだね。ここだね。　　　　　　1 か　　2 の　　3 んだ

3　A：風邪引いてるんだから、無理しちゃ、だめだ（　　　）。
<small>か ぜ ひ　　　　　　　　　む り</small>
　　B：うん、じゃ、先に帰る。　　　　　1 か　　2 の　　3 よ
<small>さき かえ</small>

4　A：彼女が人の悪口を言う（　　　）聞いたことがない。
<small>かのじょ　ひと　わるぐち　い　　　　　　き</small>
　　B：そうだね。　　　　　　　　　　　1 か　　2 の　　3 んだ

ドリル B　次の（　　）の中の2つの言葉を適当な形に変えて文にしましょう。
<small>つぎ　　　　　　なか　　　　　ことば　てきとう　かたち　か　　ぶん</small>

5　A：これを明日までに（　やる／無理　）でしょう。
<small>あした　　　　　　む り</small>
　　B：そうですね。多すぎますね。
<small>おお</small>
　　1 やると無理　　　　　2 やるには無理　　　　3 やるのは無理
<small>　　む り　　　　　　　　　　む り　　　　　　　　　　む り</small>

6　A：（　会長／入院する　）、知ってる？
<small>かいちょう　にゅういん　　し</small>
　　B：ううん、知らない。
　　1 会長が入院したの　　2 会長が入院しての　　3 会長が入院するかの
<small>かいちょう にゅういん　　　　　　かいちょう にゅういん　　　　　　かいちょう にゅういん</small>

ドリル C　次の（　　）に入る適当な文を1〜3から1つ選びましょう。
<small>つぎ　　　　　　はい　てきとう　ぶん　　　　えら</small>

7　A：今度引っ越したところは、学校から遠くなかったよね。
<small>こん ど ひ こ　　　　　　　　がっこう　　とお</small>
　　B：うん、そんなに（　　　　　　　）。
　　1 遠くないよ　　　　　2 遠くなかったよ　　3 遠くなったよ
<small>とお　　　　　　　　　　とお　　　　　　　　　　とお</small>

8　A：無理しちゃだめ。今日は休んだほうがいいよ。
<small>む り　　　　　　　　きょう　やす</small>
　　B：わかった。じゃ、（　　　　　　　）。
　　1 そうするよ　　　　　2 それがいい　　　　　3 そうなんだ

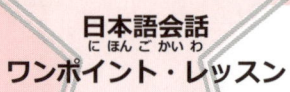
いつでもどこでも—

Anytime and anywhere – Useful word, 「どうも」
不管何时何地使用都非常方便的词语 "どうも"

特に大人同士の会話では、「どうも」という言葉が実に多く使われます。「どうも」には、いくつかの用法があります。多くは軽い表現ですが、次の④のように丁寧な用法もあります。

'Doomo' is used very often, especially in conversations of adults. 'Doomo' has several usages. Usually it gives casual impressions, but is sometimes used as a polite expression such as the following example ④ .

特别在成年人的会话中，"どうも"这个词语的使用频率很高。"どうも"有几种用法，多数是比较随便的表达方式，但也有像④这样的礼貌用法。

① 感謝する――「どうもありがとう」の略

To appreciate — short version of '*doomoarigatoo*'　表示感谢「どうもありがとう」的省略语

「どうもありがとう」あるいは「ありがとうございます」を短くして「どうも」と言うことがあります。通路のドアを押さえてもらったときなど、軽く「どうも」と言います。

'*Doomo*' is used as a short version of '*doomoarigatoo*' or '*arigatoogozaimasu*'. For example, you could use casually '*doomo*,' when somebody holds a door open for you.

"どうも"是"どうもありがとう"或者"ありがとうございます"略缩性的表达方式。当别人帮自己按着通道的门时，也可以轻轻说一声"どうも"。

② 謝る――「どうも失礼しました」の略

To apologize — short version of '*doomo shitsureeshimashita*'　表示道歉"どうも失礼しました"的省略语

大きなミスをして謝るときは、「どうも失礼しました」「どうぞお許しください」などと丁寧な表現を使わなければなりませんが、軽く謝るとき――例えば人にちょっとぶつかったときなど――は、「どうも」がよく使われます。

When you made serious mistakes, you should use polite expressions like '*doomo shitsureeshimashita*' or '*doozo oyurushikudasa*i', but if you want to say you are sorry more informally —such as when you slightly bumped into somebody—you can use '*doomo*'.

出现重大错误，需要道歉的时候，必须使用"どうも失礼しました"、"どうぞお許しください"等礼貌的表达方式。如果是轻微道歉的时候 ------ 例如稍微碰了一下别人，这时候经常使用"どうも"。

一便利な言葉「どうも」

③ あいさつをする

To greet　寒暄语

　会社員など、「先日はどうも失礼しました」の意味で「先日はどうも」などと言います。また、「こんにちは」の代わりに「どうも」や「どうもどうも」と言うこともあります。ただし、この使い方は、女性はあまりしないようです。丁寧な感じがしないからでしょう。

Company employees would use '*senjitsu wa doomo*' meaning '*senjitsu wa doomo shitsuree shimashita*.' '*Doomo*' and '*doomo doomo*' might be also used instead of 'konnichiwa'. However, it seems that women don't prefer this usage since it would not sound polite.

公司职员要说"先日はどうも失礼しました"的意思时，通常会说"先日はどうも"。此外，"どうも"或"どうもどうも"也经常代替"こんにちは"而使用。但是，女性很少这样用，因为这让人觉得不太礼貌。

④ 丁寧な「どうも」

Polite '*doomo*'　礼貌的"どうも"

　「どうも」は、たいてい軽い調子で発音しますが、丁寧にしたい場合は「どおおも」と長くゆっくり発音します。おじぎをしながら言うこともあります。

'*Doomo*' is usually pronounced with informal tone, but if you want to make it polite, say it longer and slower, '*dooomo*'. You might bow and say it at the same time.

"どうも"一般发音都比较轻，如果想说得更礼貌些，会拖长其发音，变成"どううも"，有时候还会一边鞠躬一边说。

ウォーミングアップ の答え

第1回

ドリル A

1	1
2	1
3	1
4	3	同意を求める「よね」→「うん（YES）」

ドリル B

| 5 | 3 |
| 6 | 2 | 困っている状況を理解してほしい。

ドリル C

| 7 | 2 | 相手と同じような気持ちだと伝える。
| 8 | 3 |

第2回

ドリル A

1	1
2	1
3	2
4	1	再確認する。

ドリル B

| 5 | 3 | 「面白いから読んでいる」ことを伝えたい。
| 6 | 2 | 運ぶの＝運ぶこと。「〜を」の「を」が省略されている。

ドリル C

| 7 | 3 |
| 8 | 3 |

第3回

ドリル A

| 1 | 2 |
| 2 | 3 |
| 3 | 2 | 元の形は「〜と聞く」。
| 4 | 3 | 。

ドリル B

| 5 | 3 |
| 6 | 3 |

ドリル C

| 7 | 3 |
| 8 | 2 | 自分の不満を）相手にアピールする感じ。

第4回

ドリル A

| 1 | 3 | 相手に確認を求める。
| 2 | 2 | 元は「中止ということとは…」。
| 3 | 1 |
| 4 | 2 | ここでは「〜んです」も同じ意味。

ドリル B

| 5 | 1 |
| 6 | 2 | 確かにするため、もう一度注意する。

ドリル C

| 7 | 1 |
| 8 | 3 | A は同意してほしい。

第5回

ドリル A

1	3
2	2
3	1
4	1

ドリル B

| 5 | 2 | 「の」の後に「は」が省略されている。
| 6 | 2 |

ドリル C

| 7 | 3 | 「N＋な＋んです」の形。
| 8 | 2 | 「〜よ」で、相手にはっきり伝える。

第6回

ドリル A

| 1 | 3 |
| 2 | 1 | 自分自身に質問をし確認する感じ。
| 3 | 3 |
| 4 | 2 |

ドリル B

| 5 | 3 |
| 6 | 1 |

ドリル C

| 7 | 1 |
| 8 | 1 |

42

PART2

日本語会話の基本文型 80
にほんごかいわ
きほんぶんけい

PART2
Eighty Basic Patterns
for Speaking Japanese

第 2 部分
日语会话的基本句型 80

9 集合時間、わかって<u>てる</u>？
しゅうごう じ かん
shuugoo-jikan, wakatte-ru?
（集合時間は、わかっていますか）
しゅうごう じ かん

〜てる

is...ing
（正在…）表示动作的持续

Ⓐ 明日の集合時間、わかっ<u>**てる**</u>？
　 あした　しゅうごう じ かん

Ⓑ わかって<u>**てる**</u>よ。

Ⓐ Do you what time we meet tomorrow?
Ⓑ Yes, I do.

Ⓐ 明天的集合时间知道吗？
Ⓑ 知道的。

意味・
使う場面

ある動作が続いていることを表します。また、**その状態が続いている**
　　　　どうさ　　つづ　　　　　　　　あらわ　　　　　　　　　　じょうたい　つづ
ことを表します。「〜**ている**」「〜**ていた**」などの**「い」は会話では発音**
　　　あらわ　　　　　　　　　　　　　　　　　　　　　　　　かい わ　　　　はつおん
されず、「〜**てる**」「〜**てた**」のように聞こえることが多いです。
　　　　　　　　　　　　　　　き　　　　　　　　　　おお

Indicates an action or condition that is continuing. In conversation the 「い」 in 「〜ている」, 「〜ていた」, etc. is often not pronounced, making the form sound like 「〜てる」 or 「〜てた」.

表示某种动作的持续。另外，还表示状态的持续。"〜ている"、"〜ていた"等的"い"在口语中不发音，很多时候听起来像"〜てる"、"〜てた"一样。

基本
パターン

［て形］＋ <u>**(い)る**</u>
　 けい
〜ている→〜てる　〜でいる→〜でる
〜ていた→〜てた　〜でいた→〜でた

Ⓐ **動作の継続**
　 どうさ　けいぞく
Ⓑ **状態の継続**
　 じょうたい　けいぞく
Ⓒ **くり返し**
　　　　かえ

ポイント

「食べる」「読む」など「続く動作を表す動詞」が前に来ると「**動作の**
　た　　　　よ　　　　　　つづ　どうさ　あらわ　どうし　　まえ　く　　　　　どうさ
継続」を表し、「開ける」「結婚する」など「一回の動作を表す動詞」
けいぞく　　あらわ　　あ　　　　けっこん　　　　　　いっかい　どうさ　あらわ　どうし
が前に来ると「**状態の継続**」を表します。
　まえ　く　　　　じょうたい　けいぞく　　あらわ

When verbs that express continuing action, such as "to eat" or "to read," precede the form, it means "continuation of the action." When it precedes verbs that indicate one-time actions, such as "to open" or "to marry," it indicates "continuation of a state."

接在"食べる"、"読む"等表示"持续动作的动词"后面，表示"动作的持续"，接在表示"開ける"、" 婚する"等表示"一次性动作的动词"的后面，表示状态的持续。

A 動作の継続 Continuation of Action　动作的持续

1　Ａ 何見**てる**の？
　　Ｂ これ？ 旅行のパンフレット。

Ａ What're you looking at?
Ｂ This? A travel brochure.
Ａ 你在看什么？
Ｂ 这个吗？　旅行的小册子。

2　（電話で）
　　Ａ 今どこ？ みんな待っ**てる**よ。
　　Ｂ ごめん、すぐ行く。

(On the phone)
Ａ Where are you? Everyone is waiting!
Ｂ Sorry. I'm going right away.
（打电话）
Ａ 现在在哪里？　大家都等着呢。
Ｂ 不好意思，马上就去。

3　Ａ 昨日は何し**てた**の？
　　Ｂ 特に何もしてません。部屋の掃除したり買い物したりしてました。

Ａ 昨天做什么啦？
Ｂ 没做什么。我打扫房间，买东西什么的。
Ａ What were you doing yesterday?
Ｂ Nothing special. Cleaning the house, shopping—things like that.

B 状態の継続 Continuation of a State　状态的持续

4　Ａ この写真の人、知っ**てる**？
　　Ｂ 知ってるよ。サッカー選手でしょ。

Ａ Do you know the person in this photo?
Ｂ Yeah, I do. He's a soccer player, right?
Ａ 这张照片上的人，知道吗？
Ｂ 知道啊，是足球运动员吧。

5　Ａ もうお昼食べた？
　　Ｂ ううん、まだ食べ**てない**。

Ａ Did you eat lunch already?
Ｂ Uh-uh. I haven't eaten yet.
Ａ 午饭已经吃了吗？
Ｂ 还没有呢。

6　Ａ けさ電話したんだけど、出かけ**てた**？
　　Ｂ うん、ちょっと外に出てた。

Ａ I called you this morning. Were you out?
Ｂ Yeah, I just went outside for a bit.
Ａ 今天早上给你打电话了，出去了
Ｂ 嗯，出去了。

7　Ａ この虫、死ん**でる**。
　　Ｂ えっ、まだ生き**てる**よ。

Ａ This bug is dead.
Ｂ Hey! It's still alive!
Ａ 这只虫子死了。
Ｂ 没有，还活着呢。

C くり返し Repetition　重复

8　Ａ パンはいつもどこで買っ**てる**の？
　　Ｂ 私はフランス屋で買っ**てる**よ。

Ａ Where do you always buy your bread?
Ｂ I buy mine at Furansuya.
Ａ 你经常在哪里买面包呢？
Ｂ 我经常在法国店买。

主に動詞につくもの

主に名詞につくもの

主に形容詞につくもの

文の前につくもの

文の終わりにつくもの

会話をつなぐもの

こそあど

いろいろな形につくもの

45

10 コピーし**といて**くれない？

kopii shitoite-kurenai?

（コピーしておいてくれませんか）

●●

～とく　　　　　　　do ahead
　　　　　　　　　　（事先）做好

Ⓐ 会議の前に、これを 10 部コピーし**といて**くれない？

Ⓑ わかりました。

Ⓐ Could you make ten sets of copies for me of this before the meeting?

Ⓑ Yes, certainly.

Ⓐ 会议开始前，能帮我复印 10 份这个吗？

Ⓑ 知道了。

意味・使う場面

「**～ておく**」が短くなった形です。「**後で起こること・起こるかもしれないことのために、何かをする**」ことを表します（Ⓐ 準備）。また、「**そのままの状態にする**」ことも表します（Ⓑ 放置）。

This is a shortened form of「～ておく」. It is used to indicate that something should be done to prepare for something that will or might happen later (Ⓐ Preparation). It can also be used to mean "leave something as it is" (Ⓑ Leave Alone).

是"～ておく"的简短形式。表示"之后发生的事情·为了某些可能要发生的事情，而做的某些事情（Ⓐ 准备）"。此外，还表示"就那样的状态（Ⓑ 保持原样）"。

基本パターン

[V~~ます~~] + **とく** { Ⓐ 準備
　　　　　　　　　 Ⓑ 放置（そのままにする）

ポイント

「てお」が「と」になるだけですが、聞こえてくる音はかなり変わってしまいます。それぞれの活用形がどんな音になるか、確認しておきましょう。

The form「てお」simply becomes「と」, but the sound heard changes dramatically depending on conjugation.

"てお"变成"と"，发音听起来变化较大，大家运用时要注意其各自的活用形，都是哪种发音。

会話練習

PART1
日本語会話の最重要文型 8

PART2
日本語会話の基本文型 80

主に動詞につくもの

主に名詞につくもの

主に形容詞につくもの

文の前につくもの

文の終わりにつくもの

会話をつなぐもの

こそあど

いろいろな形につくもの

A 準備 Preparation 准备
じゅんび

1 Ⓐ 読んだ本は元の場所に戻し**といて**ね。
よ　　　もと　ばしょ　もど
Ⓑ わかりました。

Ⓐ Put the book you read back where it belongs, okay?
Ⓑ Okay.
Ⓐ 读过的书都放回原来的地方。
Ⓑ 知道了。

2 Ⓐ お客さんが来るから、飲み物を冷や
きゃく　く　　　の　もの　ひ
し**とこう**。
Ⓑ そうだね。

Ⓐ Let everyone know that the meeting time has changed, okay?
Ⓑ I will.
Ⓐ 客人要来了，把饮料冰镇好吧。
Ⓑ 好的。

3 Ⓐ お店、予約し**といて**くれる？
みせ　よやく
Ⓑ わかった。やっとくよ。

Ⓐ Could you make a reservation for me at that restaurant?
Ⓑ Okay. I'll do it.
Ⓐ 能帮我预约一下店铺吗？
Ⓑ 好的，我预约。

4 Ⓐ 迷うといけないから、地図を書い**と**
まよ　　　　　　　　ちず　か
くよ。
Ⓑ ありがとう。

Ⓐ I don't want you to get lost so I'll draw up a map for you beforehand.
Ⓑ Thanks!
Ⓐ 要是迷路就不好了，我画张地图吧。
Ⓑ 谢谢。

5 Ⓐ 田中さんにはぼくから話し**とく**よ。
たなか　　　　　　　　はな
Ⓑ うん、お願い。
ねが

Ⓐ I'll talk to Ms. Tanaka for you ahead of time.
Ⓑ Yes, please.
Ⓐ 田中就由我来说吧。
Ⓑ 嗯，那就拜托了。

6 Ⓐ 集合時間が変わったこと、みんなに
しゅうごうじかん　か
伝え**といて**。
つた
Ⓑ わかりました。

Ⓐ Guests are coming, so let's chill something to drink ahead of time.
Ⓑ That's a good idea.
Ⓐ 通知大家，集合时间变了。
Ⓑ 知道了。

B 放置 Leave Alone 保持原样
ほうち

7 Ⓐ 窓、閉めましょうか。
まど　し
Ⓑ いえ、そのまま開け**といて**ください。
あ

Ⓐ Shall I close the window?
Ⓑ No, leave it open, please.
Ⓐ 窗户，关上吧。
Ⓑ 不用，就那样开着吧

8 Ⓐ コップ、洗いましょうか。
あら
Ⓑ いいですよ。後でやりますから、置
あと　　　　　　　　　お
い**といて**ください。

Ⓐ Shall I wash the cups?
Ⓑ That's okay. I'll do it later, so please just leave them.
Ⓐ 我来洗杯子吧。
Ⓑ 不用了，我一会儿会做的，就那样放着吧。

11

CD 11

彼女にしゃべっ**ちゃった**の!?
かのじょ
kanojo-ni shabecchatta-no?
（彼女に話してしまったのですか）
　かのじょ　はな

〜ちゃう／〜じゃう　　end up/finish up
表示完结

Ⓐ えっ、あのこと、彼女にしゃべっ**ちゃった**の!?
　　　　　　　　　かのじょ

Ⓑ ごめん。ついうっかり。

Ⓐ ひどーい！

Ⓐ What? Did you blab that to her?
Ⓑ I'm sorry, I didn't mean to.
Ⓐ That's terrible!

Ⓐ 诶，那件事情，跟她说了！?
Ⓑ 不好意思，一不小心说了。
Ⓐ 太过分了！

意味・使う場面
会話では「〜てしまう」が短く「〜ちゃう」と発音されることがよく
かいわ　　　　　　　　　　　　　みじか　　　　　　　　　　はつおん
あります。「**すっかり終わった**」という意味の場合もありますが、「**残**
　　　　　　　　　　お　　　　　　　　いみ　ばあい
念だ」という気持ちを表す場合が多いです。
ねん　　　　きも　　あらわ　ばあい　おお

In conversation the form 「〜てしまう」 is often shortened to 「〜ちゃう」. In some cases it means that something is completely finished, but it quite often is used to indicate feelings of regret.

口语中，经常将"〜てしまう"变成"〜ちゃう"来发音。有"完全结束"的意思，多数含有"遗憾"的意思。

基本パターン　[V〜て] + **ちゃう／じゃう** ｛ Ⓐ 完了
かんりょう
Ⓑ 失敗・残念な結果
しっぱい　ざんねん　けっか

「〜てしまう」は「〜ちゃう」に、「〜でしまう」は「〜じゃう」にな
ります。

※ 丁寧に言うときは「〜てしまう」「〜でしまう」のほうを使う。
ていねい　い　　　　　　　　　　　　　　　　　　　つか

The form 「〜てしまう」 is abbreviated to 「〜ちゃう」, while 「〜でしまう」 becomes 「〜じゅう」. In polite speech, the unabbreviated forms are used.

"〜てしまう"的缩写是"〜ちゃう"、"〜でしまう"的缩写是"〜じゅう"。

※ 礼貌用法是"〜てしまう"、"〜でしまう"。

A 完了 Completion 結束

1 Ⓐ この本、一日で読ん**じゃった**よ。

Ⓑ 一日で⁉　すごいね。

Ⓐ I read this whole book in one day, you know.
Ⓑ In one day? Wow!
Ⓐ 这本书一天就读完了。
Ⓑ 一天 ⁉　真厉害啊。

2 Ⓐ 急がないと日が暮れ**ちゃう**よ。

Ⓑ そうだね。

Ⓐ If we don't hurry, it will be sunset before we know it.
Ⓑ You're right.
Ⓐ 再不快点儿就天黑了。
Ⓑ 是啊。

3 Ⓐ これ、残っても捨てるだけだから、食べ**ちゃう**ね。

Ⓑ うん、そうして。

Ⓐ If we have leftovers of this we'll just end up throwing it away anyway, so I'll eat the lot of it.
Ⓑ Yeah, go ahead.
Ⓐ 这个、剩下的话就只能扔掉，吃了吧。
Ⓑ 嗯，那就吃了吧。

4 Ⓐ あと少しだから、やっ**ちゃおう**よ。

Ⓑ そうだね。

Ⓐ There's only a little left so let's just do it all.
Ⓑ Okay.
Ⓐ 还差一点儿，做完吧。
Ⓑ 是的。

B 失敗・残念な結果 Failures and Unfortunate Results 失敗・遺憾的結果

5 Ⓐ けさ寝坊して遅刻し**ちゃった**よ。

Ⓑ また？　早起きしたほうがいいよ。

Ⓐ This morning I overslept and ended up being late.
Ⓑ Again? You should get up earlier.
Ⓐ 今天早上睡懒觉迟到了。
Ⓑ 又迟到了？　早点起好一些。

6 Ⓐ そんなことしたら、先生に怒られ**ちゃう**よ。

Ⓑ そうかなあ。

Ⓐ If you do something like that, you'll get into trouble with the teacher, you know.
Ⓑ I don't think so.
Ⓐ 做那样的事情，老师会生气的。
Ⓑ 会吗?

7 Ⓐ 病院に行かないとひどくなっ**ちゃう**よ。

Ⓑ わかった。今日行くよ。

Ⓐ You'll just get worse if you don't go to the hospital.
Ⓑ Okay. I'll go today.
Ⓐ 不去医院的话，会更严重的哟。
Ⓑ 知道了，今天去。

8 Ⓐ あーあ、日本、負け**ちゃった**。

Ⓑ けっこう頑張ったんだけどね。

Ⓐ Oh, no! Japan ended up losing!
Ⓑ But they sure tried hard, didn't they.
Ⓐ 啊，日本输了。
Ⓑ 大家已经很努力了。

PART1
日本語会話の最重要文型 8

PART2
日本語会話の基本文型 80

主に動詞につくもの

主に名詞につくもの

主に形容詞につくもの

文の前につくもの

文の終わりにつくもの

会話をつなぐもの

こそあど

いろいろな形につくもの

12 ゴールに入ったところ

gooru-ni haitta tokoro
（ちょうどゴールに入ったときの様子）

〜ところ　　　　　about to 〜
　　　　　　　　　〜所〜

Ⓐ それ、この前の試合の写真？

Ⓑ うん。ボールがゴールに入ったところを撮ったんだ。

Ⓐ Is that a photo from the game the other day?
Ⓑ Yeah. I took it just as the ball got in the goal.

Ⓐ 那是上次比赛的照片？
Ⓑ 嗯，正好进球的时候照的。

意味・使う場面

時間についての「ところ（だ）」は主に、**今から「するところ」、今「しているところ」、すでに「したところ」**の３つに分けて、**その時の様子や状態**を表します。「**ちょうど〜**」というニュアンスを含みます。

The time element「ところ（だ）」can be generally divided into three types: the future「するところ」, the present「しているところ」, and the past「したところ」. Describes the situation or state of the time being described, and contains the nuance of "just"「ちょうど〜」.

关于时间的 "ところ（だ）" 主要表示以下三种意思，将要发生的事情用 "するところ"、现在正发生的事情用 "しているところ"，已经发生的事情用 "したところ"，各自表示那时的情况和状态。含有 "ちょうど〜（正好〜）" 的语感。

基本パターン

［〜する］		…Ⓐ 直前：今からする
［〜している］	＋ところ（だ）	…Ⓑ 途中：今している
［〜した］		…Ⓒ 直後：すでにした

ポイント

元々「ところ」は場所の意味です。**ある程度の広さを持つ場所・空間**という意味から、**少し幅のある時間**も「ところ」で言い表すようになりました。時間の流れを切り取って、その場面を表現したいときに使います。

The word「ところ」originally meant "place." From the meaning of a place or space with a certain area, it expanded into meaning time that has some breadth. Used when wanting to express a certain situation that has been cut out from the currents of time.

"ところ" 的原意是场所。从拥有某种广阔程度的场所、空间的意思到有些时间宽度的 "ところ"，用于切取时间的经过，表现其当时的场面。

PART1
日本語会話の最重要文型 8

PART2
日本語会話の基本文型 80

主に動詞につくもの

主に名詞につくもの

主に形容詞につくもの

文の前につくもの

文の終わりにつくもの

会話をつなぐもの

こそあど

いろいろな形につくもの

A 直前：今からする　A Just Prior: Going to Do Now　发生某事之前：现在将要做

1 A みんなでお昼を食べに行く**とこ
ろ**なんだけど、一緒に行かない？
　B そうなんですか。じゃあ、ぜひ。

Ⓐ Everyone is just going out to eat lunch; would you like to join us?
Ⓑ Oh? Then, yes, certainly.
Ⓐ 大家正好要去吃午餐，不一起去吗？
Ⓑ 是吗，那一起吧。

2 A これから電車に乗る**ところ**だか
ら、また後で電話するね。
　B うん、わかった。

Ⓐ I'm just getting on the train now, so I'll call you later.
Ⓑ OK. I see.
Ⓐ 现在马上要坐上电车了，一会儿再打电话吧。
Ⓑ 嗯，好的。

3 A あ、授業が終わったのかな。
　B みんな帰る**ところ**みたいね。

Ⓐ Oh, I wonder if class is over.
Ⓑ Everyone seems to be just now leaving.
Ⓐ 啊，下课了。
Ⓑ 大家正准备回去呢。

B 途中：今している　In the Middle of: Doing Now　中途：现在正在做

4 A 論文、うまく進んでる？
　B 今まとめている**ところ**なんです
が、なかなか難しいです。

Ⓐ Is your paper going well?
Ⓑ I'm in the process of organizing it now, but it isn't easy.
Ⓐ 论文进展顺利吗？
Ⓑ 现在正在归纳，太难啦。

5 A ねえ、どうするの？
　B ちょっと待ってよ。今考えてる
ところなんだから。

Ⓐ Hey, what are you going to do?
Ⓑ Just hold your horses, will you. I'm thinking about it right now.
Ⓐ 喂，怎么办啊？
Ⓑ 等会儿，现在正在想呢。

C 直後：すでにした　Right after: Already Done　之后：已经完成

6 〈教員室で〉
　A あのう、山下先生はまだいらっ
しゃいますか。
　B さっき帰った**ところ**だから、急
げば追いつきますよ。

(In the teachers' room)
Ⓐ Uhm, is the teacher Ms. Yamashita still here?
Ⓑ She just left to go home, so if you hurry you can catch her.
〈在办公室〉
Ⓐ 请问，山下老师在吗？
Ⓑ 刚刚回去，你要是快的话就能追上。

7 A ごめん、ごめん。待った？
　B ううん。私も今来た**ところ**。

Ⓐ Sorry, sorry. Did you wait?
Ⓑ No. I just got here myself.
Ⓐ 对不起，对不起，让你等久了吧？
Ⓑ 没有，我也是刚刚才来。

8 〈電話で〉
　A メール、読んでくれた？
　B 今パソコンつけた**ところ**だから、
ちょっと待って。

(on the phone)
Ⓐ Did you read my email?
Ⓑ I just turned on the computer, so please wait a minute.
〈电话里〉
Ⓐ 邮件看了吗？
Ⓑ 现在刚打开电脑，等会儿啊。

13 買ったばかりなのに

katta-bakari na-noni

（買ってからそんなに時間がたっていないのに）

～たばかり

just finished ～
刚刚～

Ⓐ プリンター、買っ**たばかり**なのに、もう壊れたの？

Ⓑ そう。まだ２回しか使ってないんだよ。

Ⓐ You just bought the printer and it's already broken?!
Ⓑ Yeah. I haven't even used it for two weeks yet!

Ⓐ 刚买的打印机，就坏了吗？
Ⓑ 是啊，才用过两次呢。

意味・使う場面 ある行為や出来事のすぐ後で、**時間がほとんどたっていないこと**を表します。「（～た）ところ」（☞ p.50）よりも時間的な限定・短さのニュアンスが強くなります。

Expresses idea that not much time has elapsed since a certain action or event occurred. Has a stronger nuance of limitation or shortness of time than「（～た）ところ（☞ p.50）.

表示在某种行为和发生的事情之后，几乎没有过多久的时间。比 "（～た）ところ"（☞ p.50）强调时间上更有限、更短。

基本パターン ［Ｖた（行為・出来事）］ ＋ **ばかり（だ）**

ポイント 「まだ間もない」ことを表すので、「新しい」「慣れていない」「不十分」などのニュアンスを含みます。例えば「昨日始めたばかり」は、「始めた事実」よりも「始めて１日しかたっていないこと」を強調します。

Since this form expresses the meaning of "not much time has elapsed yet," it has the nuance of "newness," "not yet accustomed to," or "insufficient." For example, in「昨日始めたばかり」 (I only started it yesterday), the emphasis is on the fact that it has only been one day since the speaker began doing something rather than on the thing itself.

表示 "还没过多久"，含有 "新的"、"没习惯"、"不充分" 的语气。例如，"昨天刚刚开始" 强调的是，"刚开始只过了一天"。

1 Ⓐ どうですか。日本の印象は？

Ⓑ けさ空港に着いた**ばかり**で、まだどこにも行ってないんです。

Ⓐ What do you think? What is your impression of Japan?
Ⓑ I only arrived at the airport this morning and haven't gone anywhere yet.
Ⓐ 怎么样？对日本的印象？
Ⓑ 今天早上刚刚到机场，还哪儿都没去。

2 Ⓐ 車の免許、持ってるんでしょ。レンタカー借りて、どこか行こうよ。

Ⓑ 無理、無理。まだ取った**ばかり**で、全然自信ないから。

Ⓐ You have a driver's license, don't you? Let's rent a car and go somewhere!
Ⓑ No way, no way! I only just got my license so I have no confidence whatsoever.
Ⓐ 你有驾照吧？我们借辆车去哪里逛逛吧。
Ⓑ 不行，不行。刚拿到驾照，还完全没有自信。

3 Ⓐ そのデジカメ、最新のでしょ。どうやって撮るの？

Ⓑ 買った**ばかり**で、実はまだよくわかってないんです。

Ⓐ That digital camera is new, isn't it? How do you take pictures with it?
Ⓑ I just bought it, so to tell you the truth, I don't know very well yet how to use it.
Ⓐ 那个数码相机是最新的吧。怎么照呢？
Ⓑ 刚刚买的，还不太懂怎么照。

4 Ⓐ あれ？　こんなところにマンションなんて、あったっけ？

Ⓑ 今月でき**ばかり**で、まだ誰も住んでないんですよ。

Ⓐ Huh? Has there always been an apartment building here?
Ⓑ It was only finished this month. No one is living in it yet, you know.
Ⓐ 啊，这种地方有公寓吗？
Ⓑ 这个月刚建好的，还没人住呢。

5 Ⓐ こんな難しい漢字、よく知ってたね。

Ⓑ これ、最近、習った**ばかり**の漢字なんです。

Ⓐ It's amazing you knew such a difficult kanji.
Ⓑ This is a kanji I just recently learned.
Ⓐ 还知道这么难的汉字啊。
Ⓑ 这是最近才学的汉字。

6 Ⓐ ギター習ってるそうですね。今度、聴かせてくださいよ。

Ⓑ いえいえ。まだ始め**ばかり**で、人に聴かせるなんて、とんでもない。

Ⓐ I hear that you are learning the guitar. Let me hear you play sometime.
Ⓑ No, no. I only just started. There's no way I can play for someone else yet.
Ⓐ 听所你在学吉他呢。下次弹来听听啊。
Ⓑ 没有啊，刚开始学，还没到能让别人听的水平。

7 Ⓐ 引っ越し**ばかり**で全然片づいてないけど、よかったら遊びに来て。

Ⓑ いいんですか。じゃ、近いうちに。

Ⓐ I've only just moved in so I haven't cleaned up at all yet, but you're welcome to come over.
Ⓑ Is it really okay? Then I will sometime soon.
Ⓐ 刚搬来还没完全整理好，可以的话过来玩吧。
Ⓑ 可以吗？那就最近吧。

PART1 日本語会話の最重要文型 8

PART2 日本語会話の基本文型 80

主に動詞につくもの

主に名詞につくもの

主に形容詞につくもの

文の前につくもの

文の終わりにつくもの

会話をつなぐもの

こそあど

いろいろな形につくもの

53

14 着いたら電話してね

tsuitara denwa-shite-ne

（着いたら電話してくださいね）

〜たら／〜だったら　How about if 〜 ?　如果〜

Ⓐ 駅に着い**たら**電話してね。迎えに行くから。

Ⓑ わかった。

Ⓐ Call when you arrive at the station, okay? I'll come and meet you.　Ⓐ 到了车站给我给我电话吧，我去接你。
Ⓑ I will.　Ⓑ 知道了。

意味・使う場面 🔖「**もし〜**」という**仮定の場合**に使います。「（もし）**A たら B**」の形で「**A の場合は B**」という意味を表します。動詞やイ形容詞には「〜たら」、名詞やナ形容詞などには「〜だったら」を使います。

Used as a suppositional. The pattern, "if A then B"「（もし）A たら B」, means "in the case of A, B." In cases of verbs and adjectives, 「〜たら」 is used; for nouns, the construction is 「〜だったら」.

用于表示"もし〜"这样的假设的场合。"（もし）A たら B"的形式表示"A の場合は B"的意思。动词或形容词用"〜たら"，名词形式用"〜だったら"。

基本パターン

（もし）＋ [V など] ＋**たら**　…Ⓐ

[N など] ＋**だったら**　…Ⓑ

[V る] ＋ん＋**だったら**　…Ⓒ

ポイント　仮定を示すのに「〜すれば」や「〜すると」などの形がありますが、**会話では「〜たら」が一般的**です。「〜たら」には「一晩寝**たら**治った」のように、**仮定でなく事実を言う場合**もあります。名詞や「V る＋ん」の後には「**だったら**」が付きます。

Other forms are also used to express supposition, such as 「V えば」 and 「V と」, but 「〜たら」 is most common in conversation. The 「〜たら」 pattern can also be used for actual situations rather than as a suppositional, as in "When I slept for a night, I got well." After nouns and 「V る＋ん」 the form 「だったら」 is used.

表示假设有时候也使用"V えば"或"V と"等形式。在口语中一般使用的是"〜たら"。"〜たら"也有"睡上一晚就治好了"说的不是假设，是事实。名词或者「V る＋ん」的后面接"だったら"。

54

A [Vなど] + たら

1　Ⓐ ボーナスもらっ**たら**何買う？

　　Ⓑ そうだなあ。親に何かプレゼントを買いたいな。

Ⓐ What do you want to buy after you get your bonus, too?
Ⓑ Let's see. I'd really like to buy a gift for my parents.
Ⓐ 拿了奖金会买什么？
Ⓑ 是啊，给父母买点儿礼物。

2　Ⓐ 手が空い**たら**、ちょっと手伝ってくれない？

　　Ⓑ いいよ。

Ⓐ Could you lend me a hand when you have a free moment?
Ⓑ Sure.
Ⓐ 要是你有空，可以帮一下我吗？
Ⓑ 可以啊。

3　Ⓐ 暑かっ**たら**、エアコンをつけてくださいね。

　　Ⓑ わかりました。ありがとうございます。

Ⓐ If you get hot, turn on the air conditioner, okay?
Ⓑ All right. Thank you.
Ⓐ 要是热的话，就把空调打开吧。
Ⓑ 知道了，谢谢。

4　Ⓐ 頭が痛いのは、一晩寝**たら**治りました。

　　Ⓑ それはよかったですね。

Ⓐ My headache went away when I slept for a night.
Ⓑ I'm glad to hear that.
Ⓐ 头疼，睡一晚上就好了。
Ⓑ 那太好了。

5　Ⓐ ここでよかっ**たら**、この次会うのも、ここにしませんか。

　　Ⓑ いいですよ。ここにしましょう。

Ⓐ If this place is all right with you, would you mind meeting here again next time?
Ⓑ That's fine. Let's make it here.
Ⓐ 如果这里可以的话，那我们下次也在这里见吧。
Ⓑ 可以啊，就这里吧。

B [Nなど] + だったら

6　Ⓐ こういう人が友達**だったら**いいな。

　　Ⓑ うん。楽しそう。

Ⓐ It would be nice to have a friend like this.
Ⓑ Yeah. Seems like a lot of fun.
Ⓐ 要是这样的人能成为朋友就好了。
Ⓑ 嗯，一定会开心啊。

7　Ⓐ 着くのが遅くなるよう**だったら**、連絡してください。

　　Ⓑ わかりました。

Ⓐ Please let me know if it seems like you will arrive later.
Ⓑ I will.
Ⓐ 要是晚到了，请联系一下。
Ⓑ 好的。

C [Vる] + ん + だったら

8　Ⓐ 試験を受けるん**だったら**、早めに準備したほうがいいよ。

　　Ⓑ そうですね。

Ⓐ If you're going to take a test, you should start your preparations early, you know.
Ⓑ You're right.
Ⓐ 要要去考试的话，就早点儿做准备。
Ⓑ 好的。

PART1　日本語会話の最重要文型 8

PART2　日本語会話の基本文型 80

主に動詞につくもの

主に名詞につくもの

主に形容詞につくもの

文の前につくもの

文の終わりにつくもの

会話をつなぐもの

こそあど

いろいろな形につくもの

15 遅れ<u>たり</u>しないでね
おく

okure-tari shinaide-ne

（遅れるようなことはしないでくださいね）
おく

● ●

～たり

～ or anything
～或任何东西

Ⓐ じゃ、明日は改札に９時ね。
　　　　あした　かいさつ　じ

Ⓑ そう。遅れ**たり**しないでね。
　　　　　おく

Ⓐ Then it's 9 am tomorrow at the station turnstile, right?
Ⓑ Don't be late or anything.

Ⓐ 那明天９点在检票口见。
Ⓑ 好的，别迟到哟。

意味・
使う場面

「ＡたりＢたり」と２回使わず、「～**たり**」１回だけで、ほかの同じよ
　　　　　　　　　かいつか　　　　　　　　　　　　　　かい
うな句を暗示します。「～するようなこと」というニュアンスを表し
く　あんじ
ます。

...tari is used only once rather than twice as in A-tari, B-tari, and suggests similar phrases. It has the nuance of "something like that."

不使用两次"ＡたりＢたり"的形式，而仅仅用一次"～たり"的形式，暗示有其它相似的情形。含有"～す
るようなこと（好像要～这样的事情）"的语义。

基本
パターン

[Ｖ~~た~~] ＋ **たりする** …Ⓐ
たり（「する」のない形） …Ⓑ
　　　　　　　　　　けい

ポイント

「遅れ**たり**」のあとに、同じように迷惑をかける行為が含まれていま
おく　　　　　　　おな　　　　　　めいわく　　　こうい　　ふく
す。「遅れないでください」「遅れないでね」という言い方は直接的で
おく　　　　　　　　おく　　　　　　　　い　かた　ちょくせつてき
厳しい印象を与えますが、「**たり**」を使うと、その印象が弱くなります。
きび　いんしょう　あた　　　　　　　　つか　　　　　　いんしょう　よわ
注意や依頼などによく使われます。
ちゅうい　いらい　　　　　つか

Other actions that cause problems are included after the "*okuretari*." The expressions "*okurenaide kudasai-ne*" and "*okurenaide ne*" are more direct and stern. Using "*tari*" softens the impression. Often used in admonitions and requests.

"遅れたり"的后面，含有其它类似给别人添麻烦之类的行为这样的语义。如果使用"遅れないでください"、"遅
れないでね"这样的说法，会给人一种直接而严厉的印象，但是如果用"たり"，这样的印象就会减弱，语气
不会过于强硬。经常用于提醒或拜托别人做某事。

A ［V≡］＋ たりする

1 Ⓐ 私もときどき会議の時間を間違えた
　　り**します**。

　　Ⓑ ぼくもつい最近、間違えました。

Ⓐ Sometimes I make a mistake on meeting times, too.
Ⓑ I just recently carelessly made that mistake.
Ⓐ 我有时候也会弄错会议时间之类的。
Ⓑ 我也是最近才弄错过。

2 Ⓐ 大事な書類ですから、汚し**たりしな
い**ようにお願いします。

　　Ⓑ はい、気をつけます。

Ⓐ These are very important documents so don't get them dirty or anything.
Ⓑ Yes, I'll be careful.
Ⓐ 这是很重要的文件，请不要弄脏。
Ⓑ 好的，我一定注意。

3 Ⓐ 病院に行っ**たりしなくて**いいの？

　　Ⓑ 大丈夫だよ。一晩寝れば治るよ。

Ⓐ Is it OK if you don't go to the hospital or some-place?
Ⓑ It's OK. I'll get well if I get a night's sleep.
Ⓐ 不用去医院吗？
Ⓑ 不用去。睡一晚就好了。

4 Ⓐ 明日ひまだっ**たりする**？

　　Ⓑ 明日？　＊いつだってひまだよ。

Ⓐ Do you have free time tomorrow or so?
Ⓑ Tomorrow? I'm always free!
Ⓐ 明天有空吗？
Ⓑ 明天？ 随时有空。

5 Ⓐ スマホ見ながら歩い**たりしてる**と危
　　ないよ。

　　Ⓑ そうですね。気をつけます。

Ⓐ It's dangerous to look at your smart phone or whatever when you're walking, you know.
Ⓑ You're right. I'll be careful.
Ⓐ 一边看智能手机一边路走很危险哟。
Ⓑ 是的，我一定注意。

6 Ⓐ さくらちゃん、大丈夫かなあ。迷子
　　になっ**たりして**ないかなあ。

　　Ⓑ 大丈夫だよ。もう大学生なんだから。

Ⓐ I hope little Sakura is OK. I wonder if she's got-ten lost or anything.
Ⓑ She's fine. After all, she's already a university student.
Ⓐ 小樱，没事吧。会不会迷路啊！
Ⓑ 没事的。都是大学生啦。

B ［V≡］＋ たり

7 Ⓐ 田中さん、最近ちょっと変じゃない？

　　Ⓑ そうねえ。急に泣い**たり**ね。

Ⓐ Ms. Tanaka seems a little strange nowadays, don't you think?
Ⓑ Yeah. She'll start to cry all of a sudden and things like that.
Ⓐ 你不觉得田中最近有些怪怪的吗？
Ⓑ 是啊，突然就哭出来了。

🎧MEMO

4 いつだって：「いつであっても、どんなときも」の意味の会話表現。

16 右に曲がったらいい

みぎ ま

migi-ni magattara ii

（右に曲がったらいいです）
みぎ ま

〜といい／〜ばいい／〜たらいい

okay to/ good if 〜
如果…就行

Ⓐ 駅はどっちかなあ。
えき

Ⓑ そこを右に曲がっ**たらいい**んじゃ
みぎ ま

ない？

Ⓐ I wonder which way it is to the station.
Ⓑ Don't you think we just turn right at that corner?

Ⓐ 车站在哪里呢?
Ⓑ 从这里向右转不就可以了。

意味・
使う場面

提案や**助言**をするときの表現です。「**〜といい**」「**〜ばいい**」「**〜たら**
ていあん じょげん ひょうげん
いい」は同じ意味で使いますが、「**〜ばいい**」が少し強い感じです。
おな いみ つか すこ つよ かん
若い人は「**〜たらいい**」を使うことが多いようです。
わか ひと つか おお

This is an expression used for making proposals or giving advice. The forms「〜といい」「〜ばいい」, and「〜
たらいい」are used with the same meaning, but「〜えばいい」sounds a little stronger. Young people seem
to use「〜たらいい」often.

表示提案或者给予忠告的表达方式。"〜といい""〜ばいい""〜〜たらいい"是相同的意思，但"〜ばいい"
的意思稍微强硬一些。年轻人经常使用"〜たらいい"。

基本パターン			
[V る]	+	**といい**	…Ⓐ
[V 条件] じょうけん	+	**ばいい**	…Ⓑ
[V た̶]	+	**たらいい**	…Ⓒ

ポイント

丁寧な話し方では動詞にすぐ続けず、「お休み になったら」のように
ていねい はな どうし つづ やす
「**お／ご〜になる**」の形に続けて使います。
かたち つづ つか

In polite speech, it does not immediately follow the verb; it follows the pattern「お／ご〜になる」, as in「お
休み になったら」(Why not take a rest?).

在礼貌的说法中，不会直接接动词，而是像"お休みになったら"一样，加上"お／ご〜になる"。

A [V る] ＋ といい

1 Ⓐ すみません、急に気分が悪くなって…。
きゅう きぶん わる
Ⓑ 少し横になる**といい**ですよ。
すこ よこ

Ⓐ I'm sorry, but I'm suddenly feeling ill.
Ⓑ You should probably lie down a while.
Ⓐ 不好意思，心里突然感到不太舒服…。
Ⓑ 你可以稍微躺一下。

2 Ⓐ また一緒に行ける**といい**ですね。
いっしょ い
Ⓑ ええ、ぜひ！

Ⓐ It would be nice if we could go together again sometime.
Ⓑ Yes, by all means!
Ⓐ 再一起去就好了。
Ⓑ 是啊，一定去。

B [V 条件] ＋ ばいい
じょうけん

3 〈パソコンなどの使い方〉
つか かた
Ⓐ 元に戻るときはどうすれ**ばいい**んです
もと もど
か。
Ⓑ ここを押せばいいんですよ。
お

(How to use a PC, etc.)
Ⓐ How do you get it to go back to how it was?
Ⓑ All you have to do is press this here.
〈电脑等的使用方法〉
Ⓐ 怎么样才能回到原来的状态呢？
Ⓑ 按这个就可以了。

4 Ⓐ 朝は時間がなくて、いつもあわてて出
あさ じかん で
かけます。
Ⓑ あと 10 分早く起きれ**ばいい**んだよ。
ぶんはや お

Ⓐ I don't have any time in the morning, so I always rush out the door.
Ⓑ All you have to do is get up ten minutes earlier, you know.
Ⓐ 早上没有时间，总是急急忙忙地出门。
Ⓑ 早起十分钟就可以了嘛。

5 Ⓐ あのう、この書類はどこに出せ**ばいい**
しょるい だ
んでしょうか。
Ⓑ 6 番の窓口にお出しください。
ばん まどぐち だ

Ⓐ Uhm, where should I submit these documents?
Ⓑ Turn them in at window number 6.
Ⓐ 请问，这个文件交到哪里好呢？
Ⓑ 请交到 6 号窗口吧。

C [V ~~ます~~] ＋ たらいい

6 Ⓐ 明日晴れ**たらいい**ね。
あした は
Ⓑ うん。絶対晴れてほしい。
ぜったい は

Ⓐ I sure hope it's clear tomorrow.
Ⓑ Yeah. I really want it to be nice weather tomorrow.
Ⓐ 明天天晴就好啦。
Ⓑ 嗯，绝对能让天晴。

7 Ⓐ 少し休ん**だらいい**よ。疲れたでしょ。
すこ やす つか
Ⓑ はい。じゃ、ちょっと休憩します。
きゅうけい

Ⓐ You should take a break. You're probably tired.
Ⓑ Yes, well, then I will rest for a short while.
Ⓐ 你休息一下好啦。累了吧？
Ⓑ 好的，那我稍微休息一下。

8 〈トラブルが起きたとき〉
お
Ⓐ 困ったなあ。どうし**たらいい**んだろ
こま
う。
Ⓑ 先生に相談しようか。
せんせい そうだん

(When some kind of trouble happens)
Ⓐ That puts us in a tight spot. Whatever should we do?
Ⓑ Why don't we discuss it with the teacher?
〈遇上什么麻烦的时候〉
Ⓐ 真麻烦啊，怎么办才好呢？
Ⓑ 和老师商量一下吧。

PART1 日本語会話の最重要文型 8

PART2 日本語会話の基本文型 80

主に動詞につくもの

主に名詞につくもの

主に形容詞につくもの

文の前につくもの

文の終わりにつくもの

会話をつなぐもの

こそあど

いろいろな形につくもの

17 もうすぐ降りそう
もうすぐ降り<ins>そう</ins>

moosugu furisoo
（もうすぐ降りそうです）

● ● ● ● ● ● ● ● ● ● ● ● ● ● ● ● ● ● ●

～そう

it appears that ～ /looks like ～
看来～（表示推量的"そう"）

Ⓐ 空がだんだん暗くなってきたね。

Ⓑ うん。もうすぐ降り<ins>そう</ins>。

Ⓐ The sky has gotten darker and darker.
Ⓑ Yeah. Looks like it will rain soon.

Ⓐ 天空渐渐暗下来啦。
Ⓑ 嗯，看来要下雨啦。

意味・使う場面 一つは「**～する手前だ**」という意味で、「<ins>いつ変化が起きてもおかしくない状況</ins>」を表します。もう一つは「（実際はわからないが）**そのように見える、思える**」という意味です。

One usage has the meaning of "something will happen soon," or "on the verge of doing," meaning "a change could happen at any time." Another usage is "I don't really know, but it looks like or seems like that is the case."

一种用法是"快发生～、发生～之前"的意思，表示"不管何时发生变化都不奇怪的状况"。另一种用法是"（实际上不知道）就是看起来像或让人那么想"的意思。

基本パターン

［V］＋**そう** ㋕晴れそう　　…Ⓐ そうなる手前の状況

［A／NA］＋**そう** ㋕難しそう、簡単そう

状態動詞［V／Vて（い）］＋**そう**
　　㋕（家に）いそう、知って（い）そう ┐
　　　　　　　　　　　　　　　　　　　├ …Ⓑ そのような様子

可能動詞［V］㋕読めそう、できそう ┘

ポイント

Ⓐ「**動作や変化を表す動詞**」を使います。Ⓑ「**感情や感覚を表す形容詞**」は自分以外にはそのまま使えないので、「～そう」を使います。ただし、「赤い、美しい」など、表に表れていることには使いません。

Ⓐ uses a verb that manifests action or change. Ⓑ, as an adjective that manifests feelings or sensations, cannot be used about anyone but oneself so in those cases it is followed by 「～そう」. It is not used, however, for things that are visible externally, such as "red," "beautiful," etc.

Ⓐ 使用表示动作或变化的动词。Ⓑ "除了对自己以外，不能原封不动地使用"表示感情或感觉的形容词"，必须使用"～そう"。但是，不能与"赤い、美しい"之类表示直观状态的形容词连用。

A **そうなる手前の状態** A On the Verge of Some State 某种状况之前的状态

1 Ⓐ そこ、ボタンが取れ**そう**だよ。
Ⓑ あ、ほんとだ。

Ⓐ Looks like that button is about to come off, you know.
Ⓑ Oh, you're right.
Ⓐ 那里，扣子快掉了。
Ⓑ 呀，真的啊。

2 Ⓐ この２つは名前が似てるから間違え**そう**。
Ⓑ 気をつけないとね。

Ⓐ The names of these two are similar, so it would be easy to make a mistake.
Ⓑ Got to be careful, then.
Ⓐ 这两个名字相似，容易弄错。
Ⓑ 必须注意。

B **そのような様子** Looks Like Some State 像那种样子

3 Ⓐ ちょっと遅れ**そう**だから、先に始めてて。
Ⓑ わかった。

Ⓐ Looks like I'll be a little late, so go ahead and start first.
Ⓑ Okay.
Ⓐ 我要迟一点儿过来，你们先开始吧。
Ⓑ 好的。

4 Ⓐ 外、寒**そう**。
Ⓑ あんまり外へ出たくないね。

Ⓐ Looks cold outside.
Ⓑ Yeah, I don't feel much like going outside.
Ⓐ 外面看来挺冷的。
Ⓑ 不太想出门啦。

5 Ⓐ どう？　お金、足り**そう**？
Ⓑ うん、大丈夫だと思う。

Ⓐ You okay? Do you have enough money?
Ⓑ Yeah, I should be all right.
Ⓐ 怎么样？钱够吗？
Ⓑ 嗯，我想没问题。

6 Ⓐ これ、どこで売ってるかなあ。
Ⓑ デパートならあり**そう**。

Ⓐ I wonder where they sell this.
Ⓑ Looks like something you'd find in a department store.
Ⓐ 这个哪里有卖的？
Ⓑ 如果是百货商店的话，好像有。

7 Ⓐ 森さんって優し**そう**な人ですね。
Ⓑ ええ。あの人が怒るの、見たことないです。

Ⓐ Ms. Mori looks like a very kind person, doesn't she.
Ⓑ Yes. I've never seen her get angry.
Ⓐ 森先生看起来性格挺温和的啊。
Ⓑ 是啊，没见过他生气。

8 Ⓐ どう？　５時までにでき**そう**？
Ⓑ はい。なんとか頑張ります。

Ⓐ How about it? Does it look like you can get it done by five o'clock?
Ⓑ Yes. I will do what I can.
Ⓐ 怎么样？五点之前完成吗？
Ⓑ 能，我尽量加油。

18 受かるはずがない

ukaru-hazu-ga nai

（合格するはずがないです）

～はずがない／～はずはない／～はずない　hardly possible that ～
不应该

Ⓐ 田中さん、試験に受かるかなあ。

Ⓑ 受かる**はずがない**よ。全然勉強してないんだから。

Ⓐ I wonder if Tanaka will pass the test.
Ⓑ There's no way he can pass, you know. After all, he doesn't study at all.

Ⓐ 田中你能考上吧？
Ⓑ 不可能考上，因为一点儿都没学习。

意味・使う場面　相手の主張や目の前の状況などが、**自分の持つ情報やイメージと違う**とき、「そんなことはありえない」と、**その事実を否定する**表現です。

Expresses negation of a "fact" that is different from information or impression that the speaker has about the other party's assertion or the situation in front of the speaker. Implies "that cannot be possible."

当对方的主张、目前的状况和自己所拥有的信息以及印象不同的时候，是一种"那是不可能的"否定事实的表达方式。

基本パターン　[文／Vる など（否定したいこと）] ＋ **はず {が／は／φ} ない**　※φはゼロ、何もない

ポイント　例えば「（試験に）受かるはず（だ）」は、「合格して当然だ（でも、不合格になることもありうる）」という意味です。これの反対が「受かるはずが（／は）ない」になります。会話では「が／は」はよく省略されます。

For example, "he should pass (the test)「（試験に）受かるはず（だ）」" means "it is only natural that he pass the test (but there is a possibility that he could fail). The opposite is「受かるはずが（は）ない」. In conversation,「が／は」are often omitted.

例如，"应该能考上"的意思是"合格了当然好（但是也有可能不合格）"。其相反意思是"不可能考上"，在会话中经常省略"が／は"。

1　Ⓐ 10万円で世界一周旅行、できるか
　　　まんえん　せかいいっしゅうりょこう
　　　なあ。
　　Ⓑ できる**はずがない**じゃない。日本一
　　　　　　　　　　　　　　にほんいっ
　　　周だって無理だよ。
　　　しゅう　　むり

Ⓐ I wonder if I can do a trip around the world on 100,000 yen.
Ⓑ There's probably no way you can do that. You couldn't even travel around Japan on that.
Ⓐ 10 万日元可以周游世界一圈吗？
Ⓑ 那是不可能的吧，就连日本一周都不够。

2　Ⓐ ねえ。あの人、田中さんじゃない？
　　　　　　　　　ひと　たなか
　　Ⓑ よく似てるけど、そんな**はずはない**
　　　　　　に
　　　よ。今、香港にいるはずだから。
　　　　　いま　ほんこん

Ⓐ Hey, isn't that person Ms. Tanaka?
Ⓑ She looks similar, but there's just no way. Ms. Tanaka's supposed to be in Hong Kong right now.
Ⓐ 喂，那不是田中吗？
Ⓑ 很像，但是不太可能。他现在应该在香港。

3　Ⓐ 急げば間に合う？
　　　いそ　ま　あ
　　Ⓑ あと 30 分でしょ？ 間に合う**はずな**
　　　　　　　　ぶん　　　　ま　あ
　　　いよ。

Ⓐ If we rush, can we make it?
Ⓑ We only have 30 minutes, right? There's no way we can make it in time.
Ⓐ 快点儿就能赶上吧？
Ⓑ 还有三十分钟？ 不可能赶得上。

4　Ⓐ カルロス、顔にけがしてるね。けん
　　　　　　　　かお
　　　かでもしたのかなあ。
　　Ⓑ まさか。彼がそんなことする**はずな**
　　　　　　　　かれ
　　　いでしょ。

Ⓐ Carlos has a face injury. I wonder if he has been in a fight or something.
Ⓑ Of course not. There's no way he would do something like that.
Ⓐ 卡鲁罗斯脸上有伤，是不是打架了？
Ⓑ 不会吧，他不可能做那种事吧。

5　Ⓐ 大学のチームがプロと試合して勝て
　　　だいがく　　　　　　　　しあい　　　か
　　　ると思う？
　　　　　おも
　　Ⓑ 勝てる**はずない**よ。レベルが全然違
　　　　か　　　　　　　　　　　　　　ぜんぜんちが
　　　うよ。

Ⓐ Do you think a college team can beat a pro team in a game?
Ⓑ Of course not. The two are of two completely different levels.
Ⓐ 大学的球队和职业球队比赛，你认为能赢吗？
Ⓑ 不可能赢吧，水平完全不一样。

6　Ⓐ 〈広告を見ながら〉
　　　　こうこく　み
　　　2週間で10キロやせられるんだって！
　　　　しゅうかん
　　Ⓑ やめときなよ。そんなに急にやせた
　　　ら、健康にいい**はずない**でしょ。
　　　　　けんこう

Ⓐ (Looking at a ad)
　It says you can lose 10 kilos in just two weeks!
Ⓑ Give up the idea. If you were to lose weight that fast, there's no way it would be any good for your health, is there.
〈一般看广告〉
Ⓐ 这上面说两周能减十公斤。
Ⓑ 算了吧。那么快就能瘦的话，对健康应该没有好处。

7　Ⓐ 死んだ人が生き返る？
　　　し　　ひと　い　かえ
　　Ⓑ ない、ない。そんなの、ある**はずない**。

Ⓐ 死去的人能起死回生？
Ⓑ 不会，不会，不可能有哪种事的。
Ⓐ Can a dead person come back to life?
Ⓑ No, no. There's no way such a thing can happen.

PART1
日本語会話の最重要文型 80

PART2
日本語会話の基本文型 80

主に動詞につくもの

主に名詞につくもの

主に形容詞につくもの

文の前につくもの

文の終わりにつくもの

会話をつなぐもの

こそあど

いろいろな形につくもの

19 見たわけじゃない
mita wake-ja-nai
（見たということではないです）

〜わけじゃない

not the case that 〜
并不是〜

Ⓐ ほんとにそんなに広いの？

Ⓑ 自分で見た**わけじゃない**けど。でも、そうらしいよ。

Ⓐ Is it really that big?
Ⓑ Well, I haven't actually seen it myself, but they say it is.

Ⓐ 真的那么宽吗？
Ⓑ 并不是自己亲眼看见的，但好像是那样哦。

▶ 話の内容がより正確に伝わるよう、補足をする表現です。「〜ということではない」と、**内容を制限する**条件を加えます。

Used to supplement information in order to convey content more accurately. The phrase 「〜ということではない」 is added as a caveat.

为了更加正确地传达话题的内容，而进行补充的表达方式。如果是 "〜ということではない"，就表示添加限制内容的条件。

基本パターン	［文］+ (という / って) + { **わけじゃない** / **わけでは（／じゃ）ありません**（丁寧な言い方）

 会話練習

1 Ⓐ お金がかかるからやめる、という**わけではありません**。

Ⓑ ほかの理由があるんですね。

Ⓐ It's not that I'm giving up on it because it costs money.
Ⓑ Then there's some other reason, right?
Ⓐ 并不是因为要花钱才放弃的。
Ⓑ 那就是有其它的理由啦。

2 Ⓐ 嫌いな**わけじゃない**けど、そんなに好きでもない。

Ⓑ じゃ、食べなくていいよ。

Ⓐ It's not that I can't stand it; it's just that I don't like it much.
Ⓑ Then you don't have to eat it.
Ⓐ 并不是讨厌，而是不太喜欢。
Ⓑ 那不吃也行的。

3 Ⓐ もう使えないって**わけじゃない**んでしょ。

Ⓑ うん。修理すれば大丈夫だと思う。

Ⓐ But that doesn't mean you can't use it anymore, right?
Ⓑ Right. I think it will be okay if I have it repaired.
Ⓐ 并不是用不了了。
Ⓑ 嗯，修一修就没问题了。

20 断るわけにはいかない

ことわ

kotowaru-wake-niwa ikanai

（断るということは許されないです）
ことわ　　　　　　　　　　ゆる

～わけにはいかない

can't ～
不可能～

Ⓐ 彼の頼みだから、断る**わけにはいかない**よ。
　かれ　たの　　　　　　　ことわ

Ⓑ いつも助けてもらってるからね。
　　　　たす

Ⓐ Since he's the one requesting it, there's no way for you to say no.
Ⓑ Yeah, after all, he's always helping me.

Ⓐ 因为是他拜托的，所以不好拒绝。
Ⓑ 他总是帮我们呢。

▶ Ⓐ「社会的・常識的に、あるいは立場上、それはできない」という意味を
　　しゃかいてき　じょうしきてき　　　　　　　たちばじょう　　　　　　　　　　いみ
表します。また、Ⓑ「**(不満や欲求などを) 抑えることができない**」とい
あらわ　　　　　　　　　　　ふまん　よっきゅう　　　　　おさ
う意味でも使います。
　いみ　　つか

This phrase means something cannot be done socially, for reasons of common civility, or position Ⓐ. Also used to mean that one cannot suppress discontent or desires Ⓑ.

Ⓐ 表示"社会性的、常识性的或者立场上不能做的事情"，还有 Ⓑ "不能抑制不满或欲望的意思。

基本パターン	[Ｖる／Ｖない／Ｎ] ＋ **(という)** ＋ **わけに (は) いかない**

会話練習

1　Ⓐ 先生にご迷惑をかける**わけにはいきませ**
　　せんせい　めいわく
　　ん。

　　Ⓑ 気にしなくていいですよ。
　　　　き

Ⓐ It isn't right for me to cause you such trouble, Professor.
Ⓑ You don't have to worry about it.
Ⓐ 不好给老师添麻烦。
Ⓑ 不用在意的。

2　Ⓐ その会議、どうしても出なければならな
　　　　かいぎ　　　　　　　　で
　　いの？

　　Ⓑ ぼくも発表するから、出ない**わけにはい**
　　　　　　　はっぴょう　　　で
　　かないんだよ。

Ⓐ Do you absolutely have to go to that meeting?
Ⓑ I have to give a presentation myself, so I can't exactly not attend.
Ⓐ 那个会议，不管怎样也必须出席吗？
Ⓑ 我也要发表，不可能不出席。

3　Ⓐ いつもの半額以下だからね。買わない**わ**
　　　　　　はんがくいか　　　　　　　か
　　けにいかないよ。

　　Ⓑ そうだね。

Ⓐ It's less than half of the usual price. I can't exactly not buy it.
Ⓑ Yeah, okay.
Ⓐ 是平时的半价，不可能不买啊。
Ⓑ 是啊。

21 これ、捨てていい？

kore, sutete ii?

（これは捨てていいですか）

• •

〜ていい／〜てもいい　okay to 〜
可以〜

Ⓐ これ、捨て**ていい**？

Ⓑ あ、ちょっと待って。…うん、

いいよ。

Ⓐ Can I toss this?
Ⓑ Oh, wait a minute. Oh, okay. Go ahead.

Ⓐ 这个可以扔掉吗？
Ⓑ 啊，等一会儿。…嗯，可以的。

意味・
使う場面

📎 **許可を与えたり求めたりするとき**に使う表現です。質問文「〜て（も）
いい？」にすると、許可を求める表現になります。

An expression used when giving or seeking permission. When made into a question, it expresses a request for permission.

寻求或给予许可时使用的表达方式。疑问句时，表示寻求许可。

基本
パターン

[V~て] ＋ **ていい**　　…Ⓐ

[V~て] ＋ **てもいい**　　…Ⓑ

ポイント

「〜ていい」「〜てもいい」のどちらも同じように使いますが、「〜て
いい」のほうが気軽な感じで、若い人に多く使われます。

Both「〜ていい」and「〜てもいい」are used the same way, but「〜ていい」is more lighthearted and often used among youth.

"〜ていい"、"〜てもいい"用法相同，"〜ていい"的语气轻松，年轻人之间经常使用。

A [V] ＋ **ていい**

1 Ⓐ あのう、ちょっと聞い**ていい**ですか。
　Ⓑ いいですよ。何ですか。

Ⓐ Uhm, do you mind if I ask a quick question?
Ⓑ Sure. What is it?
Ⓐ 对不起，可以问一下吗？
Ⓑ 可以啊，想问什么？

2 〈アルバイト先で〉
　Ⓐ あの、私はもう帰っ**ていい**ですか。
　Ⓑ あ、いいですよ。ご苦労さま。

(At a part-time job)
Ⓐ Can I go home now?
Ⓑ Oh, sure. Thanks for your hard work.
〈在打工的地方〉
Ⓐ 请问，我可以回去了吗？
Ⓑ 哦，可以的，辛苦了啊。

3 Ⓐ ここ、座っ**ていい**？
　Ⓑ どうぞ。

Ⓐ Can I sit here?
Ⓑ Go ahead.
Ⓐ 这里可以坐吗？
Ⓑ 可以。

4 Ⓐ これ、飲ん**でいい**の？
　Ⓑ いいよ、もちろん。

Ⓐ Can I drink this?
Ⓑ Certainly. Of course.
Ⓐ 这个可以喝吗？
Ⓑ 当然可以。

5 Ⓐ 何も持っていかなく**ていい**よ。全部
　用意してあるから。
　Ⓑ そうなんだ。

Ⓐ You don't have to bring a thing. Everything has already been prepared.
Ⓑ Oh, is that right?
Ⓐ 什么都不用带，全都准备好的。
Ⓑ 是吗？

B [V] ＋ **てもいい**

6 Ⓐ ここに自転車をとめ**てもいい**ですか。
　Ⓑ ええ。午後5時までですけど。

Ⓐ Is it okay to park my bike here?
Ⓑ Yes. But only until 5 pm.
Ⓐ 这里可以停自行车吗？
Ⓑ 可以，但只能到下午5点。

7 Ⓐ 今、予定がわからないから、後でメー
　ルし**てもいい**？
　Ⓑ わかった。じゃ、そうして。

Ⓐ I still don't know what my plans are going to be, so can I send you an email later?
Ⓑ OK. Then, please do.
Ⓐ 现在还不知道时间安排，一会儿再发邮件可以吗？
Ⓑ 好的，那就一会儿发吧。

8 Ⓐ 悪いけど、10分くらい待ってもらっ
　てもいい？
　Ⓑ あ、そう。なるべく早くね。

Ⓐ I'm sorry, but could I have you wait for about ten minutes?
Ⓑ Oh? Well, be as quick as you can.
Ⓐ 对不起，可以等我十分钟吗？
Ⓑ 啊，那么，尽量早点儿。

PART1
日本語会話の最重要文型8

PART2
日本語会話の基本文型80

主に動詞につくもの

主に名詞につくもの

主に形容詞につくもの

文の前につくもの

文の終わりにつくもの

会話をつなぐもの

こそあど

いろいろな形につくもの

22 早く行かないと

はやく いかないと

hayaku ikanai-to

（早く行かないといけません）
はや い

～ないと／～なきゃ／～なくちゃ　if don't ～
不～就～

Ⓐ あ、もうこんな時間！
じかん

Ⓑ ほんとだ。早く行か**ないと**。
はや い

Ⓐ Oh, no. It's already this late!
Ⓑ You're right. We'd better hurry up and go.

Ⓐ 啊，都这个事件啦！
Ⓑ 是啊，要赶紧啦。

意味・
使う場面

「**～ないと**」は「**～ないといけない**」、「**～なきゃ**」は「**～なければな らない**」、「**～なくちゃ**」は「**～なくてはいけない**」が短く変化したも
みじか へんか
のです。

The form 「～ないと」 is an abbreviation of 「～ないといけない」, 「～なきゃ」 is the shortened form of 「～なければならない」, and 「～なくちゃ」 of 「～なくてはいけない」.

"～ないと"是"～ないといけない"、"～なきゃ"是"～なければならない"、"～なくちゃ"是"～なくて はいけない"的略缩形式。

基本 パターン	[V ~~ない~~] +	ないと　　…Ⓐ なきゃ　　…Ⓑ なくちゃ　…Ⓒ

ポイント

どれも非常に会話的な表現です。**自分についての確認**や、**相手に対す**
ひじょう かいわてき ひょうげん じぶん かくにん あいて たい
る助言・注意の場面が多いです。
じょげん ちゅうい ばめん おお

These are all extremely conversational expressions. They are often used to confirm something about one-self, or to encourage or warn the listener.

以上形式都是会话的表达方式。多用于对自己的确认，对对方的建议和提醒。

A [V <del>ます</del>] ＋ ないと

1 Ⓐ 時間が変わったこと、みんなに連絡し**ないと**。

Ⓑ 早いほうがいいよ。

Ⓐ We have to let everyone know of the time change.
Ⓑ Yes, it would be best to do that soon.
Ⓐ 时间改了，必须要和大家联系啊。
Ⓑ 早点儿联系为好。

2 Ⓐ 通訳をめざすなら、いろんなことを勉強し**ないと**。

Ⓑ うん。頑張るよ。

Ⓐ If you hope to be an interpreter, you'll have to study a lot of things.
Ⓑ Yeah, I'll do my best!
Ⓐ 要是想当翻译的话，就必须各方面都学习。
Ⓑ 嗯，我会加油的。

3 Ⓐ これ、あと、切手貼ら**ないと**。

Ⓑ あ、ほんとだ。

Ⓐ You also have to put a stamp on this.
Ⓑ Oh, you're right.
Ⓐ 这个一会儿必须贴邮票。
Ⓑ 啊，真的。

B [V <del>ます</del>] ＋ なきゃ

4 Ⓐ 風邪はもう治ったの？

Ⓑ ほとんどね。…あ、薬、飲ま**なきゃ**。

Ⓐ Are you over your cold already?
Ⓑ Almost. Oh, I've got to take my medicine!
Ⓐ 感冒治好了吗？
Ⓑ 大概好了。…啊，必须吃药。

5 Ⓐ 明日は 8 時発の飛行機だから、5 時に起き**なきゃ**。

Ⓑ 早いね。

Ⓐ Tomorrow the plane leaves at eight o'clock, so I have to get up at five.
Ⓑ That's early!
Ⓐ 明天早上 8 点的飞机，5 点就必须起床。
Ⓑ 真早啊。

6 Ⓐ 休むんだったら、早めに店長に言わ**なきゃ**。

Ⓑ うん。後で言うよ。

Ⓐ If you're going to take time off, you'll have to let the store manager know soon.
Ⓑ Yeah, I'll tell him later.
Ⓐ 如果要休息的话，必须早点儿告诉店长。
Ⓑ 嗯，我一会儿说。

C [V <del>ます</del>] ＋ なくちゃ

7 Ⓐ 5 時からアルバイトだから、もう行か**なくちゃ**。

Ⓑ そうなんだ。

Ⓐ My part-time job starts at five o'clock, so I'll have to be going.
Ⓑ I see.
Ⓐ 5 点开始打工，现在必须走了。
Ⓑ 是吧。

8 Ⓐ お世話になった人に挨拶し**なくちゃ**ね。

Ⓑ はい。皆さんに直接お礼を言いたいです。

Ⓐ We have to give our regards to everyone who helped us.
Ⓑ Yes, I want to thank everyone in person.
Ⓐ 必须向平时照顾你的人打招呼。
Ⓑ 好的，我想直接向大家致谢。

PART1
日本語会話の最重要文型 8

PART2
日本語会話の基本文型 80

主に動詞につくもの

主に名詞につくもの

主に形容詞につくもの

文の前につくもの

文の終わりにつくもの

会話をつなぐもの

こそあど

いろいろな形につくもの

23 これにしたら？

kore-ni shitara doo-desu-ka?
（これにしたらどうですか）

〜たら？

why don't you 〜 ?
如果〜

Ⓐ どれにしようかな。いろいろあって迷っちゃう。

Ⓑ じゃ、これに**したら？**

Ⓐ I don't know which one to get. There's so many that I can't choose.
Ⓑ Then why don't you take this one?

Ⓐ 选哪个呢？真是犹豫啊。
Ⓑ 那选这这个呢？

意味・使う場面 「〜たら」には「**もし、Xしたら、Yになる**」という意味があります。「**X したら？**」だけで、親しい人に何か行為（Xすること）を勧める言い方になります。

The pattern「〜たら」has the meaning "if do X, then becomes Y"「もし、Xしたら、Yになる」. Becomes a recommendation to close acquaintances or family to take a certain action when in the form「("X=verb)したら？」

"〜たら"有"如果X，就会变成Y"的意思。仅仅用"（X＝动词）したら？"的形式，是表示劝亲近的人做某种行为（X）的说法。

基本パターン [V（行為 conduct 行為）] + **たら**（？／どうですか／いいんじゃないですか など）

ポイント 例えば「タバコ、やめ**たら？**」は、「タバコをやめたら健康になりますよ」という意味です。「やめたほうがいいと思います」「やめましょう」「やめてくださいよ」などと同じような機能（**助言、勧め、促し、**など）を持ちます。

For example, the sentence, "Why don't you quit smoking?"「タバコ、やめたら？」has the nuance of "You'll be healthier if you quit smoking, you know."「タバコをやめたら健康になりますよ」. Has the same function as "It would be better if you quit."「やめたほうがいいと思います」, "How about quitting?"「やめましょう」and "Would you please quit."「やめてくださいよ」in that the expression serves as advice, a recommendation, or encouragement to action.

例如，"たばこ、やめたら（戒戒烟怎么样呢）？"的意思是"たばこをやめたら、健康になりますよ（如果戒了烟，身体就会变得健康）。"有着和"やめたほうがいいと思います（戒烟为好）"、"やめましょう（戒了吧）"、"やめてくださいよ（请戒烟吧）"同样的功能（建议、规劝、催促等）。

1 Ⓐ ネットで調べてみた**ら**？　何かわかるかもよ。

Ⓑ そうだね。

Ⓐ Why don't you try checking it on the Internet? You might be able to find out something about it.
Ⓑ Yeah, you're right.
Ⓐ 明天出发吧。那就要早点儿准备好啊。
Ⓑ 说了要准备的。

2 Ⓐ 最近、冷たい水が歯にしみるんだ。

Ⓑ 明日、歯医者さんに行って、みてもらっ**たら**？

Ⓐ Lately, cold water has been making my tooth hurt.
Ⓑ How about going to the dentist tomorrow and have it looked at?
Ⓐ 你在网上查一下怎么样？可能会了解到什么。
Ⓑ 好的。

3 Ⓐ 論文の構成を変えるように言われたんだけど。

Ⓑ じゃ、そうしてみ**たら**？

Ⓐ I was told that I had to change the structure of my paper.
Ⓑ Then why don't you give it a try?
Ⓐ 刚才就一直在打哈欠，睡吧。
Ⓑ 那我先睡啦。

4 Ⓐ ２週間も休みがあるんだから、旅行にでも行っ**たら**？

Ⓑ そうですね。

Ⓐ If you have two whole weeks off, why don't you go on a trip or something?
Ⓑ That's an idea.
Ⓐ 报告的事情，直接问老师怎样？
Ⓑ 嗯，那还快点儿。

5 Ⓐ さっきから、あくびばかりしてない？もう寝**たら**？

Ⓑ じゃ、先に寝るよ。

Ⓐ You've been yawning for a while now. Why don't you go to bed?
Ⓑ OK. I'll go to bed first.
Ⓐ 说让把论文的结构再改改。
Ⓑ 那就改改吧。

6 Ⓐ 明日出発でしょ。じゃ、早く準備し**たら**？

Ⓑ するよ。

Ⓐ You leave tomorrow, right? Then how about getting ready early?
Ⓑ I already said that I would.
Ⓐ 有两周的休息，去旅行一下怎样？
Ⓑ 好的。

7 Ⓐ みんな待ってるんだから、もうちょっと早く歩い**たら**？

Ⓑ わかってるけど、足の指が痛くて早く歩けないんだよ。

Ⓐ Everyone is waiting for you. How about walking a little more quickly?
Ⓑ I know, but my toe hurts so I can't walk fast.
Ⓐ 大家都等着呢，再走快点儿吧。
Ⓑ 知道啦，脚趾疼，走不快啊。

PART1 日本語会話の最重要文型8
PART2 日本語会話の基本文型80
主に動詞につくもの
主に名詞につくもの
主に形容詞につくもの
文の前につくもの
文の終わりにつくもの
会話をつなぐもの
こそあど
いろいろな形につくもの

24 行ってみ**ない**？

itte-minai?

（行ってみようと思いませんか）

〜ない？／〜ません？ isn't it 〜 ?/aren't you 〜 ?
不・・・吗?

Ⓐ ねえ、新しくできたラーメン屋さんに行ってみ**ない**？

Ⓑ いいね。行こう、行こう。

Ⓐ Hey, wouldn't you like to go try the new ramen shop?
Ⓑ Sounds good. Let's go! Let's go!

Ⓐ 对了，去不去新开的拉面馆吃吃看?
Ⓑ 好啊，去吧，去吧。

意味・使う場面 **相手を何かに誘うとき**（Ⓐ勧誘）や、**相手の気持ちをある方向に向けるとき**（Ⓑ誘導）、**相手に何かしてほしいとき**（Ⓒ依頼）に使います。**「〜ませんか」「〜ではない（の）ですか」**の、くだけた言い方です。

Used when inviting someone to do something (Ⓐ: Invitation) and when trying to induce someone in a certain direction (Ⓑ: Inducement) , when wanting the listener to do something(Ⓒ: Requests) . Casual form of「〜ませんか？」and「〜ではない（の）ですか？」.

邀请（Ⓐ劝诱）别人做什么事情，或者将对方的心情向某个方向做引导（Ⓑ诱导），希望对方做什么的时候（Ⓒ委托、拜托）。是 "〜ませんか？"、"〜ではない（の）ですか？" 的比较随便的说法。

基本パターン

[V]＋**〜ない？／〜ません？**
- ··· Ⓐ **勧誘** Invitation 劝诱
- ··· Ⓑ **誘導** Inducement 诱导
- ··· Ⓒ **依頼** Requests 委托、拜托

ポイント 「Ⓐ勧誘」の「〜ない？」は、提案の「〜どう？」(p.150) と似ていますが、「〜ない？」には相手の考えなどを誘導する働きがあります。また「そう思わない？」（会話例⑥）は「そう思うでしょ？」よりやわらかく聞こえます。

The form「〜ない？」as an invitation (Ⓐ) is similar to the proposal form of「〜どう？」(p.150), but works to induce the listener to think a certain way. Further, the form「そう思わない？」, as in Conversation Example 6, sounds softer than「そう思うでしょ」.

Ⓐ 劝诱的 "〜ない？" 与表示提案的 "〜どう？"(p.150) 比较相似，"〜ない？" 有诱导对方想法的功能。此外，"そう思わない？"（会话例⑥）比 "そう思うでしょ" 听起来要柔和。

A 勧誘 Invitation　劝诱

1 Ⓐ ピカソ展の切符が２枚あるんだけど、一緒に行か**ない**？

Ⓑ いいの？　わぁ、ラッキー。

Ⓐ I have two tickets to the Picasso exhibit. Wouldn't you like to go with me?
Ⓑ Is it okay? Wow! I'm lucky!
Ⓐ 我有两张毕加索展览的展票，一起去吗？
Ⓑ 可以吗？那太好了！

2 Ⓐ 寒いから中に入ら**ない**？

Ⓑ そうだね。

Ⓐ It's cold; why don't you come inside?
Ⓑ Yeah, all right.
Ⓐ 好冷啊，不进来吗？
Ⓑ 好的。

3 Ⓐ このゲーム、面白そう。やってみ**ない**？

Ⓑ いいよ。やってみようか。

Ⓐ This game looks really fun. Won't you try it with me?
Ⓑ I don't mind. Let's give it a try.
Ⓐ 这个游戏挺有意思的。不试试看吗？
Ⓑ 好啊，试试看。

4 Ⓐ 会場までタクシーで行き**ません**？

Ⓑ そうですね。けっこう歩きますからね。

Ⓐ How about going to the venue by taxi?
Ⓑ That's a good idea. It would be quite a walk.
Ⓐ 不坐出租车去会场吗？
Ⓑ 是啊，要走好长的路呢。

5 Ⓐ もう一個食べ**ない**？

Ⓑ もう、いい。お腹いっぱい。

Ⓐ Wouldn't you like to eat another?
Ⓑ No, I've had enough. I'm full.
Ⓐ 不再吃一个吗？
Ⓑ 够了，已经吃饱了。

B 誘導 Inducement　诱导

6 Ⓐ 悪いのは、あっちでしょ？　そう思わ**ない**？

Ⓑ まあね。

Ⓐ I think he's in the wrong. Don't you agree?
Ⓑ Well, maybe.
Ⓐ 不好的是对方！ 你不那么认为吗？
Ⓑ 是啊。

7 Ⓐ 「ありがとう」の意味で「すみません」って言わ**ない**？

Ⓑ 言う、言う。

Ⓐ Don't people say「すみません」to mean「ありがとう」？
Ⓑ They do, they do!
Ⓐ「ありがとう」的意思不可以说"すみません"吗？
Ⓑ 可以，可以。

C 依頼 Requests　委托、拜托

8 Ⓐ 明日来られ**ない**？

Ⓑ ごめん。明日は都合悪いんだ。

Ⓐ Can't you come tomorrow?
Ⓑ Sorry. I have something to do tomorrow.
Ⓐ 明天能来吗？
Ⓑ 对不起，明天不太合适。

PART1
日本語会話の最重要文型 8

PART2
日本語会話の基本文型 80

主に動詞につくもの

主に名詞につくもの

主に形容詞につくもの

文の前につくもの

文の終わりにつくもの

会話をつなぐもの

こそあど

いろいろな形につくもの

25 田中先生って、独身？

Tanaka sensee-tte dokushin?

（田中先生は独身ですか）

● ●

～って（話題）　　　called ～ /said that ～
　　　　　　　　　話題

Ⓐ 田中先生**って**、独身？

Ⓑ さあ、知らない。

Ⓐ A: Is the teacher, Mr. Tanaka, single?　　　　Ⓐ 田中老师是单身吗？
Ⓑ Uh, I don't know.　　　　　　　　　　　　　Ⓑ 这个嘛，不清楚。

意味・使う場面 🔖 話題や話の対象を示すのに使われる会話的な形で、「～は」に近い働きを持ちます。

A conversational form used to indicate the subject of a foregrounded topic or conversation. Functions similarly to "...*wa*."

提出话题或表示说话的对象，多以会话形式出现，与"～は"的功能相似。

基本パターン

話題・テーマ

　　[N]　　　　＋　**って**　…Ⓐ

　　[Ｖする＋の]　＋　**って**　…Ⓑ

ポイント 💡 疑問や興味が向いたものを新たに取り上げる言い方です。会話的で、改まった場面や丁寧に話す場面では使われません。

Expression to bring up some question or interest anew. A conversational form, it cannot be used in formal situations or in polite speech.

是一种提出新的疑问和说话人兴趣所指的表达方式。口语中使用，不用于正式场合以及说话郑重的场合。

A ［N］って

1 Ⓐ ８号館<u>って</u>、どの建物ですか。
Ⓑ あの茶色のビルです。

Ⓐ Where is Building 8?
Ⓑ It's that brown building.
Ⓐ 8 号馆是哪栋房子啊？
Ⓑ 那栋茶色的楼房。

2 Ⓐ 入会の手続き<u>って</u>、面倒ですか。
Ⓑ いいえ、そんなことないですよ。

Ⓐ Is the paperwork for joining the organization a hassle?
Ⓑ No, it isn't.
Ⓐ 入会的手续麻烦吗？
Ⓑ 没有，不麻烦。

3 Ⓐ それ<u>って</u>、急ぎですか。
Ⓑ ええ。５時までに必要なんです。

Ⓐ Are you in a hurry for that?
Ⓑ Yes, it's needed by five o'clock.
Ⓐ 那个很急吗？
Ⓑ 是的，5 点之前要。

4 Ⓐ 話したいこと<u>って</u>、何？
Ⓑ うん…就職のことなんだけど。

Ⓐ What is it you wanted to talk with me about?
Ⓑ Uhm, it's about trying to get a job.
Ⓐ 你想说的事是什么？
Ⓑ 嗯…是关于就业的事情。

5 Ⓐ 青木さんの留学の時の話<u>って</u>、面白いよ。
Ⓑ そうなんだ。聞いてみたいなあ。

Ⓐ Aoki's stories about studying abroad are really interesting.
Ⓑ Is that right? I'd sure like to hear them.
Ⓐ 青木先生留学时的事情很有意思哟！
Ⓑ 是吗，真想听听呢。

6 Ⓐ 田中さんが引っ越した * とこ<u>って</u>、どの辺？
Ⓑ ああ、大学のすぐそば。今度遊びに来て。

Ⓐ Where is it that you moved to, Ms. Tanaka?
Ⓑ Oh, right next to the university. Come visit me sometime.
Ⓐ 田中你搬到哪里去了？
Ⓑ 哦，在大学旁边。下次来玩吧。

B ［V する+の］って

7 Ⓐ 医者になるの<u>って</u>、大変なんですね。
Ⓑ そうですね。とにかく、たくさん勉強しなければなりません。

Ⓐ It's tough to become a doctor, isn't it.
Ⓑ That's right. You have to do a lot of studying.
Ⓐ 听说当医生很难啊。
Ⓑ 是啊，总之，必须学很多东西。

8 Ⓐ 知らない人と話すの<u>って</u>、けっこう緊張するんです。
Ⓑ 私もですよ。

Ⓐ I get really nervous when I have to talk with someone I don't know.
Ⓑ Me, too.
Ⓐ 和陌生人说话，真是紧张啊。
Ⓑ 我也是的。

> ♪MEMO **6** とこ：「ところ」が短くなった形。
> 遊びに来て：「遊ぶ」という意味はない。「一緒に楽しく過ごしましょう」という気持ちを表す。

PART1 日本語会話の最重要文型 8

PART2 日本語会話の基本文型 80

主に動詞につくもの
主に名詞につくもの
主に形容詞につくもの
文の前につくもの
文の終わりにつくもの
会話をつなぐもの
こそあど
いろいろな形につくもの

26 今度の旅行のことだけど

kondo-no ryokoo-no koto-dakedo

（今度の旅行のことについてです）

〜が／〜けど（話題）　　it's 〜 but
話題

Ⓐ 今度の旅行のことだけど。

Ⓑ うん、何？

Ⓐ About the upcoming trip…
Ⓑ Yeah, what about it?

Ⓐ 关于这次的旅行呢。
Ⓑ 哦，有什么问题吗?

意味・使う場面

話し始める前に**話題を告げて、聞く人に準備をさせる**ために使います。丁寧に言うときは「**〜ですが**」「**〜ですけど**」、カジュアルに言うときは「**〜だけど**」を使います。

Used to prepare the listener by first mentioning a topic before talking about it. In polite speech, 「〜ですが」 is used; in casual speech, 「〜だけど」 is used.

说话之前告诉别人话题，让听话人有心理准备。礼貌的说法是"〜ですが"，随便的说法是"〜だけど"。

基本パターン

[N／文] + **ですが** …Ⓐ

[N／文] + **だけど** …Ⓑ

ポイント

話したいことを一度に続けて話してしまうより、始めに話題を示してから話すほうが、聞く人にも受け入れやすくなります。

First mentioning a topic before actually delving into it makes the message easier for the listener to accept.

与其将想说的事情一次性地持续说完，还不如在开始的时候出示话题再说，这样让听话人也容易接受。

A ～ですが

1 Ⓐ これ、昨日ここで買ったん**ですが**、サイ
ズを間違えちゃったんです。
Ⓑ そうですか。サイズは * どちらをご希望
ですか。

Ⓐ I bought this here yesterday, but I got
the wrong size.
Ⓑ I see. What size are you looking for?
Ⓐ 这是你昨天买的东西，尺寸弄错了。
Ⓑ 是吗? 尺寸您希望多大的呢?

2 Ⓐ ここなん**ですが**…。階段で転んじゃった
んです。
Ⓑ ああ、ちょっと腫れてますね。

Ⓐ It's this place here. I fell on the stairs.
Ⓑ Oh, it is a little swollen, isn't it.
Ⓐ 你看这里…。在楼梯摔得。
Ⓑ 啊，有点儿肿啊。

3 Ⓐ *ちょっと相談したいことがあるん**ですが**。
Ⓑ そうですか。何でしょう？

Ⓐ Um, I have something I'd like to discuss.
Ⓑ Oh? What's that?
Ⓐ 您好，我想跟您商量点儿事儿。
Ⓑ 是吗? 什么事儿?

B ～だけど

4 Ⓐ 明日のお昼**だけど**、どこか外で食べる？
Ⓑ そうだね。

Ⓐ About lunch tomorrow, did you want to
eat out somewhere?
Ⓑ Yeah, that would be good.
Ⓐ 明天白天，我们在外面吃点儿东西吧。
Ⓑ 好的。

5 Ⓐ 今度のパーティーなん**だけど**、参加者は
何人くらい？
Ⓑ 20 人くらいかな。

Ⓐ About the party coming up, how many
people are going to participate?
Ⓑ I think about 20.
Ⓐ 今天的晚会，有多少人参加呢?
Ⓑ 有 20 人左右吧。

6 Ⓐ そのことなん**だけど**、原さんはどう思う？
Ⓑ 私も青木さんと同じだな。

Ⓐ About that issue, what do you think, Mr.
Hara?
Ⓑ My opinion is the same as Mr. Aoki's.
Ⓐ 关于这件事情，小原你是怎么想的呢?
Ⓑ 我和青木想的一样。

7 Ⓐ 待ち合わせの場所**だけど**、駅の改札でい
い？
Ⓑ いいよ。

Ⓐ For the place to meet, would the ticket
gate at the station be okay?
Ⓑ That's fine.
Ⓐ 关于约定地点，在车站检票口行吗?
Ⓑ 可以啊。

8 Ⓐ さっき森さんが言ったことなん**だけど**。
Ⓑ うん、どうかした？

Ⓐ Mr. Mori was talking about it a short
while ago, but….
Ⓑ Yeah, what's up?
Ⓐ 关于刚才小森说的事情。
Ⓑ 嗯、怎么啦?

MEMO **1** どちら：どれ。どのサイズ。
3 婉曲の用法でもある。

PART1 日本語会話の最重要文型 8

PART2 日本語会話の基本文型 80

主に動詞につくもの

主に名詞につくもの

主に形容詞につくもの

文の前につくもの

文の終わりにつくもの

会話をつなぐもの

こそあど

いろいろな形につくもの

27 秋はいいね
あき
aki-wa ii-ne
（秋はいいですね）
あき

～はいい／～がいい／～もいい ～ is good/ is also good
～好、不错 / ～好、不错 / ～也好、也不错

Ⓐ 秋はいいね。暑くも寒くもなくて。
あき　　　　　あつ　　さむ
Ⓑ ほんとだね。

Ⓐ Fall is nice, isn't it?　Not too hot and not too cold.
Ⓑ That's really true.

Ⓐ 秋天真好。既不热也不冷。
Ⓑ 是的啊。

意味・
使う場面
🔖 「いい」の「good, ok」という意味を基本に、幅広く使われる表現です。
い　み　　きほん　　　　　　　　　　はばひろ　つか　　ひょうげん
文の内容によって、Ⓐ「高く評価する」、Ⓑ「比べて選ぶ」、Ⓒ「適当
ぶん　ないよう　　　　　　　　たか　ひょうか　　　　　くら　　えら　　　　　てきとう
と思う」、Ⓓ「同意・許可する」ということを表します。
おも　　　　　どうい　きょか　　　　　　　　　　あらわ

The word「いい」, is used broadly based on the meaning of "good" or "ok." Depending on context, it can indicate the following: Ⓐto evaluate highly; Ⓑto compare and choose; Ⓒto think something appropriate; Ⓓ to agree or approve.

"いい" 是 "good, ok" 的意思，是一种广泛使用的表达方式。根据句子的内容，有下面三中国意思，Ⓐ "高度评价"、Ⓑ "比较选择" Ⓒ "认为恰当"、Ⓓ "同意・许可"。

| 基本
パターン | ［Nなど］＋ | はいい
がいい
もいい | ⟨ | …Ⓐ高く評価する
たか　ひょうか
…Ⓑ比べて選ぶ
くら　　えら
…Ⓒ適当と思う
てきとう　おも
…Ⓓ同意する・許可する
どうい　　　きょか |

💡 特に、好きなものや好きなことについて感想や意見を言うときに使い
とく　す　　　　　　　す　　　　　　　　　　　　かんそう　いけん　い　　　　　　つか
ます。
ポイント

The expression is particularly used to give one's impressions or opinion about something one likes.

特别是对于自己所喜欢的东西或喜欢的事物，叙述自己的感想和意见。

Ａ 高く 評価する Evaluate highly

1　Ａ スポーツで汗をかくの**はいい**ね。
　　Ｂ うん、さっぱりした気分になる。

Ａ It's good to work up a sweat playing sports, isn't it.
Ｂ Yeah, it really makes you feel refreshed.
Ａ 运动出出汗很不错啊。
Ｂ 嗯，很爽快啊。

2　Ａ 機能がちょっと足りないけど、デザインは**いい**ね。
　　Ｂ そうだね。

Ａ The functions are a little lacking, but the design is nice, isn't it.
Ｂ Yeah, it is.
Ａ 功能有些不足，设计还不错。
Ｂ 是啊。

3　Ａ 体のためには歩くの**がいい**んだって。
　　Ｂ じゃ、バスをやめて、歩きにしようかなあ。

Ａ They say that walking is good for health.
Ｂ Gee, maybe I should stop taking the bus and walk instead.
Ａ 听说走路对身体有好处。
Ｂ 那就不做公交车，选择走路吧。

4　Ａ たまには外で食べるの**もいい**ね。
　　Ｂ うん。楽しいよ。

Ａ It's nice to eat out sometimes, isn't it.
Ｂ Yeah, it's a lot of fun.
Ａ 偶尔在外面吃吃也挺不错的啊。
Ｂ 是啊，很快乐！

5　Ａ この店はサービス**がいい**ね。
　　Ｂ うん。すごく感じがいい。

Ａ This store has good service, doesn't it.
Ｂ Yeah, it's really quite pleasant.
Ａ 这家店服务不错啊。
Ｂ 嗯，感觉非常不错。

Ｂ 比べて選ぶ Comparing and Selecting　比较选择

6　Ａ 海か山だったら、私は山**がいい**。
　　Ｂ ぼくは海だな。

Ａ If it were between the ocean and the mountains, it would be the mountains for me.
Ｂ I think I'd choose the sea.
Ａ 要是选择大海好还是大山好的话，我选择大山。
Ｂ 我选择大海。

Ｃ 適当と思う Think Something to be Appropriate　认为恰当

7　Ａ やっぱり先生に相談するの**がいい**かなあ。
　　Ｂ そうだね。

Ａ I think I should discuss this issue with the teacher after all.
Ｂ Yeah, you probably should.
Ａ 还是和老师商量一下比较好啊。
Ｂ 是啊。

Ｄ 同意する・許可する Agreeing and Approving　同意・许可

8　Ａ 手伝うの**はいい**けど、５時までだよ。
　　Ｂ うん。そんなにかからないから。

Ａ I don't mind helping you, but wrap it up by five o'clock.
Ｂ OK. It won't take that long.
Ａ 帮忙是可以的，但到五点为止的。
Ｂ 嗯，不会花这么久的时间的。

PART1
日本語会話の最重要文型 8

PART2
日本語会話の基本文型 80

主に動詞につくもの

主に名詞につくもの

主に形容詞につくもの

文の前につくもの

文の終わりにつくもの

会話をつなぐもの

こそあど

いろいろな形につくもの

28 のどに**いい**んだって

nodo-ni ii-n-da-tte

（のどにいいのだと聞<ruby>聞<rt>き</rt></ruby>きました）

●●●●●●●●●●●●●●●●●●●●●●●●●●●●

〜にいい／〜にはいい／〜にもいい good for 〜/also good for 〜
対…好 / 対…好 / 对…也好

Ⓐ このあめ、のどに**いい**んだって。

Ⓑ でも、あめは<ruby>歯<rt>は</rt></ruby>に<ruby>悪<rt>わる</rt></ruby>いよ。

Ⓐ They say that this candy is good for the throat.
Ⓑ But candy is bad for your teeth, you know.

Ⓐ 听说这种糖果对嗓子有好处。
Ⓑ 但是，糖果对牙齿不好啊。

意味・使う場面

「いい」にはいろいろな<ruby>意味<rt>いみ</rt></ruby>がありますが、この「いい」は<ruby>主<rt>おも</rt></ruby>に「<ruby>良<rt>よ</rt></ruby>**い<ruby>効果<rt>こうか</rt></ruby>がある**」という<ruby>意味<rt>いみ</rt></ruby>です。

The word「いい」has many meanings, but this「いい」means mainly that there is a good result.

"好"有很多种意思，这里的"好"主要指的是"有好的效果"的意思。

基本パターン	[N など]	+	**にいい** …Ⓐ
		+	**にはいい** …Ⓑ
		+	**にもいい** …Ⓒ

ポイント

「〜に（は／も）いい」の<ruby>後<rt>あと</rt></ruby>にどんな<ruby>内容<rt>ないよう</rt></ruby>、<ruby>語句<rt>ごく</rt></ruby>が<ruby>来<rt>く</rt></ruby>るか、<ruby>考<rt>かんが</rt></ruby>えながら<ruby>練習<rt>れんしゅう</rt></ruby>しましょう。「〜にいいから」「〜にいいと<ruby>思<rt>おも</rt></ruby>う」と<ruby>理由<rt>りゆう</rt></ruby>や<ruby>判断<rt>はんだん</rt></ruby>を<ruby>述<rt>の</rt></ruby>べたり、「〜にいい N」と<ruby>条件<rt>じょうけん</rt></ruby>をつけたりすることが<ruby>多<rt>おお</rt></ruby>いです。<ruby>反対<rt>はんたい</rt></ruby>の<ruby>意味<rt>いみ</rt></ruby>の<ruby>場合<rt>ばあい</rt></ruby>、「〜に<ruby>悪<rt>わる</rt></ruby>い」や「〜によくない」などが<ruby>使<rt>つか</rt></ruby>われます。

Let's think about what content or phrases follow「〜に（は／も）いい」as we practice. In many cases, it is used to express a reason or evaluation, as in「〜にいいから」and「〜にいいと思う」;conditions are also often added using the pattern,「〜にいいN」. It can also be used with the opposite meaning, as in「〜に悪い」or「〜によくない」.

"〜に（は／も）いい"的后面接什么内容和什么词语，请大家思考后进行练习。"〜にいいから"、"〜にいいと思う"是叙述理由和判断，"〜にいいN"接条件句时比较多。相反意思的时候，经常使用的是"〜に悪い"或者"〜によくない"这样的句子。

A ［N など］＋にいい

1 Ⓐ へー、こんなの、飲んでるの。

Ⓑ 体**にいい**から飲めって、友だちに言われたんだよ。

Ⓐ What? Are you drinking something like this?
Ⓑ I was told by a friend that I should drink it because it's good for my body.
Ⓐ 哦，你喝这样的（饮料）啊。
Ⓑ 朋友说喝了对身体有好处。

2 Ⓐ このドラマ、日本語の勉強**にいい**んだって。

Ⓑ じゃ、見てみます。

Ⓐ They say that this drama is good for studying Japanese.
Ⓑ Then, I'll try watching it.
Ⓐ 听说这个电视剧对你日语学习有。
Ⓑ 那我看看。

3 Ⓐ どこか待ち合わせ**にいい**場所、ないかなあ。

Ⓑ 駅ビルのさくら書店はいいと思うよ。

Ⓐ Isn't there anywhere good for a meeting place?
Ⓑ I think the Sakura Bookstore in the station building would be good.
Ⓐ 有没有什么适合见面的地点呢。
Ⓑ 我觉得车站大厦的樱花书店可以啊。

4 Ⓐ この辺は散歩するの**にいい**ですね。

Ⓑ ええ。天気がいいと、ほんとに気持ちいいですよ。

Ⓐ This is a nice area for taking walks, isn't it.
Ⓑ Yes. When the weather is good it is really pleasant.
Ⓐ 这附近适合散步。
Ⓑ 是啊，天气好的时候，心情真舒服。

B ［N など］＋ にはいい

5 Ⓐ この店はどう？

Ⓑ うーん。たくさん食べたい人**にはいい**と思うけど、私はあんまり…。

Ⓐ How is this restaurant?
Ⓑ Well, it's good for someone who wants to eat a lot, but it doesn't really appeal to me.
Ⓐ 这家店怎么样？
Ⓑ 嗯，对于能吃的人来说不错，我不太…。

6 Ⓐ この電車、ゆっくり景色を見る**にはいい**ね。

Ⓑ うん。のんびりした気分になれる。

Ⓐ This train is great for being able to leisurely take in scenery, isn't it.
Ⓑ Yeah. It's very relaxing.
Ⓐ 这种电车适合慢慢观赏景色。
Ⓑ 嗯，会让人心情舒畅。

C ［N など］＋ にもいい

7 Ⓐ 何かスポーツをやるのは、精神的**にもいい**ことだと思うよ。

Ⓑ そうだね。

Ⓐ I think playing some kind of sport is good for you mentally, too.
Ⓑ Yes, that's probably true.
Ⓐ 做点儿运动对精神有好处啊。
Ⓑ 是啊。

8 Ⓐ オリーブオイルを使ってるんですね。

Ⓑ ええ。健康にも美容**にもいい**ですから。

Ⓐ So you have been using olive oil for a while, haven't you.
Ⓑ Yes, I have. It's good for health and beauty.
Ⓐ 你在用橄榄油吧。
Ⓑ 是啊，对健康和美容都有好处。

29 返事は明日でもいい？

henji-wa ashita-demo ii?

（返事は明日でもいいですか

●●●●●●●●●●●●●●●●●●●●●●●●●●●●●●●●●●●●

～でいい／～でもいい　is okay/is also okay
可以…、…就行

Ⓐ 返事は明日**でもいい**？

Ⓑ いいよ、もちろん。

Ⓐ Can I give you my answer tomorrow or so?
Ⓑ Yeah, of course.

Ⓐ 明天回信可以吗？
Ⓑ 当然可以。

意味・使う場面 **許可を与える**ときの表現です。質問の形にすると**許可を求める**表現になります。また、可能かどうか、条件や相手の意志を確認するときなどにも使います。

This is an expression used to grant approval. When asked as a question, it becomes an expression to request permission.

给予许可的表达方式。疑问形式表示征求许可的意思。

基本パターン

[N など] ＋ **でいい**　…Ⓐ

＋ **でもいい**　…Ⓑ

ポイント

「～でいい」「～でもいい」は同じように使われますが、「**～でいい**」のほうがくだけた感じで、若い人に多く使われます。

Both 「～でいい」 and 「～でもいい」 are used the same way, but 「～でいい」, which is the more informal expression, is used by many young people.

"～でいい"、"～でもいい"意思相同，"～でいい"更为随便，年轻人经常使用。

A [N など] + でいい

1　Ａ 書類はこれ**でいい**ですか。
しょるい
　　Ｂ はい、けっこうです。

> Ａ Are these all the documents I need?
> Ｂ Yes, everything is in order.
> Ａ 文件这样就可以了吗？
> Ｂ 可以了。

2　Ａ 夕飯はホテルのレストラン**でいい**？
ゆうはん
　　Ｂ いいよ。そうしよう。

> Ａ Do you mind if we have dinner at the hotel restaurant?
> Ｂ That's fine. Let's do that.
> Ａ 晚饭在酒店的餐厅吃可以吗？
> Ｂ 可以啊。

3　Ａ 待ち合わせ場所は、この前と同じ**で**
ま　あ　　ばしょ　　　　まえ　おな
　　いいですか。
　　Ｂ ええ、いいですよ。

> Ａ Is it okay if the meeting place is the same as last time?
> Ｂ Yeah, that's fine.
> Ａ 见面地点就和上次一样可以吗？
> Ｂ 嗯，可以啊。

4　Ａ ここはコンマじゃなくて、ピリオド
　　でいいの？
　　Ｂ うん、そうだね。

> Ａ Should I use a period here instead of a comma?
> Ｂ Yeah, I think that's okay.
> Ａ 这里不打逗号，打句号可以吗？
> Ｂ 嗯，可以的。

5　Ａ ちょっと**でいい**から、手伝ってくれ
てつだ
　　ない？
　　Ｂ じゃ、30分くらいね。
ぶん

> Ａ Won't you help me for just a little bit?
> Ｂ All right. About 30 minutes, okay?
> Ａ 一会儿就行，可以帮一下我吗？
> Ｂ 那就半个小时吧。

B [N など] + でもいい

6　Ａ 連絡はメール**でもいい**ですか。
れんらく
　　Ｂ ええ。＊電話でもメールでも、どち
でんわ
　　らでもけっこうです。

> Ａ Do you mind if I contact you by email?
> Ｂ Yeah, you can. Either by phone or email is okay.
> Ａ 可以用邮件联系吗？
> Ｂ 嗯，电话和邮件哪个都可以。

7　Ａ 1000円**でもいい**から給料を上げて
えん　　　　　　　きゅうりょう　あ
　　ほしい。
　　Ｂ ぼくも。

> Ａ Even just a 1000 yen would be all right, but I sure wish they would raise my salary.
> Ｂ Me, too.
> Ａ 一千日元就也行，希望能给我涨涨工资。
> Ｂ 我也是

8　Ａ この仕事、面白そう。学生**でもいい**
しごと　おもしろ　　　がくせい
　　のかな？
　　Ｂ いいみたいよ。応募してみたら？
おうぼ

> Ａ This job looks interesting. I wonder if they take college students, too.
> Ｂ It looks like it's okay. Why don't you try applying?
> Ａ 这个工作挺有意思，学生也可以做吗？
> Ｂ 好像可以，试试应征一下吧。

♡MEMO　**6** 〜でもけっこうです：「〜でもいい」の丁寧な言い方。
ていねい　　い　かた

PART1
日本語会話の最重要文型8

PART2
日本語会話の基本文型80

主に動詞につくもの
主に名詞につくもの
主に形容詞につくもの
文の前につくもの
文の終わりにつくもの
会話をつなぐもの
こそあど
いろいろな形につくもの

30 はっきり言うしかないよ

hakkiri yuu-shika nai-yo
（はっきり言うしかないですよ）

～しか～ない／～しかない
nothing but ～ /nothing for it but ～
只有～、只好～

Ⓐ これ以上残業はできないって、はっきり言う**しかない**よ。

Ⓑ そうだね。思い切って言ってみるよ。

Ⓐ A: There's nothing for it but to clearly say that you can't do any more overtime than this.

Ⓑ You're right. I'll just try just coming right out and saying it.

Ⓐ 只有跟人家清楚，不能再加班了。

Ⓑ 是的，试试说得干脆点儿。

意味・使う場面 今できる・考えられる限界を示して、**「それ以上はない、それ以外の可能性はない」**と断言する形。Ⓐ**「水しか飲まない」**のように、「**N しか**」のあとに「**V ない**」を入れる形と、（Ⓑ**「はっきり言うしかない」**のように「**V しかない**」という形になることがあります。

An assertion that expresses a limit as to what can be done or thought now, the pattern means "there's nothing more for it," "there's no other possibility." Can be used in form Ⓐ, verb-「ない」 after 「しか」, as in "drink nothing but water," and Ⓑ, verb「しかない」 as in "there's nothing for it but to say it outright."

表示现在可能和能够考虑的界限，表示断言的形式，意思是"这以外不行、没有这以外的可能性"。Ⓐ与"水しか飲まない"一样，"～しか"之后是"V ない"的形式，Ⓑ像"はっきり言うしかない"这样，有时也会使用"V しかない"的形式。

基本パターン

[N] ＋**しか**＋ [V ／ A ／ NA] ＋**ない**　…Ⓐ

[V ／ N など] ＋**しかない**　…Ⓑ

ポイント Ⓐは**範囲や量など**を表す場合が多いです。Ⓑは**「ほかに選択がない」という判断**を表し、あきらめの気持ちを含みます。

Ⓐ often used to express bounds or amounts. Ⓑ expresses judgment that "there's no other choice," and suggests a feeling of resignation.

Ⓐ表示范围或者数量的时候较多。Ⓑ 表示"没有其它选择"这样的判断，包含说话人不得不放弃的心情。

会話練習

A [N] ＋しか＋ [V／A] ＋ない

1 Ⓐ え？ 千円**しか**持って**ない**の？
　Ⓑ うん。銀行に行けばあるんだけど。

Ⓐ What? You've only got a thousand yen on you?
Ⓑ That's right. I would have money if I went to the bank, though.
Ⓐ 诶？ 只有一千日元吗？
Ⓑ 是啊，去银行倒是能取。

2 Ⓐ 今、歯の治療中で、柔らかいもの**しか**食べられ**ない**んです。
　Ⓑ そうですか。残念ですね。

Ⓐ I can only eat soft food right now because I'm having my teeth worked on.
Ⓑ Is that right? That's too bad.
Ⓐ 现在在治牙，只能吃软性食品。
Ⓑ 是吗，真遗憾啊。

3 Ⓐ レポート、まだ半分**しか**できて**ない**。どうしよう。
　Ⓑ 来週でいいか、先生に聞いてみたら？

Ⓐ I've only got half of my paper written. What should I do?
Ⓑ Why don't you ask the teacher if next week is okay?
Ⓐ 报告只写了一半。怎么办啊？
Ⓑ 问问老师，下周交可不可以？

4 Ⓐ この商品はここで**しか**買え**ない**そうです。
　Ⓑ そう言われると買いたくなりますね。

Ⓐ I've heard that you can only buy this product here.
Ⓑ Hearing that makes me want to buy one!
Ⓐ 听说这种商品只能在这里买。
Ⓑ 你这么一说，我倒想买了呢。

B [V／N など] ＋しかない

5 Ⓐ 電車、いつ動くんだろう。困ったね。
　Ⓑ うん。ここで待つ**しかない**ね。

Ⓐ I wonder when the train will start moving again. What a hassel!
Ⓑ Yes, All we can do is wait here.
Ⓐ 电车什么时候发车啊。真让人心烦。
Ⓑ 是啊，只能在这里等啦。

6 Ⓐ 明日、カメラが要るね。持ってる？
　Ⓑ いや、誰かに借りる**しかない**。

Ⓐ We'll need a camera tomorrow, won't we. Do you have one?
Ⓑ No, I'm sure the only thing to do is to borrow one.
Ⓐ 明天要相机啊，你有吗？
Ⓑ 没有，只能向谁借了。

7 Ⓐ かさ、まだ探してるの？　もうあきらめる**しかない**よ。
　Ⓑ うん…。でも、もう一度探してみる。

Ⓐ Still looking for your umbrella? I think you're going to have to give up on that.
Ⓑ Yes, but I think I'll look for it one more time.
Ⓐ 还在找伞吗？只好放弃吧！
Ⓑ 嗯…。但，还是想再找找试试。

8 Ⓐ 最初の試合で去年の優勝チームとやるの!?　運が悪いね。
　Ⓑ ま、頑張る**しかない**よ。

Ⓐ You have to go up against last year's champion team for your first game? What bad luck!
Ⓑ Well, all I can do is to try my best.
Ⓐ 第一场比赛就和去年的冠军队伍比吗？运气真不好啊。
Ⓑ 是啊，只有努力啦。

PART2 日本語会話の基本文型 80

主に動詞につくもの

主に名詞につくもの

主に形容詞につくもの

文の前につくもの

文の終わりにつくもの

会話をつなぐもの

こそあど

いろいろな形につくもの

31 テニス<u>とか</u>

tenisu-toka
（例えばテニス）

●●●●●●●●●●●●●●●●●●●●●●●●●●●●●●●●●●

〜とか　　　　　　　　　　etc.
（说是）什么啦

Ⓐ スポーツは何かしてる？　テニス**とか**。

Ⓑ はい。フットサルをときどきやってます。

Ⓐ Are you doing some kind of sport? Tennis or something?　　Ⓐ 做什么运动吗？比如网球什么的。
Ⓑ Yes. Sometimes I do futsal.　　　　　　　　　　　　　　Ⓑ 嗯，我有时候会玩玩室内足球。

意味・
使う場面

具体的な例を示すことによって、会話の展開を促します。相手から詳しい情報を引き出すのに有効です。また、**一部だけを例で示して、全体を言わずに済ませる**用法もあります。

Promotes development of conversation through giving concrete examples. Effective for drawing out more detailed information from the listener. Also can be used to give only one part as an example, thereby getting by without saying the entirety.

根据具体的事例，促使会话展开，能有效地从对方那里打听到信息。此外，也可以表示一部分事例，不用把所有事例都说出来。

基本
パターン

[N] ＋ **とか**　　　　　…Ⓐ

[V など（名詞的な扱い）] ＋ **とか**　…Ⓑ

ポイント

具体例は会話を生き生きさせます。一つの例をきっかけに、相手の気持ちを尋ねたり、自分の意見を伝えたりできます。また、詳しく言う必要のない場合は、**「〜とか」としてぼかす**ことができます。

Concrete examples give life to conversations. Through providing one example, the speaker can ask about the listener's feelings or convey his or her own opinions. In cases where detailed information is unnecessary, 「〜とか」 can be used for vagueness.

具体事例让会话更加生动。以一个事例为契机，询问对方的心情，表达自己的意见。此外，在没有必要进行详细说明之时，也可以用"〜とか"敷衍过去。

A [N など] ＋ とか

1 Ⓐ 今度一緒に山登り、行かない？　富士
山**とか**。

Ⓑ えっ、富士山⁉　もう少し低い山が
いいなあ。高尾山**とか**。

Ⓐ How about going mountain-climbing sometime with me? Like Mt. Fuji or somewhere.
Ⓑ What? Mt. Fuji? I'd prefer a smaller mountain. Like Mt. Takao or someplace.
Ⓐ 下次一起去登山去怎么样？比如说富士山什么的。
Ⓑ 诶？富士山！再低点儿的山才好呢，比如高尾山什么的。

2 Ⓐ プレゼントなら、これ**とか**いいんじゃ
ない？

Ⓑ それはちょっと安っぽいなあ。

Ⓐ This sort of thing would be okay for a present, don't you think?
Ⓑ That looks a little cheap.
Ⓐ 要是送礼物的话，这个之类的怎么样？
Ⓑ 这个有点儿太便宜了吧。

3 Ⓐ 森さんはゲーム**とか**やるの？

Ⓑ ええ、けっこう好きなほうです。

Ⓐ Do you play video games or anything, Mr.Mori?
Ⓑ Yes, I rather like them.
Ⓐ 小森玩游戏什么的吗？
Ⓑ 嗯，很喜欢。

4 Ⓐ お昼は、あっさりしたものがいいな。

Ⓑ じゃ、おそば**とか**にする？

Ⓐ Something light is good for lunch.
Ⓑ Then do you want to eat osoba noodles or something like that?
Ⓐ 白天喜欢吃清淡的东西。
Ⓑ 那吃荞麦什么的怎么样？

B [V など（名詞的な扱い）] ＋とか

5 Ⓐ 最近、仕事が忙しくて、ちょっと疲
れがたまっていまして。

Ⓑ 旅行に行く**とか**、少しゆっくりなさっ
たほうがいいですね。

Ⓐ Lately I've been so busy that I'm starting to get worn out.
Ⓑ It would be good to take a trip or relax in some way, wouldn't it.
Ⓐ 最近工作太忙，疲劳成积。
Ⓑ 去旅游一下，慢慢休息一下为好。

6 Ⓐ 夜、眠れない**とか**、なにか体調の変
化はありますか。

Ⓑ いえ、特にありません。

Ⓐ Have you had any physical changes, like not being able to sleep at night?
Ⓑ No, not particularly.
Ⓐ 不如晚上睡不着之类的，身体有什么变化吗？
Ⓑ 没有，没什么特别的。

7 Ⓐ スミスさんは、どうやって漢字の勉
強してるの？

Ⓑ 何度も書いたり**とか**、いろいろ苦労
してます。

Ⓐ Ms. Smith, how do you study kanji?
Ⓑ I write them repeatedly or do any number of arduous things.
Ⓐ 史密斯先生怎么学习汉字的？
Ⓑ 写很多遍之类的，吃了不少苦啊。

32 スーパー行くなら

suupaa iku-nara
（スーパーに行くなら）

～なら

if
如果～

Ⓐ ちょっと買い物に行ってくる。

Ⓑ あ、スーパー行く**なら**ガム買ってきて。

Ⓐ わかった。

Ⓐ I'm going out to the store for a minute.
Ⓑ Oh, if you're going to the store, would you mind picking up some gum?
Ⓐ Sure.

Ⓐ 我去买卖东西。
Ⓑ 啊，如果去超市的话，买点儿口香糖回来。
Ⓐ 知道了。

 意味・使う場面 「**もし～が事実だったら**」という意味を表します。また、主題を表します。

This pattern has the meaning "if X is true." Also indicates a topic.
表示"如果～是事实的话"。还表示主题。

| 基本パターン | ［普通形］＋ **なら** | …Ⓐ **条件** Conditions 条件 |
| | | …Ⓑ **主題** Topic 主題 |

ポイント 主題を表すときは、「**一番いい手段や方法を勧める**」という用法があります。

When indicating a topic, has the meaning of "suggesting the best means or method."
表示主题的时候，有"劝人家用最好的手段和方法"。

【他の条件表現「～と」「～ば」「～たら」の例】
例1）ここを押す**と**、お湯が出ます。
例2）駅へは、どう行け**ば**いいですか。
例3）雨が降っ**たら**、行くのをやめましょう。

A 条件 Conditions　条件
じょうけん

1　Ⓐ 風邪**なら**、早く帰ったほうがいいよ。
　　　かぜ　　　　　　はや　かえ
　Ⓑ うん、そうする。

Ⓐ If you have a cold, it would be best if you went home early, you know.
Ⓑ Yeah, I'll do that.
Ⓐ 如果感冒了的话，就早点儿回去吧。
Ⓑ 嗯，好的。

2　Ⓐ その学校のことを知ってる**なら**、教
　　　　　がっこう　　　　　　し　　　　　おし
　　えてもらえますか。
　Ⓑ いいですよ。

Ⓐ If you know something about that school, could you tell me about it?
Ⓑ No problem.
Ⓐ 如果你知道那个学校的事情的话，可以跟我说说吗？
Ⓑ 可以啊。

3　〈食事の場面で〉
　　しょくじ　ばめん
　Ⓐ 嫌い**なら**、残してもいいよ。
　　きら　　　　のこ
　Ⓑ はい。じゃ、そうします。

(At a meal)
Ⓐ If you don't like something, you can leave it.
Ⓑ Okay, I will.
〈吃饭的时候〉
Ⓐ 如果不喜欢的话，剩下也没关系。
Ⓑ 哦，那我就不客气了。

4　Ⓐ それ、いらない**なら**、ぼくにちょう
　　だい。
　Ⓑ あ、いいよ。

Ⓐ If you don't need that, give it to me, will you?
Ⓑ Oh, okay.
Ⓐ 那个，如果不要的话，就给我。
Ⓑ 哦，好的。

5　Ⓐ 田中先生が空港まで迎えに行ってく
　　　たなかせんせい　くうこう　　むか　　い
　　れるって。
　Ⓑ それ**なら**、安心だね。
　　　　　　　　あんしん

Ⓐ Professor Tanaka said that he will come to pick us up at the airport.
Ⓑ If that's the case, then we can relax.
Ⓐ 田中老师说到机场来接我们。
Ⓑ 那就放心了啊。

6　Ⓐ 山田さんは合格するでしょうか。
　　　やまだ　　　　ごうかく
　Ⓑ 彼女**なら**、大丈夫ですよ。
　　　かのじょ　　　だいじょうぶ

Ⓐ I wonder if Ms. Yamada will pass.
Ⓑ I wouldn't worry about her; she's sure to pass.
Ⓐ 山田会合格吧？
Ⓑ 如果是她的话，会应该没问题吧。

B 主題 Topic　主題
しゅだい

7　Ⓐ パスタを食べる**なら**、駅ビルの2階
　　　　　た　　　　　　　えき　　　　かい
　　の店がいいですよ。
　　　みせ
　Ⓑ ああ、あそこですか。わかりました。

Ⓐ If you want to have pasta, the restaurant on the second floor of the train station building is good.
Ⓑ Oh, I know that place.
Ⓐ 要是吃意大利面条的话，车站大厦二楼的店还不错。
Ⓑ 啊，是吗，知道了。

8　Ⓐ ねえ、フランス語、わかる？
　　　　　　　　　　　ご
　Ⓑ フランス語**なら**、青木さんができる
　　　　　　ご　　　　　　あおき
　　よ。

A: Hey, do you know any French?
B: If you want someone who knows French, Ms. Aoki is your person.
Ⓐ 对了，你懂法语吗？
Ⓑ 如果是法语的话，青木懂。

PART1
日本語会話の
最重要文型
8

PART2
日本語会話の
基本文型
80

主に動詞に
つくもの

主に名詞に
つくもの

主に形容詞に
つくもの

文の前に
つくもの

文の終わりに
つくもの

会話をつなぐ
もの

こそあど

いろいろな形に
つくもの

33 これ**なんか**、どう？

kore-nanka doo?

（これなどはどうですか）

〜なんか／〜など　things such as 〜
〜之类

〈店で友達と〉

Ⓐ これ**なんか**、どう？

Ⓑ いいんじゃない？

(With a friend at a store)
Ⓐ What about this sort of thing?
Ⓑ That would do, don't you think?

〈在商店里和朋友〉
Ⓐ 这个，怎么样？
Ⓑ 不是挺好的吗？

意味・使う場面 **いろいろある中から主なものを取り上げて、例として示す**ときに使います。また、後ろに「〜ない」を伴って、軽視や謙遜の意味を表します。

Used to give an example by choosing the main item from a number of different things. By appending 「〜ない」, indicates disdain or humility.

从各种各样的东西中间举出主要的，作为事例使用。另外，后面伴有"〜ない"，表示轻视和谦逊的意思。

基本パターン	［N／Vなど］＋	**なんか**	…Ⓐ 例
	なんか ＋（ない）		…Ⓑ 軽視・謙遜

ポイント 「Ⓐ 例」の用法では、直接的ではなく、やわらかく聞こえます。また、改まった場面では「〜なんか」の代わりに「**〜など**」になることもあります。

Usage in the A examples sounds indirect and soft. In formal situations, 「〜など」 is sometimes used instead of 「〜なんか」.

在 "Ⓐ 例" 的用法中，听起来让人不太直接，用法委婉，另外，在正式场合中，"〜など" 经常代替 "〜なんか" 使用。

A 例 Examples 例

1 Ⓐ 今度の歓迎会の場所、「レストランふじ」**なんか**どう？
_{こんど　かんげいかい　ばしょ}

　 Ⓑ いいんじゃない。

Ⓐ What about a place like Restaurant Fuji as a venue for the upcoming welcoming party?
Ⓑ That sounds okay, don't you think?
Ⓐ 这次的欢迎会的地点，在"富士餐厅"之类的怎么样？
Ⓑ 那挺好的。

2 Ⓐ 学生の頃は主に皿洗い**なんか**のアルバイトをしてました。
_{がくせい　ころ　おも　さらあら}

　 Ⓑ そうですか。

Ⓐ When I was a college kid, I mainly washed dishes and did things like that for part-time work.
Ⓑ Oh, really?
Ⓐ 学生时代的打工主要是洗盘子。
Ⓑ 是吗？

3 〈店で〉
_{みせ}

　 Ⓐ この服に合う靴はありませんか。
_{ふく　あ　くつ}

　 Ⓑ こちら**など**、いかがでしょうか。

Ⓐ (At a store) Do you have any shoes that match this dress?
Ⓑ What about something like these?
Ⓐ 〈在商店〉和这件衣服相配的鞋子有吗？
Ⓑ 这样的怎么样呢？

B 軽視・謙遜 Disdain or Humility 轻视・谦逊
_{けい　し　けんそん}

4 Ⓐ ぼくはうそ**なんか**つかないよ。

　 Ⓑ わかってるって。

Ⓐ I never tell likes or anything like that!
Ⓑ I already told you I know that.
Ⓐ 我不会撒谎的。
Ⓑ 知道。

5 Ⓐ 先生、怒るかなあ。
_{せんせい　おこ}

　 Ⓑ そんなことで怒ったり**なんか**しないよ。
_{おこ}

Ⓐ I wonder if the teacher will be mad.
Ⓑ He wouldn't get upset over something like that.
Ⓐ 老师会生气的吧。
Ⓑ 对那种事情不会生气的。

6 Ⓐ あんな政治家**なんか**に女性の気持ちがわかるわけないよ。
_{せいじか　じょせい　きも}

　 Ⓑ そうだね。

Ⓐ There's no way a politician like that could ever understand the feelings of a woman.
Ⓑ I agree.
Ⓐ 那样的政治家是不会明白女性的心情的。
Ⓑ 是啊。

7 Ⓐ こんな難しい問題、私**なんか**にわかるわけがないじゃない。
_{むずか　もんだい　わたし}

　 Ⓑ そうか…。じゃ、誰に聞いたらいいのかなあ。
_{だれ　き}

Ⓐ Don't you think there's no way someone like me can ever figure out a difficult problem like this?
Ⓑ Oh. Then maybe we should ask someone about it.
Ⓐ 这么难的问题，我这样的人不可能懂啊。
Ⓑ 是吧…。那我问谁好呢？

PART1
日本語会話の最重要文型 8

PART2
日本語会話の基本文型 80

主に動詞につくもの
主に名詞につくもの
主に形容詞につくもの
文の前につくもの
文の終わりにつくもの
会話をつなぐもの
こそあど
いろいろな形につくもの

34 けんか**ばかり**してるね

kenka-bakari shiteru-ne?
（けんかばかりしていますね）

〜ばかり

always/nothing but
净〜、只〜

Ⓐ あの二人、最近けんかばかりしてるね。

Ⓑ 前は仲良かったんだけどね。

Ⓐ Those two seem to be always fighting nowadays.
Ⓑ And they used to get along so well together, too.

Ⓐ 那两人最近老是在吵架。
Ⓑ 以前关系还挺好的呢。

意味・使う場面

「Ｘばかり」は「ほかのものよりＸの量や回数などが目立って多い」ことを強調します。「Ｘだけ」は「Ｘのほかは全然ない」という意味です。

The pattern「Ｘばかり」emphasizes the idea that X conspicuously has more quantity or a greater number than others. The expression「Ｘだけ」means that there is nothing other than X.

"Ｘばかり"强调的是"比起其它的东西Ｘ的量和次数都比较多"。"Ｘだけ"的意思是"除了Ｘ，其它什么都没有"。

基本パターン

[Ｎ／Ｖて（強調したいこと／もの）]＋ **ばかり（する）** …Ⓐ

[Ｖて（強調したいこと／もの）]＋ **ばかりいる** …Ⓑ

ポイント

例えば「仕事」の場合、趣味など、ほかのことをほとんどしないで「Ⓐ**仕事ばかりする**」と、ほとんど休憩しないで「Ⓑ（今日は）**仕事（を）してばかりいる**」の、２つの言い方ができます。

For example, in the case of work, two expressions are possible:「Ⓐ仕事ばかりする」means that the person doesn't do hobbies or anything else other than work, and B, someone who hardly rests at all can be said to be doing work the entire time (today)（「Ⓐ（今日は）仕事（を）してばかりいる」).

例如，在"工作"的时候，兴趣等其它事情基本都不能做，在这种意思上，有两种说法，一种是"Ⓐ光工作"，另一种是几乎不休息的"Ⓑ今天就只工作"。

A [N／Vて] ＋ ばかり（する）

1 Ⓐ あの人、文句**ばかり**言うから嫌い。

　　Ⓑ ぼくも。

Ⓐ I don't like that guy because he is always complaining.
Ⓑ Me, either.
Ⓐ 那个人，净发牢骚，真讨厌。
Ⓑ 我也是。

2 Ⓐ 肉**ばかり**食べないで、野菜ももっと食べてよ。

　　Ⓑ けっこう食べてるよ。

Ⓐ Don't eat just meat; eat more vegetables, too!
Ⓑ I do eat a lot of vegetables!
Ⓐ 别光吃肉，也要吃点儿蔬菜啊。
Ⓑ 吃得挺多的。

3 Ⓐ 彼はいつもお金のこと**ばかり**言うんだよね。

　　Ⓑ お金が好きなんじゃない？

Ⓐ He's always talking about money, isn't he.
Ⓑ He probably likes money, don't you think?
Ⓐ 他总是把钱的事情挂在嘴边。
Ⓑ 那是因为喜欢钱吧。

4 Ⓐ 彼、最近元気ないね。

　　Ⓑ うん、ミスして**ばかり**だしね。

Ⓐ He seems down lately.
Ⓑ Yeah, and he's always making mistakes.
Ⓐ 他最近没精神啊。
Ⓑ 嗯，净出错。

5 Ⓐ 会社のこと**ばかり**考えないで、もっと家のことを考えたほうがいいよ。

　　Ⓑ そうですね。

Ⓐ You shouldn't spend all of your time thinking about the company. It would be better if you spent more time thinking about your family, you know.
Ⓑ Yes, that's probably true.
Ⓐ 别光想公司的事了，多想想家里的事比较好。
Ⓑ 好的。

B [Vて] ＋ ばかりいる

6 Ⓐ 一日中パソコンに向かって**ばかりいる**と、体が変になっちゃうよ。

　　Ⓑ じゃ、ちょっと外の空気でも吸ってこようかな。

Ⓐ If you sit in front of the computer all day long, it will have a bad effect on your body, you know.
Ⓑ Then maybe I should step outside for a moment and breathe in some fresh air.
Ⓐ 一整天都对着电脑的话，身体会变得不舒服的。
Ⓑ 那就去呼吸一下外面的空气什么的。

7 Ⓐ 寝て**ばかりいない**で、ちょっとは手伝ってよ。

　　Ⓑ はい、はい。

Ⓐ Don't just sleep all the time; help me out a little here, will you?
Ⓑ Yes, yes.
Ⓐ 别光睡了，帮帮忙啊。
Ⓑ 知道了，知道了。

PART1
日本語会話の最重要文型 8

PART2
日本語会話の基本文型 80

主に動詞につくもの

主に名詞につくもの

主に形容詞につくもの

文の前につくもの

文の終わりにつくもの

会話をつなぐもの

こそあど

いろいろな形につくもの

35 サルみたいな子だね

saru-mitaina ko-dane
（サルのような子供ですね）

〜みたい（似ていること）　　like 〜
　　　　　　　　　　　　　　　像〜一样

Ⓐ ほら、あの男の子、あんな高い木に登ってる。

Ⓑ サル**みたいな**子だね。落ちなきゃいいけど。

Ⓐ Look! That little boy is climbing up that very tall tree.　Ⓐ 你看，那个男孩，在爬那么高的树。
Ⓑ That child is like a monkey, isn't he. Sure hope he doesn't fall.　Ⓑ 像猴子似的，不掉下来就好了。

意味・
使う場面
あるものを別の**似ているものにたとえる**表現です。「〜のようだ」と
同じ意味ですが、**くだけた会話では「〜みたい」を多く使います**。

An expression that compares one thing to something similar. It has the same meaning as 「〜のようだ」, but in informal conversation, 「〜みたい」 is often used.

将某种物体比作其它物体的表达方式。与"〜のようだ"的意思相同，在比较随便的口语会话中多使用"〜み
たい"。

**基本
パターン**

[N]　＋　**みたい**　＋　{（だ）。／な＋N／に＋V　など}

※ 慣用的な表現も多い。
　例）ばかみたい、夢みたい、子供みたい、女みたい、神様みたい

ポイント

見たり聞いたりしたことを、別の特徴的なものにたとえて表現する
と、印象的に伝わる効果があります。たとえるものや文脈によって、
驚きが強調されたり、軽蔑のニュアンスが加わったりします。

Likening something seen or heard to something else distinctive produces a memorable impression. Depending on the simile or context, surprise can be emphasized or a nuance of contempt can be added.

看到或听到的东西，通过比喻为其它特征的东西进行表达，更能够起到印象深刻的传达效果。根据比喻的东西
或者文脉不同，会有着强调惊奇的心情或者增加轻蔑感的语气。

1　Ⓐ 見て。あの女の子、お人形さん**みたい**。

　　Ⓑ ほんとだ。かわいいね。

Ⓐ Look at that little girl! She looks just like a doll.
Ⓑ She really does. She's cute!
Ⓐ 你看啊，那个女孩儿，像个布娃娃一样。
Ⓑ 真的是啊，好可爱。

2　〈美術館の前で〉

　　Ⓐ えっ、今日休み？

　　Ⓑ うそー。2時間かけて来たのに。ばか**みたい**。

(In front of a museum of fine arts)
Ⓐ What? Is it closed today?
Ⓑ I don't believe it! And it took us two hours to get here. I feel just like a fool.
〈美术馆前〉
Ⓐ 啊，今天休息？
Ⓑ 不会吧。花了两个小时来到这里，像个傻瓜一样。

3　Ⓐ シャツが＊裏返しだよ！　…もう、子供**みたい**。

　　Ⓑ あ、ほんとだ。

Ⓐ Your shirt is inside out! Really! You're just like a child.
Ⓑ Oh, it is, isn't it.
Ⓐ 衬衫穿反了！　…真是的，像个小孩子。
Ⓑ 啊，真的啊。

4　Ⓐ 私も彼**みたい**に日本語がうまく話せるようになりたいです。

　　Ⓑ マリアさんなら、大丈夫ですよ。

Ⓐ I'd like to speak Japanese well like he does.
Ⓑ Maria, I'm sure you won't have any trouble.
Ⓐ 我要是能像他一样，流利地说日语就好了。
Ⓑ 玛利亚的话，没问题的啊。

5　Ⓐ マイケルのコンサート、明日だよね。

　　Ⓑ そう。マイケルに会えるなんて夢**みたいだ**よ。

Ⓐ Michael's concert is tomorrow, isn't it?
Ⓑ Yes. I can't believe I'll get to meet Michael. It's like a dream!
Ⓐ 迈克尔的演唱会，明天是吧。
Ⓑ 是的，能见到迈克尔，简直就跟做梦一样。

6　Ⓐ その犬のおかげで飼い主の命が助かったんだって。

　　Ⓑ へー、ドラマ**みたいだ**ね。

Ⓐ They say that thanks to that dog, the owner's life was saved.
Ⓐ Wow. It's just like a movie.
Ⓐ 听说那只狗救了它主人的命。
Ⓑ 是吗，跟电视剧一样啊。

7　Ⓐ マカオはヨーロッパ**みたいな**街だそうですね。

　　Ⓑ ええ。そんな雰囲気がありました。

Ⓐ I hear that Macao is just like some town in Europe.
Ⓑ Yes. That's what it seemed like to me.
Ⓐ 澳门的街道就跟欧洲的一样。
Ⓑ 嗯，是有那样的气氛。

PART1　日本語会話の最重要文型 8

PART2　日本語会話の基本文型 80

主に動詞につくもの

主に名詞につくもの

主に形容詞につくもの

文の前につくもの

文の終わりにつくもの

会話をつなぐもの

こそあど

いろいろな形につくもの

📝**MEMO**

3 裏返し：表と裏が逆になっていること。

36 モリさんっていう女性
じょせい

~というN／
~っていうN／
~ってN

Mori-san-tteiu josee
（モリさんという名前の女性）
なまえ　じょせい

Noun called ~
叫~的N

Ⓐ さっきモリさん**という**女性から電話がありました。
じょせい　　　　でんわ

Ⓑ モリさん？　誰だろう。
だれ

Ⓐ There was a phone call a few minutes ago from a woman named Ms. Mori.
Ⓑ Ms. Mori? I wonder who that could be.

Ⓐ 刚才一个叫森的女性打了电话过来。
Ⓑ 森？是谁呢？

▶ あるものについて、名前など**具体的な情報**を示すことで、どういうものか、
なまえ　　ぐたいてき　じょうほう　しめ
特定する言い方です。
とくてい　　　い　かた

Used to identify something or someone by indicating concrete information such as names.
关于表示某种事物的名称等具体信息，特定是某种东西的一种说法。

基本パターン	[N／V] + **という／っていう／って** + N

 会話練習

1 Ⓐ 中央線のさくらやま駅**って**とこで降
ちゅうおうせん　　　　えき　　　　　　　お
りて、電話して。
でんわ
Ⓑ わかった。

Ⓐ Get off at the station called Sakurayama on the Chūō Line and give me a call.
Ⓑ Okay.
Ⓐ 在中央线的樱山车站这一站下车后，给我电话。
Ⓑ 好的。

2 Ⓐ すみません、ABC **っていう**ピザ屋に
や
行きたいんですが…。
い
Ⓑ ああ、ABC なら、あそこですよ。

Ⓐ Excuse me. I would like to go to the pizza parlor called ABC.
Ⓑ Oh, you want to go to ABC? It's just over there.
Ⓐ 不好意思，我想去一个叫ＡＢＣ的披萨店。
Ⓑ 啊，ＡＢＣ的话，在那里。

3 Ⓐ ネットで買う**って**方法もあるよ。
か　　　ほうほう
Ⓑ うーん、やっぱり直接見て確認した
ちょくせつみ　かくにん
いな。

Ⓐ You can also buy it over the Internet, you know.
Ⓑ Uhm, I still think I'd like to actually see it.
Ⓐ 也有在网上买的方法。
Ⓑ 嗯，还是想自己直接看到、确认。

4 Ⓐ 彼、何か食べられないものはある？
かれ　なに　た
Ⓑ 特にこれがだめ**っていう**ものはない
とく
よ。

Ⓐ Is there anything he can't eat?
Ⓑ There's nothing that he absolutely can't have.
Ⓐ 他有什么忌口的东西吗？
Ⓑ 没有什么特别不能吃的。

37 別れたいってこと？

wakaretai-tte koto?

（別れたいということですか）

〜ということ／
〜っていうこと／
〜ってこと

according to/it's said that/
that means
表示一个具体的事实

CD 37

Ⓐ もう会うの、やめない？

Ⓑ えっ！ 別れたい**ってこと**？

Ⓐ What about not meeting anymore?
Ⓑ What? Do you mean you want to break up?

Ⓐ 我们就别再见面了可以吗？
Ⓑ 啊！你是说想分手吗？

▶ Ⓐ**伝聞**（自分が知っている情報を相手に伝える用法）と、Ⓑ**確認**（情報を要約したり状況を確かめたりする用法）とに分けられます。

The form「〜ということ」has two meanings: Ⓐ) hearsay (used to convey to others information that the speaker knows); Ⓑ) affirmation (used to summarize and confirm what the listener has heard).

"〜ということ"有两种用法，一种是表示 Ⓐ 传闻（自己知道的信息传达给对方），另一种是 Ⓑ 确认（总结或确认从对方那里听到的信息）。

基本パターン	［文／N］+ **という／〜っていう／〜って+こと（です）** …Ⓐ**伝聞**
	［文／N］+ **という／〜っていう／〜って+こと（です（か））** …Ⓑ**確認**
	※「こと」のところには、ほかにも「話／説明／連絡／メモ／記事／内容」などが入る。

会話練習

Ⓐ 1　Ⓐ 天気予報によると、雨はこれからもっと強くなる**ということです**。

　　　Ⓑ そうですか。じゃ、気をつけます。

Ⓐ According to the weather report, it's going to rain even harder from here on out.
Ⓑ Really? OK. I'll be careful.
Ⓐ 据天气预报说，这场雨将会下得很大。
Ⓑ 是吗？那要注意啦。

2　Ⓐ 運動会はどうなるんでしょう。

　　Ⓑ 延期になる**っていうことです**。

Ⓐ I wonder what's going to happen to the sports day.
Ⓑ I heard that it will be postponed.
Ⓐ 运动会怎么样呢？
Ⓑ 听说会延期。

Ⓑ 3　Ⓐ もう少し安くしてもらえませんか。

　　　Ⓑ う〜ん。…じゃ、今回だけ特別サービス**ということで**。

Ⓐ Can't you make it a little cheaper?
Ⓑ Well, all right. Consider it a one-time special price.
Ⓐ 能再便宜点儿吗？
Ⓑ 嗯。…那就这次啊，作为特别优惠。

38 明るくていいね

あか

akarukute ii-ne

（明るくていいですね）
あか

〜ていい／〜でいい　good and 〜
〜好

Ⓐ この部屋は明るく**ていい**ね。
へや　　　　あか

Ⓑ うん、南向きだから。
みなみ む

Ⓐ This room is nice and bright, isn't it.
Ⓑ Yeah. That's because it faces south.

Ⓐ 这个房间真明亮，太好了！
Ⓑ 是啊，因为朝南。

意味・
使う場面

「いい」の「good, ok」という意味が基本に幅広く使われる表現です。
い　み　　　き ほん　はばひろ　つか　　　　　　ひょうげん
このうち特に、よい点をあげて、ほめる表現です。
とく　　　てん　　　　　　　　ひょうげん

The word 「いい」 is used broadly based on the meaning of "good" or "ok." The expression here is particularly used to list up good points to praise.

"いい" 是 "good, ok" 的意思，是一种广泛使用的表达方式。这种场合，会特别挑选其优点进行表扬。

基本
パターン

[A ／ NA] ＋ **ていい／でいい**　…Ⓐ

[V（＊状態・状況を表す動詞）] ＋ **ていい／でいい**　…Ⓑ
じょうたい　じょうきょう　あらわ　どうし

＊ある／いる／なる／できる など

ポイント

会話では「**〜て／で＋いい**」と言うのが普通で、「**〜ことがいい**」「**〜**
かい わ
点がいい」という言い方は書き言葉的になります。
てん　　　　　　　い　かた　か　こと ば てき

※「**〜て／で＋よかった**」もよく使われる。この場合、結果に対する「ほっとし
ば あい　けっ か　たい
た気持ち」を表す。例近くてよかった。／会えてよかった。
き も　　　あらわ　　ちか　　　　　　　　　あ

In conversation, it is common to use 「〜て／で＋いい」. The expressions 「〜ことがいい」 and 「〜点がいい」 are written forms.

※ The forms 「〜て／で＋よかった」 are also often used. In these cases, the nuance is that the speaker is relieved at the result of something.

会话中一般使用 "〜て／で＋いい"，"〜ことがいい"、"〜点がいい" 的说法是书面语的用法。

※ "〜て／で＋よかった" 也经常使用。这种场合，是对 "结果" 表示 "放心的心情"。

A [A／NA] ＋ ていい／でいい

1 Ⓐ 駅から近く**ていい**じゃない、この部屋。
Ⓑ そのかわり、けっこううるさいんだよ。

Ⓐ Don't you think this is a good place, being so near the station?
Ⓑ On the other hand, it's really noisy, you know.
Ⓐ 这房子离车站又近，不是挺好的吗？
Ⓑ 但是，优点是有条件的，就是太吵啊。

2 Ⓐ この説明、わかりやすく**ていい**。
Ⓑ うん、これなら誰でもわかるね。

Ⓐ This explanation is nice and easy to understand.
Ⓑ Yeah. With an explanation like this, anyone could understand.
Ⓐ 这种说明简单易懂。
Ⓑ 是啊，这样说明谁都懂。

3 Ⓐ この曲は簡単**でいい**よ。
Ⓑ ほんとですか。じゃ、練習してみます。

Ⓐ This song is nice and easy.
Ⓑ Really? Then I'll try practicing it.
Ⓐ 这首曲子简单好听啊。
Ⓑ 是吗，那就练习一下。

4 Ⓐ 森先生は説明が丁寧**でいい**ね。
Ⓑ うん。ときどき冗談も言うしね。

Ⓐ Professor Mori's explanations are good and clear.
Ⓑ Yeah. Sometimes he tells jokes, too.
Ⓐ 森老师讲得很仔细,。
Ⓑ 是啊，时不时地还开开玩笑呢。

B [V] ＋ ていい／でいい

5 Ⓐ あの選手は元気があっ**ていい**ね。
Ⓑ うん。スピードもあるしね。

Ⓐ That athlete is nice and energetic.
Ⓑ Yes. He also has speed.
Ⓐ 那个运动员很有精神，真不错。
Ⓑ 是的，还有速度呢。

6 Ⓐ 来月、コンビニができるんだって。
Ⓑ へー。便利になっ**ていい**ね。

Ⓐ I heard that a convenience store is going to be built next month.
Ⓑ Oh? That will be nice and convenient.
Ⓐ 听说下个月就有便利店啦。
Ⓑ 是吗，那就方便了，太好了！

7 Ⓐ このプログラムはよさそうだね。
Ⓑ うん。いろいろな経験ができ**ていい**みたい。

Ⓐ This looks like a good program.
Ⓑ Yes. It seems good because you can have a lot of different experiences.
Ⓐ 这个项目看来不错啊。
Ⓑ 是啊，能积累各种经验真不错啊

8 Ⓐ 少し待って急行に乗ろうか。
Ⓑ うん。そのほうが早く着い**ていい**と思う。

Ⓐ Shall we wait a bit and then take the express?
Ⓑ Yes. I think that would be good because it would get us there faster.
Ⓐ 再等一会儿坐快车去吧。
Ⓑ 是的，快车早点儿到挺好的。

39 けっこう忙しい

kekkoo isogashii

（すごくではないが、かなり忙しいです）

けっこう　　　　　　　quite/fairly
　　　　　　　　　　　很、非常

Ⓐ 今度の仕事、**けっこう**忙しいんだよ。

Ⓑ でも、仕事自体は面白いんでしょ。

Ⓐ そうだね。

Ⓐ This next work assignment is going to make me pretty busy, you know.
Ⓑ But the work itself is interesting, right?
Ⓐ Yeah, it is.

Ⓐ 这次的工作很忙啊。
Ⓑ 但是，工作很有意思吧。
Ⓐ 是的。

意味・使う場面 最近の会話表現です。何かが予想や期待と違うときに、「意外に」という意味を持たせて言います。

This is a recent conversational form. It indicates surprise at something that was not predicted or expected.

近年的口语表达方式。和某些预想期待不相同的时候，会有"意外地"

基本パターン

けっこう＋［A／NA］…Ⓐ

けっこう＋［V／文］…Ⓑ

ポイント 「よい」という意味の「けっこう」と一緒にしないことが大切です。この「けっこう」は形容詞でなく副詞として使われていることに注意してください。

❗ これでいいですか。──はい、けっこうです。

It is important not to confuse the usage of this「けっこう」with the one meaning "good.". Note that this「けっこう」is used as an adverb and not as an adjective.

注意不要与含有"よい"意思的"けっこう"混同使用。这里的"けっこう"不是形容词，都是作为副词使用。

Ａ けっこう ＋ ［Ａ］

1 Ⓐ この机、**けっこう**重いんだ。
   Ⓑ じゃ、二人で運ぼう。

Ⓐ This desk is really heavy.
Ⓑ Then let's carry it together.
Ⓐ 这个桌子很重啊。
Ⓑ 那两个人一起搬吧。

2 Ⓐ この本、**けっこう**面白いよ。
   Ⓑ そうなんだ。じゃ、ぼくも読んで
   みようかな。

Ⓐ This book is quite interesting.
Ⓑ Oh, really? Then I think I would like to read it, too.
Ⓐ 这本书很有趣啊。
Ⓑ 是吗，那我也读读看。

3 Ⓐ まだあ？　**けっこう**遠いね。
   Ⓑ もうすぐだよ。

Ⓐ We're not there yet? It's sure far.
Ⓑ We're almost there.
Ⓐ 还没到吗? 真远啊！
Ⓑ 快到了。

Ｂ けっこう ＋ ［Ｖ／文］

4 Ⓐ **けっこう**混んでるね。
   Ⓑ うん。ほかの店にしようか。

Ⓐ It's really crowded, isn't it.
Ⓑ Yeah. Should we go to a different place?
Ⓐ 很拥挤啊。
Ⓑ 嗯，换别的店吧。

5 Ⓐ 作るのに**けっこう**時間がかかっ
   ちゃった。
   Ⓑ でも、すごくおいしいよ。

Ⓐ It took an awfully long time to make it.
Ⓑ But it's really delicious.
Ⓐ 做起来很花时间。
Ⓑ 但是很好吃啊。

6 〈山登りのサークルについて〉
   Ⓐ 山登りだと、男性が多いんですか。
   Ⓑ いえ、**けっこう**女性の方もいます
   よ。

(About a mountain-climbing club)
Ⓐ When it comes to mountain climbing, are there mainly men?
Ⓑ No, there are a lot of women, too.
〈关于登山俱乐部〉
Ⓐ 登山的男士多吧?
Ⓑ 没有啊，女性也很多啊。

7 Ⓐ 私たちは湖のほうまで散歩しよう
   と思います。
   Ⓑ そうですか。でも、ここからだと、
   けっこう歩きますよ。

Ⓐ I'm thinking that we could take a walk to the lake.
Ⓑ Oh? But it will be quite a walk from here, you know.
Ⓐ 我们想散步到湖边。
Ⓑ 是吗，但从这里走的话，要走很长的路哟。

PART1
日本語会話の最重要文型 8

PART2
日本語会話の基本文型 80

主に動詞につくもの

主に名詞につくもの

主に形容詞につくもの

文の前につくもの

文の終わりにつくもの

会話をつなぐもの

こそあど

いろいろな形につくもの

40 ほんと、うれしい

honto, ureshii

（本当にうれしいです）

●━━━━━━━━━━━━━━━━━━━━●

ほんと／ほんとに　really
真的

Ⓐ えっ、誕生日、覚えてくれてたの!?

Ⓑ もちろん。プレゼント、みんなで選んだんだよ。

Ⓐ ありがとう。…**ほんと**、うれしい。

Ⓐ You mean, you all remembered my birthday?
Ⓑ Of course. We all chose your present together.
Ⓐ Thank you. I'm really happy.

Ⓐ 诶，你还记得我的生日！？
Ⓑ 当然。礼物，是大家选的。
Ⓐ 谢谢。…真的，很高兴。

意味・使う場面

「うそ」の反対を意味する「ほんとう」は、会話の中ではしばしば「**ほんと**」と短くなります。また「**ほんとに／ほんと**」の形で、主張の内容を強める副詞のようにも使います。

The word "really"「ほんとう」, the opposite of「うそ」, is often shortened in conversation to「ほんと」. It is also often used like an adverb to strengthen the content of an assertion, as in「ほんとに／ほんと」.

"うそ"的反义词"ほんとう"在会话中，经常变成"ほんと"。此外，"ほんとに／ほんと"的形式，也作为强调主张内容的副词所使用。

基本パターン

[前の発言など] ＋ **（は）** ＋ **ほんと（だ）**

…Ⓐ 本当である

ほんと ＋ **（に）** ＋ [強調したいこと]

…Ⓑ 本当に、まさに

ポイント

信じられない話を聞いたとき、「**ほんと？**」と言ったりします。また、副詞的な強調の「**ほんと**」は、会話で「**ほんと、人が多い**」「**ほんと暑い**」「**ほんと、おいしい**」のように形容詞を強めるのによく使います。

When people hear stories that seem unbelievable, they sometimes say「ほんと？」. Also, the adverbial emphasis type of「ほんと」is often used to strengthen adjectives in conversation as in phrases such as "there are sure a lot of people"「ほんと、人が多い」, "it's sure hot"「ほんと暑い」, or "it's really delicious"「ほんと、おいしい」.

听到不敢相信的话语时，人们会经常说"ほんと？"。另外，副词的强调形式"ほんと"经常在会话中像"ほんと、人が多い"、"ほんと暑い"、"ほんと、おいしい"这样，作为表示强调的形容词来使用。

A **本当である**　A Really True　真的

1　Ⓐ **ほんと**だよ。どうして信じてくれないの。
　　Ⓑ だって、いつもうそばっかり言ってるから。

　　Ⓐ It's true. Why don't you believe me?
　　Ⓑ Well, that's because you are always making things up.
　　Ⓐ 真的，为什么不相信我呢。
　　Ⓑ 因为，你总是撒谎。

2　Ⓐ **ほんと**か、うそか、よく調べてみよう。
　　Ⓑ そうしよう。

　　Ⓐ Let's check to see if it is true or not.
　　Ⓑ Yes, let's.
　　Ⓐ 真的还是假的，要好好调查。
　　Ⓑ 好的。

3　Ⓐ 具体的なデータとかはありません。
　　Ⓑ つまり、**ほんと**かどうか、わからないっていうことですね。

　　Ⓐ There is no concrete data.
　　Ⓑ You mean we can't tell if it is really true or not.
　　Ⓐ 没有具体的数据什么的。
　　Ⓑ 也就是不知道是真的还是假的。

B **本当に、まさに**　Really, Truly　真的、正是

4　Ⓐ どうして教えてくれなかったの？
　　Ⓑ **ほんと**、知らなかったんだよ。

　　Ⓐ Why didn't you tell me?
　　Ⓑ I really didn't know!
　　Ⓐ 为什么不跟我说呢。
　　Ⓑ 真的不知道啊。

5　Ⓐ あの人、他人の迷惑は考えないのかな。
　　Ⓑ **ほんと**腹が立つね。

　　Ⓐ Doesn't that guy think about the hassle he causes other people?
　　Ⓑ It really makes me mad.
　　Ⓐ 那个人一点儿都不考虑会给别人带来麻烦。
　　Ⓑ 真是让人生气啊。

6　Ⓐ 最近は一人暮らしの年寄りを狙った詐欺が多いね。
　　Ⓑ **ほんと**、ひどい話だね。

　　Ⓐ Recently there have been a lot of scams aimed at the elderly who live alone, haven't there.
　　Ⓑ That's really low.
　　Ⓐ 最近，只瞄准孤巢暮年老人的诈骗案增多了。
　　Ⓑ 确实，真是很过分啊。

7　Ⓐ この薬、**ほんとに**よく効くよ。
　　Ⓑ そうなんですか。じゃ、今度試してみます。

　　Ⓐ This medicine really works, you know.
　　Ⓑ Is that right? Then I'll try it next time.
　　Ⓐ 这种药确实很有效啊。
　　Ⓑ 是吗? 那我下次试试。

41 あのう、ちょっと伺いますが

anoo, chotto ukagaimasu-ga

（あのう、ちょっと伺いますが、いいですか）

あのう

uhm...
请问、喂、嗯、那个

Ⓐ **あのう**、ちょっと伺いますが。

Ⓑ はい。

Ⓐ この近くにコンビニはないでしょうか。

Ⓐ Uhm, I would like to ask a question.
Ⓑ Yes?
Ⓐ Is there a convenience store around here?

Ⓐ 不好意思，我想问一下。
Ⓑ 好的。
Ⓐ 这附近有便利店吗？

▶ 相手の時間をとることへの申し訳ない気持ちを表す言葉です。突然、言いたいことを言うのではなく、まず「あのう」の一言で**相手の注意を引き**、**相手が反応してから**、依頼や質問などを述べます。くだけた会話では「あのさ（あ）」をよく使います。

This word expresses the feeling of being sorry to take the listener's time. Rather than suddenly blurting out what one wants to say, the word 「あのう」 first is used to catch the listener's attention. After the listener responds, the speaker can then state his request or question. In informal speech, the form 「あのさ（あ）」 is often used.

对占用对方时间所表示的对不起的心情。并不是突然说出想说的事情，而是首先通过"あのう"一词引起对方注意，等对方反应之后，在进行拜托或询问，在说话随便的场合经常使用"あのさ（あ）"。

基本パターン	あのう ＋ ［文］	… Ⓐ 話しかける … Ⓑ 相手の注意を引く

 会話練習

1　Ⓐ **あのう**…。ちょっとお願いがあるんですが。

　　Ⓑ はい、何ですか。

Ⓐ Uhm... I have a favor to ask.
Ⓑ Yes, what is it?
Ⓐ 对不起…。想拜托你一件事。
Ⓑ 哦，什么事呢？

2　Ⓐ **あのう**、ひょっとしてスズキさんですか。

　　Ⓑ はい、そうですが。

Ⓐ Uhm, are you Mr. Suzuki by any chance?
Ⓑ Yes, that's me.
Ⓐ 不好意思，你是不是铃木先生啊？
Ⓑ 嗯，我是。

3　Ⓐ **あのさ**、これは急がなくてもいいんじゃない？

　　Ⓑ そうだね。

Ⓐ Hey, uhm, this isn't in a rush, is it?
Ⓑ Yeah, you're right.
Ⓐ 不好意思，这个不那么急也可以吧？
Ⓑ 是的。

42 ねえ、聞いた？

nee, kiita?

（すみません、聞きましたか）

- ねえ
- hey/look
- 喂

Ⓐ **ねえ**、聞いた？　レポートのこと。

Ⓑ え？　何、それ？

Ⓐ Hey, did you hear about it? The report.
Ⓑ Huh? What's that?

Ⓐ 喂，你听说了吗？报告的事情。
Ⓑ 诶？是什么啊？

PART1
日本語会話の最重要文型8
PART2
日本語会話の基本文型80
主に動詞につくもの
主に名詞につくもの
主に形容詞につくもの
文の前につくもの
文の終わりにつくもの
会話をつなぐもの
こそあど
いろいろな形につくもの

▶ **相手に話しかける**ときや、**話の内容に相手の注意を引きたい**ときなどに使います。親しい間で使うのが基本ですが、くだけた言い方として、店の人などに使う場合もあります。

Used to address the listener or to draw the listener's attention to the content of what the speaker is saying. It is normally used among people who are on close terms, but as colloquial language, it is also sometimes used toward store personnel and others.

跟对方说话的时候，就谈话的内容希望引起对方注意。一般用于关系亲密的人之间的会话，作为随便的说法，有时候也会对店铺的人员使用。

基本パターン	**ねえ** ＋ [文]	…Ⓐ 話しかける …Ⓑ 相手の注意を引く

 会話練習

Ⓐ**1** Ⓐ **ねえ**、ちょっと聞いて。

　　Ⓑ うん、何？

Ⓐ Hey, listen up for a second.
Ⓑ Yeah, what?
Ⓐ 喂，你听我说。
Ⓑ 嗯，什么啊？

Ⓑ**2** Ⓐ **ねえ**、**ねえ**、聞いてる？

　　Ⓑ ああ、ちゃんと聞いてるよ。

Ⓐ Look here, are you listening?
Ⓑ Yeah, I'm listening!
Ⓐ 喂，你在听吗？
Ⓑ 啊，我好好听着呢。

3 Ⓐ **ねえ**、このくつ、どう？

　　Ⓑ いいんじゃない、歩きやすそうで。

Ⓐ Hey, what do you think of these shoes?
Ⓑ Not bad. They look easy to walk in.
Ⓐ 喂，这双鞋，怎么样？
Ⓑ 挺好的，走路挺舒服的。

43 ほら、これだよ

hora, kore-dayo
（ほら、これですよ）

ほら

See, Look
你看

Ⓐ **ほら**、これだよ、この写真。
Ⓑ え？　よく見せて。

Ⓐ See? This is it. It's this photo.
Ⓑ What? Let me take a good look at that.

Ⓐ 你看，是这张，这张照片。
Ⓑ 诶？给我看看。

▶ **実際の例を見せる**などして、**相手の注意を引いたり承認を求めたり**するときの表現です。相手に対する要求が強く出る表現ですから、友達や親しい同僚などに使います。

This expression is used to attract the attention of the listener or seek acknowledgement by giving an actual example of something. It is a strong request of the listener and is thus used among friends and close colleagues.

作为实际的实例，用于引起对方注意或寻求认同的表达方式。这是对对方有着强烈要求的表达方式，用于朋友或关系近的同事之间。

基本 パターン	**ほら** ＋ ［文］	… Ⓐ **相手の注意を引く** Attracting the Attention of the Listener　引起对方注意 … Ⓑ **自分の主張を認めるよう求める** To seek acknowledgement of one's own assertion 寻求承认自己的主张

 会話練習

Ⓐ 1 Ⓐ **ほら**、これ、見て。
　　　 Ⓑ わっ、すごい。

Ⓐ See, look at this!
Ⓑ Wow! That's amazing.
Ⓐ 你看，这个，看看。
Ⓑ 哇，好厉害。

2 Ⓐ **ほら**、気をつけて。人にぶつかるよ。
　 Ⓑ 大丈夫だって。

Ⓐ See, be careful! You'll run into people.
Ⓑ I told you I'm okay!
Ⓐ 看啦，小心一点，会碰到人的。
Ⓑ 没关系的。

Ⓑ 3 Ⓐ **ほら**、私の言ったとおりじゃない。
　　　 Ⓑ ほんとだ。よくわかったね。

Ⓐ See, it's just like I said, isn't it.
Ⓑ You're right. It's amazing how you figured that out.
Ⓐ 看，是不是跟我说的一样？
Ⓑ 是的，你知道得真多。

44 あれ？　雨が降ってる
あめ　　ふ

are? ame-ga futte-ru

（あれ？　雨が降っています）
あめ　　ふ

- あれ？
- uh oh
- 哎呀！啊呀！

Ⓐ **あれ？** 雨が降ってる。
あめ　ふ

Ⓑ え？　降ってるの？
ふ

Ⓐ Uh oh. It's raining.

Ⓑ What? It's raining?

Ⓐ 啊？　下着雨呢。

Ⓑ 诶？　下雨了？

PART1
日本語会話の最重要文型8

PART2
日本語会話の基本文型80

主に動詞につくもの

主に名詞につくもの

主に形容詞につくもの

文の前につくもの

文の終わりにつくもの

会話をつなぐもの

こそあど

いろいろな形につくもの

▶ 突然、何かに気づいて、驚いたり疑問を感じたりしたときに使う表現です。
とつぜん　なに　　き　　　　　　おどろ　　　ぎもん　かん　　　　　　　　　　　つか　ひょうげん

Used to express surprise or doubt felt about something that one has suddenly noticed.

突然注意到什么，或者感到惊奇和疑问的时候所使用的表达方式。

基本パターン	**あれ？** ＋「疑問を表す文」など
	ぎもん　あらわ　ぶん

会話練習

1 Ⓐ **あれ？** ここにかぎ、なかった？

　Ⓑ 知らない。
し

Ⓐ Uh oh. Wasn't there a key here?

Ⓑ I don't know.

Ⓐ 啊？　这里没有钥匙吗？

Ⓑ 不知道。

2 Ⓐ **あれ？** 今日って、何曜日だったっけ？
きょう　　　なんようび

　Ⓑ 木曜だよ。
もくよう

Ⓐ Uh oh. What day is it today, anyway?

Ⓑ It's Thursday!

Ⓐ 啊？　今天是星期几来着？

Ⓑ 星期四。

3 Ⓐ **あれ？** 私、言ってなかった？
わたし　い

　Ⓑ うん。聞いてないよ。
き

Ⓐ Uh oh. Didn't I tell you?

Ⓑ No. I haven't heard anything.

Ⓐ 啊？　我没说吗？

Ⓑ 嗯，没听你说啊。

45 さあ、どうだろう

saa, doodaroo
（さあ、どうでしょう）

さあ

well...
表示劝诱、催促

Ⓐ 〈店で〉 これ、明日でも食べられるのかなあ。

Ⓑ **さあ**、どうだろう。聞いてみたら？

Ⓐ (At a store) I wonder if this will still be edible tomorrow.
Ⓑ Well, I don't know. How about asking?

Ⓐ 〈店里〉 这个，明天也能吃吧？
Ⓑ 这个嘛，怎么样呢，你问问吧。

▶ Ⓐ**答えがわからず返事ができない**ことを表すとき、前置きとして使います。また、Ⓑ**相手の行動を促す**ときの前置きにも使います。

Used as a preface to indicate that the speaker can't answer because he doesn't know how to respond Ⓐ. Also used as a preface to urge action on the part of the listener Ⓑ.

Ⓐ 在不知道答案，不能回答的时候，作为前置使用。此外，Ⓑ 也可作为促使对方行动时的前置使用。

基本パターン	**さあ** + ［文（わからないことを表す）］ …Ⓐ **答えができない**
	さあ + ｛［Ｖう］／［Ｖる／Ｖます］＋よ｝ など …Ⓑ **行動を促す**

 会話練習

Ⓐ **1** Ⓐ ホンダっていう女の人、知ってる？

Ⓑ **さあ**…。知らないです。

Ⓐ Do you know the woman named Honda?
Ⓑ Well, can't say as I do.
Ⓐ 你知道一个叫本田的女性吗？
Ⓑ 这个嘛…。不知道。

2 Ⓐ １週間でできるかなあ。

Ⓑ **さあ**…。難しいんじゃないですか。

Ⓐ I wonder if I can get it done in a week.
Ⓑ Well, don't you think that might be difficult?
Ⓐ 一周能行吗？
Ⓑ 这个嘛…。比较难吧。

Ⓑ **3** Ⓐ **さあ**、出かけるよ。準備はいい？

Ⓑ ちょっと待ってよ。

Ⓐ Well, here we go. Are you ready?
Ⓑ Hold your horses a minute, will you?
Ⓐ 喂，出发吧，准备好了吗？
Ⓑ 稍等一会儿。

CD
46

PART1
日本語会話の
最重要文型
8

PART2
日本語会話の
基本文型
80

46 まあ、大丈夫でしょ

まあ

maa, daijoobu-desho

oh/well

（まあ、大丈夫でしょう）

啊

Ⓐ あ、かさ、持ってくるの、忘れた。

Ⓑ **まあ**、大丈夫でしょ。降っても、すぐやみますよ。

Ⓐ Oh, no! I forgot to bring my umbrella.
Ⓑ Oh, it's probably all right. Even if it does rain, it will stop right away.

Ⓐ 啊，我忘记带伞了。
Ⓑ 哦，没关系。就是下雨也会马上就停的。

▶ Ⓐ「**十分ではないが、許せる範囲だ／大体OKだ**」ということを言う前置きの表現です。「確かではないが、ある程度言える」という気持ちを含み、会話のあちこちで使います。Ⓑ**驚きや感動**を示す前置きの表現です。
※「とりあえず、とにかく」という意味でも使う。

　例 まあ、お入りください。／まあ、がんばって。

Ⓐ is a prefatory expression meaning "it's not really enough, but it's passable" or "it's almost OK." Contains the feeling of "it's not certain, but can be said to be true to a certain degree." The expression peppers conversations. Ⓑ is a prefatory expression indicating surprise or emotions.

Ⓐ 是 "不是很充分，但是能够容忍的范围／大致是 ok 的" 的前置表达方式。带有 "虽然不太确定，但在某种程度上可以这么说" 的心情，经常用于会话。Ⓑ 表示惊奇或感动的前置表达方式。

基本パターン		
まあ ＋［文］	…Ⓐ	**十分ではないが、許せる範囲だ**
まあ ＋［A／NA／文］	…Ⓑ	**感動を示す**

会話練習

Ⓐ 1　Ⓐ どうして、その部屋にしたの？

　　　Ⓑ **まあ**、駅から近かったし、部屋もきれいだったから。

Ⓐ Why did you choose that place?
Ⓑ Well, it's close to the station, and the place is clean.
Ⓐ 为什么选那所房子呢？
Ⓑ 嗯，离车站又近，房间也干净。

Ⓑ 2　Ⓐ **まあ**、きれい、この花。

　　　Ⓑ ほんとだ。

Ⓐ Oh, this flower is so pretty!
Ⓑ It really is.
Ⓐ 啊，真漂亮啊，这个花。
Ⓑ 真的啊。

　　3　Ⓐ **まあ**、びっくりしましたよ、昨日の試合。

　　　Ⓑ 大逆転でしたね。

Ⓐ Well, I was really surprised at the game yesterday.
Ⓑ It was quite an upset, wasn't it.
Ⓐ 啊，昨天的比赛，令人震惊。
Ⓑ 大逆转啊。

主に動詞につくもの

主に名詞につくもの

主に形容詞につくもの

文の前につくもの

文の終わりにつくもの

会話をつなぐもの

こそあど

いろいろな形につくもの

47 そしたら、ボウリングでもする？

soshitara, booringu-demo suru?

（そうしたら、ボウリングでもしますか）

• •

そしたら／だったら
and then/if that's the case
如果这样

ⓐ 明日も降りそうだね。山は無理だよ。

ⓑ **そしたら**、ボウリングでもする？

ⓐ Looks like it's going to rain again tomorrow, doesn't it. The mountains are out of the question.
ⓑ In that case, you want to go bowling or something?

ⓐ 看来明天也会下雨吧，不可能上山啊。
ⓑ 要是这样，那就打打保龄球怎么样？

意味・使う場面

「X。**そしたら** Y。」「X。**だったら** Y。」の形で、「X なら Y」という意味を表します。「予定や状況に関する新情報（X）」を受けて、対応（Y）を述べるときに使います。

The constructions 「X。そしたら Y。」 or 「X。だったら Y。」 mean 「X なら Y」 (if X, Y). Used to state a response ("Y") to new information about a plan or situation ("X").

「X。そしたら Y。」「X。だったら Y。」的形式，表示 "X なら Y（如果 X 的话，Y 就）" 的意思。用于收到 "关于安排和某些情况的新信息（X）" 时，叙述其应对方式。

基本パターン

[前の文（今の状況に関する新情報）]

+ **そしたら** + [意見・提案など] … ⓐ そしたら

+ **だったら** + [意見・提案など] … ⓑ だったら

ポイント

「**そうしたら**」の短くなったものが「**そしたら**」、「**それだったら**」の短くなったものが「**だったら**」です。

※「そしたら」「だったら」はかなりくだけた表現なので、仕事で客に言う場合は、「そうしましたら」を使うことが多いです。

The shortened version of 「そうしたら」 is 「そしたら」, while that of 「それだったら」 is 「だったら」.

"そうしたら" 的略缩语是 "そしたら"、"それだったら"，还有更省略的说法是 "だったら"。

A そしたら

1 Ⓐ 結果がわかるのは今日の夜なんです。

　　Ⓑ **そしたら**、明日連絡をください。

Ⓐ It's tonight that I'll hear the result.
Ⓑ In that case, please contact me about it tomorrow.
Ⓐ 今天晚上就会知道结果。
Ⓑ 要是这样的话，请明天联系吧。

2 Ⓐ 今日はちょっとお腹の調子が悪いんです。

　　Ⓑ **そしたら**、何か消化のいいものがいいですね。

Ⓐ My stomach is a little out of sorts today.
Ⓑ In that case, something easy to digest would be good.
Ⓐ 今天肚子有些不太舒服。
Ⓑ 如果这样的话，还是吃点儿容易消化的食物吧。

3 Ⓐ 明日、セミナーに行く時間ないなあ。

　　Ⓑ **そしたら**、私が代わりに行きましょうか。

Ⓐ I don't have any time to go to the seminar tomorrow.
Ⓑ Then, should I go for you?
Ⓐ 明天没时间去讨论课啊。
Ⓑ 要是这样的话，那我就代你去吧。

4 〈プレゼントを買う〉

　　Ⓐ さくらちゃんって、6歳でしょ。**そしたら**、絵本がいいよ。

　　Ⓑ うん。絵本はいいね。

(Buying a present)
Ⓐ Sakura is six, right? Then a picture book would be good for her.
Ⓑ Yeah, a picture book would be good, wouldn't it.
〈买礼物〉
Ⓐ 小樱花六岁了吧，那可以看图画书啦。
Ⓑ 嗯，图画书不错啊。

B だったら

5 Ⓐ 5時集合だと、コンサートが始まるまでけっこう待つよ。

　　Ⓑ **だったら**、もう少し遅くする？

Ⓐ If we meet at five o'clock, we'll be waiting quite a while until the concert starts, you know.
Ⓑ In that case, you want to make it a little later?
Ⓐ 如果五点集合的话，到音乐会开始之前我们要等很久啊。
Ⓑ 要是这样，那就稍推迟一下吧。

6 Ⓐ 休みは3日しかとれないなあ。

　　Ⓑ **だったら**、京都はやめて、近くの温泉にする？

Ⓐ I can only get three days off.
Ⓑ In that case, forget Kyoto. What about a nearby hot spring?
Ⓐ 休息日只有三天啊。
Ⓑ 要是这样的话，那就不去京都，去附近的温泉怎么样？

7 Ⓐ 予算は5万円です。

　　Ⓑ **だったら**、その店でも大丈夫だよ。

Ⓐ The budget is 50,000 yen.
Ⓑ In that case, even that restaurant would be all right.
Ⓐ 预算是五万日元。
Ⓑ 那这家店也没关系啊。

8 Ⓐ あ、そうだ。金曜の食事会、行けなくなったんだ。

　　Ⓑ **だったら**早く言ってよ。もう予約してあるんだから。

Ⓐ Oh, yeah. It turns out I can't go to the dinner on Friday after all.
Ⓑ In that case, you should have said something earlier. The reservations are already made!
Ⓐ 啊，对了，星期五的聚会不能去了。
Ⓑ 那样的话该早说啊！已经安排好了。

PART1 日本語会話の最重要文型 8
PART2 日本語会話の基本文型 80
主に動詞につくもの
主に名詞につくもの
主に形容詞につくもの
文の前につくもの
文の終わりにつくもの
会話をつなぐもの
こそあど
いろいろな形につくもの

48 彼女に嫌われるな

かのじょ　　　きら

kanojo-ni kirawareru-na

（彼女に嫌われるでしょう）
かのじょ　　きら

〜な

(I) imagine/think
表示感嘆

Ⓐ こんなこと言ったら、彼女に嫌われる**な**。
い　　　　　　　かのじょ　きら

Ⓑ そんなことないと思うよ。
おも

Ⓐ If you say something like that, she won't like you, you know.
Ⓑ I don't think so.

Ⓐ 说那种话，会被她反感的。
Ⓑ 我觉得不会啊。

意味・
使う場面

文の最後に付け加えて、**深く感じる気持ち**や**納得する気持ち**などを表
ぶん　さいご　つ　くわ　　　　ふか　かん　　きも　　　なっとく　　きも　　　　　あらわ
します。

※ 禁止の「〜な」はこの本では取り上げていません。
きん し　　　　　　　ほん　　　と　あ

Appended to the end of the sentence, indicates deeply felt feelings or feelings of conviction.

加在句子的最后，表示感慨和理解的心情。

☞参照「〜なあ」(49)、「〜かな」(50)、「〜かなあ」(51)
さんしょう

基本
パターン

[文（普通体）] ＋ **な**
ぶん　ふ つうたい

Ⓐ 感動や軽い願望などを表す
かんどう　かる　がんぼう　　　　あらわ

Ⓑ 自分の判断や気持ちを確かめながら言う
じ ぶん　はんだん　きも　　たし　　　　　　い

Ⓒ 主張などの調子をやわらかくする
しゅちょう　　　ちょうし

※「〜ですな」「〜ますな」は、年配の男性しか使いません。
ねんぱい　だんせい　つか

ポイント

「な」と「なあ」は共通する部分が多いですが、「なあ」のほうが、よ
きょうつう　ぶ ぶん　おお
り感情を含んだ表現です。
かんじょう　ふく　ひょうげん

The forms「な」and「なあ」have many common aspects, but「なあ」contains more feeling.

「な」和「なあ」有很多共通的部份，「なあ」所表达的情感更为强烈。

A **感動や軽い願望などを表す** A Expresses Feelings and Desires　表示感动或者小小的愿望
かんどう　かる　がんぼう　あらわ

1 Ⓐ さすがプロだ**な**。レベルが全然違うよ。
ぜんぜんちが

Ⓑ ほんと。

　Ⓐ That's what you'd expect from a pro, all right. He's at a totally different level.
　Ⓑ Yeah, really.
　Ⓐ 确实是职业选手啊，水平完全不一样。
　Ⓑ 是啊。

2 Ⓐ 明日晴れるといい**な**。
あした　は

Ⓑ 晴れなきゃ、困るよ。
は　　　こま

　Ⓐ It would be nice if it's clear tomorrow.
　Ⓑ If it isn't good weather, we're in trouble.
　Ⓐ 要是明天天晴就好了。
　Ⓑ 要是天不晴，就很麻烦啊。

3 Ⓐ あ、これ、便利。私も１個欲しい**な**。
べんり　わたし　こ　ほ

Ⓑ ふーん。じゃ、１個買えば？
こ　か

　Ⓐ Oh, this is convenient. I want one, too.
　Ⓑ Oh? Then how about buying one?
　Ⓐ 啊，这个，很方便，我也想要一个。
　Ⓑ 嗯，那就买一个怎么样？

B **自分の判断や気持ちを確かめるように言う** To Ascertain One's Own Evaluation or Feelings
じぶん　はんだん　きも　たし　　い　　説话时确认及自己的判断和心情

4 Ⓐ 土曜だから、きっと混んでるだろう**な**。
どよう　　　　　こ

Ⓑ そうだね。

　Ⓐ It's Saturday, so I imagine it's crowded.
　Ⓑ Yeah, probably so.
　Ⓐ 星期六，一定很挤 吧。
　Ⓑ 是啊。

5 Ⓐ その時はどんな気持ちだったの？
とき　　　　　きも

Ⓑ うーん、言葉で説明するのはちょっと
ことば　せつめい
難しい**な**。
むずか

　Ⓐ How did you feel then?
　Ⓑ Well, it's a little difficult to put into words.
　Ⓐ 那时是什么样的心情呢？
　Ⓑ 嗯，难以言传。

6 Ⓐ 何色にしたの？
なにいろ

Ⓑ 最初は緑がいい**な**って思ったんだけ
さいしょ　みどり　　　　　　おも
ど、結局、青にした。
けっきょく　あお

　Ⓐ What color did you decide on?
　Ⓑ At first I thought green would be good, but in the end I went with blue.
　Ⓐ 选的什么颜色？
　Ⓑ 最初觉得绿色挺好，结果还是选了蓝色。

C **主張などの調子をやわらかくする** To Soften the Tone of Assertions, etc.
しゅちょう　　　ちょうし　　　　　　　缓和表示自我主张的语气。

7 Ⓐ 係を決めれば、いいんじゃない？
かかり　き

Ⓑ 私は反対だ**な**。全員でやるべきだと思
わたし　はんたい　　　　ぜんいん　　　　　　おも
う。

　Ⓐ Don't you think someone should be chosen to be in charge?
　Ⓑ I'm sort of against that. I think we should all work on it together.
　Ⓐ 选定一个承担工作的人不就可以了？
　Ⓑ 我还是反对，我认为大家都应该做。

8 Ⓐ 食器洗い機は欲しいと思わない？
しょっきあら　き　　ほ　　　おも

Ⓑ 私は別に欲しくない**な**。場所、とるし。
わたし　べつ　ほ　　　　　　ばしょ

　Ⓐ Don't you want a dishwasher?
　Ⓑ I don't really have any desire for one. They take up space, too.
　Ⓐ 不想要个洗碗机吗？
　Ⓑ 我不太想要，这东西占地方。

PART1
日本語会話の最重要文型 80

PART2
日本語会話の基本文型 80

主に動詞につくもの

主に名詞につくもの

主に形容詞につくもの

文の前につくもの

文の終わりにつくもの

会話をつなぐもの

こそあど

いろいろな形につくもの

49 困ったなあ
こま
komatta-naa

（実に困りました）
じつ こま

〜なあ   how 〜 /what a 〜 !
表示打招呼或感叹

Ⓐ 困った**なあ**。 間に合わないよ。
こま　　　　　　　ま

Ⓑ どうしたんですか。

Ⓐ What a disaster! I'm not going to make it on time.   Ⓐ 真难办啊，赶不上了。
Ⓑ What happened?   Ⓑ 怎么了？

意味・   「〜な」 が長くなった形で、文の最後に付け加えて、**深く感じている**
使う場面   かたち　　　　ぶん　さいご　つ　くわ　　　　　　ふか　かん
気持ちを表します。
きも　　　　あらわ

The syllable 「〜な」 in its lengthened vowel form appended to the end of a sentence expresses deep emotion.

「〜な」 的延长形式，附在句末，表示感慨、感叹的心情。

基本パターン	［文］ ＋ **なあ**	
		Ⓐ 感動、悲しみ・不満、願望を表す
		かんどう　かな　　　　ふまん　がんぼう　あらわ
		Ⓑ 判断する
		はんだん

相手に語りかける 「〜ね」 と違い、**独り言のような言い方**になります。
あいて　かた　　　　　　　　　ちが　　　ひと　ごと　　　　　　い　かた

ポイント

与招呼对方的 "〜ね" 不同，它有些自言自语的语感。

Unlike 「〜ね」, which is used to address the listener, this is used when speaking to oneself.

A 感動、悲しみ・不満、願望を表す　A To Express Deep Emotion, Sadness, Discontent, or Desire 表示感动、悲伤・不满和愿望

1 Ⓐ やっぱり自然っていい**なあ**。
　　Ⓑ 心が洗われるよね。

Ⓐ The nature here is wonderful, just as I expected.
Ⓑ It's really rejuvenating, isn't it?
Ⓐ 还是大自然好啊！
Ⓑ 可以净化心灵的哟。

2 Ⓐ 寒い**なあ**。風邪引きそうだよ。
　　Ⓑ ほんと。真冬だよね。

Ⓐ It's cold! I feel like I'm going to catch a cold.
Ⓑ It sure is. It's definitely the dead of winter.
Ⓐ 真冷啊，会感冒哦。
Ⓑ 是啊，寒冬了哦。

3 Ⓐ 一人で行くのはいやだ**なあ**。一緒に行ってよ。
　　Ⓑ 子供みたいなこと、言わないでよ。

Ⓐ I don't want to have to go by myself! Please come with me!
Ⓑ Don't sound so much like a child!
Ⓐ 不喜欢一个人去，一起去吧。
Ⓑ 别说些孩子气的话。

4 Ⓐ 来ない**なあ**、電話。
　　Ⓑ そのうちかかってくるよ。

Ⓐ The phone call just doesn't come!
Ⓑ It will come before long.
Ⓐ 还没电话啊。
Ⓑ 不久就会打来的。

5 Ⓐ 眠いから、今日は早く帰りたい**なあ**。
　　Ⓑ ぼくも。すごく疲れた。

Ⓐ I'm so sleepy; I want to go home early today.
Ⓑ Me, too. I'm really tired.
Ⓐ 好困，今天想早点儿回去。
Ⓑ 我也是好累。

6 Ⓐ 昔はよく聴いた**なあ**、この曲。
　　Ⓑ いい曲だよね。

Ⓐ I used to listen to that song a lot in the old days.
Ⓑ It's a good song, isn't it.
Ⓐ 过去经常听啊，这首曲子。
Ⓑ 是首好歌啊。

B 判断する　To Judge　判断

7 Ⓐ 林さんって、変わった人だ**なあ**。
　　Ⓑ うん。かなり変わってるよ。

Ⓐ Mr. Hayashi sure seems like a weird guy.
Ⓑ Yeah, he really kind of is.
Ⓐ 林真是个怪人。
Ⓑ 嗯，很怪。

8 Ⓐ アベさんっていう人、知ってる？
　　Ⓑ アベさん？　私は知らない**なあ**。

Ⓐ Do you know someone named Mr. Abe?
Ⓑ Mr. Abe? No, I don't know anyone called Mr. Abe.
Ⓐ 安倍你知道吗？
Ⓑ 安倍吗？我不知道啊。

主に動詞につくもの

主に名詞につくもの

主に形容詞につくもの

文の前につくもの

文の終わりにつくもの

会話をつなぐもの

こそあど

いろいろな形につくもの

50 紅茶にしようかな

koocha-ni shiyoo-kana

（紅茶にしようかと思います）

〜かな

(I) wonder
表示语气轻微的自问，或表示委托、许可

Ⓐ ぼくはコーヒーにするよ。

Ⓑ あ、そう。私は紅茶にしようかな。

Ⓐ I'll have coffee.
Ⓑ Oh, is that right. Maybe I'll have some tea.

Ⓐ 我喝咖啡。
Ⓑ 哦，是吧。那我来红茶吧。

意味・
使う場面

自分自身に問いかける気持ちを表します。また、相手に疑問を表すときにも使いますが、遠回しに依頼したり許可を求めたりする気持ちを表すこともあります。

Indicates that the speaker is talking to himself. It is also used to express doubt or a question toward the listener, but there are times when it is used to ask requests or permission in a roundabout way.

也用于对对方表示疑问，或者是对对方表示委托或委婉地请求许可的心情。

基本
パターン

［文］＋（の）＋かな

Ⓐ 軽い疑問（自分自身に、または相手に）

Ⓑ 依頼

Ⓒ 許可

ポイント

ⒷやⒸの場合も、半分独り言のような感じで、相手に対して直接的な言い方ではありません。くだけた会話の場面で使い、丁寧体と一緒には使いません。

In cases Ⓑ and Ⓒ, the expression sounds like the speaker is speaking half to himself and is not speaking directly to the listener. Used in informal conversations, it is not used with polite forms.

Ⓑ、Ⓒ 的场合有一半是自言自语的感觉，并不是对对方表示直接的说法。用于比较随便的会话场面，不与敬体一起使用。

116

A　軽い疑問 A Slight Doubt　軽微的疑问

1　Ⓐ 彼は来るの**かな**。
　　Ⓑ 来ると思うよ。

Ⓐ I wonder if he will come.
Ⓑ I think he will.
Ⓐ 他要来吗?
Ⓑ 我认为要来。

2　〈店で〉
　　Ⓐ これにしよう**かな**。
　　Ⓑ ああ、いいんじゃない？

(At a restaurant)
Ⓐ Maybe I'll have this.
Ⓑ Oh, that would be good, don't you think?
〈店里〉
Ⓐ 还是买这个?
Ⓑ 哦, 不是挺好的吗?

3　Ⓐ これは後で食べよう**かな**。
　　Ⓑ そうすれば。

Ⓐ I think maybe I'll eat this later.
Ⓑ Why don't you?
Ⓐ 这个一会儿再吃?
Ⓑ 可以。

4　Ⓐ 薬が効いた**かな**。ちょっと楽になった。
　　Ⓑ よかったね。

Ⓐ Maybe the medicine is working. I feel a little better.
Ⓑ I'm glad.
Ⓐ 药起作用了吧。感到轻松了。
Ⓑ 那就好。

5　〈道路が渋滞しているとき〉
　　Ⓐ 歩いたほうが早かった**かな**。
　　Ⓑ そうだね。

(When there is a lot of traffic)
Ⓐ I wonder if it would have been faster to walk.
Ⓑ Maybe so.
〈道路堵塞的时候〉
Ⓐ 走着去比较快。
Ⓑ 是啊。

B　依頼 Requests　拜托

6　Ⓐ 〈上司が部下に〉
　　森さん、ちょっと手伝ってくれないかな。
　　Ⓑ はい。

(A superior to an underling)
Ⓐ Ms. Mori, can you help me here a minute?
Ⓑ Yes.
〈上司对部下〉
Ⓐ 森, 帮帮忙。
Ⓑ 好的。

7　Ⓐ これ、田中さんに渡してくれない**かな**。
　　Ⓑ いいよ。

Ⓐ I wonder if you could hand this to Mr. Tanaka.
Ⓑ Yeah, sure.
Ⓐ 这个, 帮我交给田中一下。
Ⓑ 好的。

C　許可 Permission　许可

8　Ⓐ これ、ちょっと見てもいい**かな**。
　　Ⓑ いいよ。

Ⓐ I wonder if I could have a look at this a minute.
Ⓑ Sure, go ahead.
Ⓐ 能看看这个吗?
Ⓑ 可以啊。

PART1　日本語会話の最重要文型 8
PART2　日本語会話の基本文型 80
主に動詞につくもの
主に名詞につくもの
主に形容詞につくもの
文の前につくもの
文の終わりにつくもの
会話をつなぐもの
こそあど
いろいろな形に

51 明日は晴れる**かなあ**
あした　は

ashita-wa hareru-kanaa

（明日は晴れるでしょうか）
あした　は

～かなあ

(I) wonder...
表示感叹

Ⓐ 明日は晴れる**かなあ**。
あした　は

Ⓑ 天気予報では晴れるって言ってたよ。
てん　き　よ　ほう　　　　　　　　は　　　　　　い

Ⓐ I wonder if it will be clear tomorrow.
Ⓑ The weather forecast said it would.

Ⓐ 明天天晴吧。
Ⓑ 天气预报报的是天晴。

意味・
使う場面

「それが正しいか」「それでいいか」など、**自分自身に問いかける** 表
ただ　　　　　　　　　　　　　　　　　　　じ ぶん じ しん　　と　　　　　　　ひょう

現です。独り言のように言います。
げん　　　　ひと　ごと

Used as a question posed to oneself ("is it true?" or "is that okay?"). Said to oneself.

"そうであるか"、"それでいいか" 是自问自答的表达方式。就像一个人自言自语地说话。

基本
パターン

［文］ ＋ **（の）** ＋ **かなあ**
ぶん

Ⓐ 疑問
ぎ もん
Ⓑ 願望
がんぼう

「～かなあ（↘）」と**語尾 ＊ を下げて**言います。独り言のように言いま
ご び　　　　さ　　　　い　　　　　　　ひと　ごと　　　　　　い

すが、相手はふつう、何か返事をします。
あい て　　　　　　なに　へん じ

ポイント

＊語尾：言葉の終わりの部分
ご び　ことば　お　　　　ぶ ぶん

The inflection is lowered when saying (「～かなあ（↘）」. Used when speaking to oneself, but the listener usually responds.

"～かなあ（　）" 在句尾降调。虽然像自己自言自语，但对方一般还是会回答。

A 疑問 Question or Doubt 疑问

1 Ⓐ 1000円で足りる**かなあ**。
　Ⓑ 足りるんじゃない？

Ⓐ I wonder if 1000 yen will be enough.
Ⓑ Seems like it should, don't you think?
Ⓐ 1000日元够不够啊？
Ⓑ 够吧。

2 Ⓐ 雨、もう止んだ**かなあ**。
　Ⓑ ああ、止んだかもね。

Ⓐ I wonder if it's stopped raining.
Ⓑ Yeah, maybe so.
Ⓐ 雨已经停了吧。
Ⓑ 啊，可能已经停了。

3 Ⓐ 田中さん、メール見てくれた**か
　なあ**。
　Ⓑ どうかなあ。わかんないね。

Ⓐ I wonder if Mr. Tanaka looked at my email.
Ⓑ Hmm. I don't know.
Ⓐ 田中会帮我看邮件吗？
Ⓑ 怎么样呢，不知道啊。

4 Ⓐ 受付はどこ**かなあ**。
　Ⓑ ああ、あそこだよ。ほら、行列
　ができてる。

Ⓐ I wonder where the reception desk is.
Ⓑ Oh, it's over there. See? There's already a line.
Ⓐ 接待处在哪里啊？
Ⓑ 啊，在那里，那个排长队的地方。

5 Ⓐ 日本も優勝の可能性があるん
　だって。
　Ⓑ ほんと**かなあ**。そんなに強くな
　いんじゃない？

Ⓐ They say that even Japan stands a chance of winning.
Ⓑ I wonder if that's really true. They're not that good, are they?
Ⓐ 听说日本队也有取得冠军的可能性。
Ⓑ 真的吗？日本队不是不那么强吗？

B 願望 Desire 愿望

6 Ⓐ 何かいいアルバイトない**かなあ**。
　Ⓑ あ、いいの紹介してあげるよ。

Ⓐ I wonder if there are any good part-time jobs.
Ⓑ Oh, I'll tell you about some good ones.
Ⓐ 有什么好的工作吗？
Ⓑ 啊，我介绍个好的给你。

7 Ⓐ 誰か手伝ってくれない**かなあ**。
　Ⓑ うん。もう一人いると楽になる
　よね。

Ⓐ I wonder if someone will help us.
Ⓑ Yeah. It would be easier if there were one more person, wouldn't it.
Ⓐ 有谁能帮帮我吗？
Ⓑ 嗯，再有一个人就更轻松了。

PART1
日本語会話の最重要文型8

PART2
日本語会話の基本文型80

主に動詞につくもの

主に名詞につくもの

主に形容詞につくもの

文の前につくもの

文の終わりにつくもの

会話をつなぐもの

こそあど

いろいろな形につくもの

52 間に合うかも
ma-ni au-kamo
（間に合うかもしれません）

〜かも

maybe
也许〜

A 開始時間には間に合わないかなあ。

B いや、ぎりぎり間に合う**かも**。

Ⓐ I wonder if we won't be able to make it by starting time.   Ⓐ 赶不上开始时间了吧？
Ⓑ No, I think we might just make it in time.   Ⓑ 不会吧，也许刚刚能赶得上。

意味・使う場面 考えられる可能性を述べる「**〜かもしれない**」の短い形です。否定的な見方や不安な気持ちを含んだ予想、肯定的な見方や期待を込めた予想などを表します。

Short form of 「〜かもしれない」, which is used to state conceivable possibilities. Expresses negative and affirmative points of view, and projections that include feelings of anxiety or hope.

叙述可以考虑的可能性 "〜かもしれない" 的简短形式。表示否定的看法、含有不安心情的预想、肯定的想法以及包含着期待的预想。

基本パターン

[文] ＋ **かも** …… Ⓐ 結果についての予測

[文] ＋ **の** ＋ **かも** …… Ⓑ 原因や理由についての推測

ポイント 他の語が付いた形としては、「**〜かもね**」「**〜かもよ**」「**〜かもな（あ）**」「**〜かもと思う**」などがよく使われます。

As forms attached to other parts of speech, 「〜かもね」「〜かもよ」「〜かもな（あ）」 and 「〜かもと思う」 are often used.

其它词语接在后面，经常以 "〜かもね"、"〜かもよ"、"〜かもな（あ）"、"〜かもと思う" 的形式出现。

A ［文］＋ かも

1 Ⓐ 上級は無理だけど、中級なら合格できる**かも**。

Ⓑ そうだね。中級なら何とかなる**かも**ね。

Ⓐ You might not be able to pass the advanced level, but there's the possibility you could maybe pass the intermediate.
Ⓑ You're right. If it's the intermediate level, I might manage it somehow.
Ⓐ 高级过不了，但是中级的话，可能可以及格…。
Ⓑ 是啊，中级的话，想想办法也许可以过。

2 Ⓐ このペースだと今日中に全部終わる**かも**。

Ⓑ よし、がんばろう。

Ⓐ At this pace, we might finish the whole lot today.
Ⓑ All right! Let's do it!
Ⓐ 照这个速度，今天一天可能全部就能做完。
Ⓑ 好的，加油吧。

3 Ⓐ 1万円じゃ足りない**かも**。

Ⓑ じゃ、もう少し持っていこう。

Ⓐ Ten thousand yen might not be enough.
Ⓑ Then let's take a little more with us.
Ⓐ 1万日元可能不够啊。
Ⓑ 那就再拿点儿去吧。

4 Ⓐ 午後から雨が降る**かも**。

Ⓑ そう。じゃ、傘、＊持ってこう。

Ⓐ It might rain in the afternoon.
Ⓑ Oh? Then let's take umbrellas.
Ⓐ 下午可能要下雨。
Ⓑ 是吗，那拿着伞去吧。

5 Ⓐ 森さんからさっき電話があって、明日休む**かも**って。

Ⓑ そうなんだ。

Ⓐ I got a call from Mori a little while ago. He said he might be absent tomorrow.
Ⓑ Oh, is that so.
Ⓐ 小森刚来电话了，说明天可能要休息。
Ⓑ 是吗？

B ［文］＋ の ＋ かも

6 Ⓐ 山川さん、遅いなあ。

Ⓑ 車でしょ。道が混んでる**の**かもね。

Ⓐ That Yamakawa is sure late.
Ⓑ He's coming by car, right? The traffic is probably bad.
Ⓐ 山川，好晚啊。
Ⓑ 他开车吧。路上可能拥堵吧。

7 Ⓐ 電源を入れても動かないの？

Ⓑ うん…。もう古いから、壊れちゃったの**かも**。

Ⓐ You mean it doesn't work even when you plug it in?
Ⓑ Yeah. It's old so it might be broken.
Ⓐ 接上电源也动不了吗？
Ⓑ 嗯…。太旧了，可能坏了。

8 Ⓐ 山下さん、最近、元気ないよね。

Ⓑ そうね。何か、あったの**かも**ね。

Ⓐ Yamashita seems kind of down recently.
Ⓑ I thought so, too. Maybe something's happened.
Ⓐ 山下，最近没什么精神啊。
Ⓑ 是啊，可能发生什么事啦。

💬**MEMO**

4 持ってこう：「持っていこう」が変化した形。

53 勝てる気がする

kateru ki-ga-suru
（勝てる気がします）

〜気がする

feel like 〜
感覚〜

Ⓐ 次の試合は勝てる**気がする**よ。

Ⓑ うん。自信を持ったほうがいいよ。

Ⓐ I feel like we'll win the next game.
Ⓑ That's good. It's best to be confident.

Ⓐ 下次比赛我觉得能赢。
Ⓑ 嗯，还是有信心比较好。

意味・使う場面

漠然とした印象や気持ちを述べる表現です。感覚を述べる「〜感じがする」と似ていますが、「〜気がする」ははっきりした理由や根拠のない感想や想像、気持ちなどを表すときに使います。

Expresses vague impressions or feelings. The expression is similar to「〜感じがする」, which describes feelings, but「〜気がする」is used to for impressions or suppositions that are formed without any definite reason or basis.

是一种叙述模糊的印象或者心情的表达方式。与叙述感觉的"〜感じがする"有些相似，"〜気がする"用于表示不太清楚的理由、没有根据的感想、想象或者心情。

基本パターン

[文]
[〜そう／〜よう] ＋な ｝ **気がする**

ポイント

「〜気がする」は、「〜と思う」で言い換えられる場合が多いです。ただし、「〜と思う」と違い、判断や思考は伴いません。「なんか」（p.180）と一緒に「なんか〜気がする」の形でもよく使います。

In many cases,「〜気がする」can be replaced with「〜と思う」. Unlike「〜と思う」, however, there is no accompanying evaluation or thinking. Often used with「なんか」(p.180), as in「なんか〜気がする」.

"〜気がする"多可以与"〜と思う"置换使用。但是，与"〜と思う"不同，不伴有判断或者思考。经常与"なんか"（p.180）连用，以"なんか〜気がする"的形式出现。

1 Ⓐ 最近、ちょっと歌がうまくなった**気**
_{さいきん} _{うた} _き
がする。

　Ⓑ お酒を飲んでカラオケをすると、そ
_{さけ} _の
んな**気がする**だけだよ。（本当は下手）
_き _{ほんとう} _{へた}

Ⓐ I feel like I've gotten a little better at singing lately.
Ⓑ You only feel like that when you've had something to drink and are doing karaoke (really he's bad at singing).
Ⓐ 感觉最近唱歌有进步了。
Ⓑ 只不过是喝了酒唱卡拉 OK，就有这种感觉。（其实唱得不好）

2 Ⓐ 最近、ちょっと歌がうまくなった**気**
_{さいきん} _{うた} _き
がする。

　Ⓑ うん。声がよく出るようになってき
_{こえ} _で
たんじゃない。（本当は上手）
_{ほんとう} _{じょうず}

Ⓐ I feel like I've gotten a little better at singing lately.
Ⓑ Yes, I think you've gotten so you can really belt it out there. (actually, he's is good at singing).
Ⓐ 感觉最近唱歌有进步了。
Ⓑ 嗯，是不是能发出声音来了。（真的有进步）

3 Ⓐ このままじゃ、なんか申し訳ない**気**
_{もう} _{わけ} _き
がする。

　Ⓑ じゃ、何かお礼でもする？
_{なに} _{れい}

Ⓐ I'd feel really bad if we didn't do anything for her.
Ⓑ Then do you want to buy her some kind of thank-you gift?
Ⓐ 就这样的话，感觉有些过意不去。
Ⓑ 那就感谢一下怎么样？

4 Ⓐ 田中さんには、この仕事、ちょっと
_{たなか} _{しごと}
難しい**気がする**なあ。
_{むずか} _き

　Ⓑ そうね。ちょっと無理かもね。
_{むり}

Ⓐ I feel like this job might be just a little too difficult for Tanaka.
Ⓑ Yeah, I agree. It might be asking too much of him.
Ⓐ 感觉这工作对田中来说有些太难了。
Ⓑ 是啊，有些太勉强。

5 Ⓐ 今度のルームメイトとはうまくやっ
_{こんど}
ていける**気がする**。
_き

　Ⓑ そうだといいね。

Ⓐ I feel like I'll get along with my new roommate.
Ⓑ sure hope so.
Ⓐ 感觉能和这次的同屋友好相处。
Ⓑ 要是能这样就好了。

6 Ⓐ なんか、よくないことが起こりそう
_お
な**気がする**。
_き

　Ⓑ えー。変なこと言わないでよ。
_{へん} _い

Ⓐ I feel like something bad is going to happen.
Ⓑ Hey, don't say weird things like that!
Ⓐ 感觉有不好的事要发生。
Ⓑ 呃，别说不吉利的话。

7 Ⓐ なんか風邪ひきそうな**気がする**。の
_{かぜ} _き
どが変なんだよね。
_{へん}

　Ⓑ じゃ、今日は早く帰ったら？
_{きょう} _{はや} _{かえ}

Ⓐ I feel like I'm going to catch a cold or something. My throat doesn't seem right.
Ⓑ Then why don't you go home early today?
Ⓐ 感觉好像感冒了。喉咙怪怪的。
Ⓑ 那今天早点回去咋样？

PART1
日本語会話の最重要文型 8

PART2
日本語会話の基本文型 80

主に動詞につくもの

主に名詞につくもの

主に形容詞につくもの

文の前につくもの

文の終わりにつくもの

会話をつなぐもの

こそあど

いろいろな形につくもの

54 知ってるでしょ？

shitte-ru-desho?
(知っているでしょう？)

・・・・・・・・・・・・・・・・・・・・・・・・・・・・・

〜でしょ

right?
〜吧

Ⓐ 田中さんのこと、知ってる**でしょ？**

Ⓑ うん、よく知ってるよ。

Ⓐ You know Ms. Tanaka, right?
Ⓑ Yes, I know her well.

Ⓐ 你认识田中吧？
Ⓑ 嗯，挺熟悉的。

意味・使う場面 📎 「〜でしょう」が短くなった形です。「それが事実であること」を**相手に再確認してもらう**ときに使います。

This is a shortened form of 「〜でしょう」. It is used to have the listener reaffirm that something is indeed true.

"〜でしょう"的简单形式。再次向对方确认"那就是事实"。

基本
パターン

[文など（再確認してもらう内容）] ＋**でしょ**（？／。／！）

Ⓐ 相手の答えを求める
Ⓑ 相手の答えはあまり求めない

※ 書き方は、「〜でしょ？」「〜でしょ。」「〜でしょ！」など、場合によって、また人によってさまざまです。

ポイント 💡 **相手が同意することを期待して言う**場合が多いです。一般的には、相手に問う気持ちが強いときは「しょ（*sho*）」で音を上げ、同意を促すときは下げます。また男性が話す場合、「〜だろ」になることもあります（会話例６）。

Often used in cases where the speaker expects the listener's agreement. In general, when the question form is emphasized, the speaker raises the intonation of 「しょ」, and when concurrence is urged, the intonation falls. In men's speech, the form 「〜だろ」 is sometimes used.

期待对方同意而说的时候比较多。一般来说，质问对方的心情比较强烈时，"しょ（*sho*）"会发升调，促使对方同意的时候，用降调。此外，男性有时候会用"〜だろ"的说法。

A **相手の答えを求める** Seeking the listener's response　寻求对方的答案
あい て　こた　　もと

1 Ⓐ 会社の忘年会、行く**でしょ?**
かいしゃ　ぼうねんかい　い
Ⓑ うん、行くよ。
い

Ⓐ You're going to the company year-end party,
too, right?
Ⓑ Yeah, I'm going.
Ⓐ 公司的忘年会，你也去吧?
Ⓑ 嗯，去。

2 Ⓐ うち、駅から歩くには遠かった**で**
えき　　ある　　　とお
しょ?
Ⓑ いや、そうでもなかったよ。

Ⓐ It was a long walk from the station to my place,
wasn't it.
Ⓑ No, not really.
Ⓐ 我家从车站走过来远吧?
Ⓑ 没有，也不算远啊。

3 Ⓐ 田中さんのこと、聞いた**でしょ?**
た なか　　　　　き
Ⓑ うん、聞いたよ。
き

Ⓐ You heard about Mr. Tanaka, too, didn't you?
Ⓑ Yeah, I heard.
Ⓐ 田中的事情，你也听说了吧?
Ⓑ 嗯，听说了。

4 Ⓐ 探してた本、これ**でしょ?**
さが　　　ほん
Ⓑ あ、それそれ。

Ⓐ Isn't this the book you were looking for?
Ⓑ Yes, that's it!
Ⓐ 你找的书是这本吧?
Ⓑ 对、对、是这本。

5 Ⓐ そんなの、うそ**でしょ?**
Ⓑ それが本当なんだよ。
ほんとう

Ⓐ That's not true, is it?
Ⓑ It really is the truth!
Ⓐ 那不是真的吧?
Ⓑ 那是真的。

B **主張する** To assert　主张
しゅちょう

6 Ⓐ わかる**だろ**、ぼくの気持ち。
き も
Ⓑ わかるよ。でも、しょうがないと思
おも
うよ。

Ⓐ You understand, don't you, how I feel?
Ⓑ I understand. But I don't think there's anything
you can do.
Ⓐ 知道吧，我的心情。
Ⓑ 知道的，但是，这没办法吧。

7 Ⓐ ほら、だから＊言った**でしょ。**
い
Ⓑ そうだね。やめておけばよかったよ。

Ⓐ See? That's why I told you that!
Ⓑ Yeah, I wish I hadn't done it.
Ⓐ 你看，我说过吧。
Ⓑ 是啊，不做就好了。

8 Ⓐ そんなに買って大丈夫?
か　だいじょうぶ
Ⓑ そんなこと、私の勝手**でしょ!**
わたし　かって

Ⓐ Are you okay, buying that much stuff?
Ⓑ That's my business and not yours!
Ⓐ 买那么多行吗?
Ⓑ 那是我的自由!

💬MEMO　**7** この場合の「言った」は、「やめるように言った」ということ。
ば あい　　い　　　　　　　　　　　　　い

55 大変じゃない？
たいへん
taihen-ja nai?
（大変ではないですか）
たいへん

〜じゃない？ isn't this 〜 ?/isn't it 〜 ?
不是〜吗？

Ⓐ 一人で運ぶの大変**じゃない？** 手伝うよ。
ひとり　はこ　たいへん　　　　　　てつだ

Ⓑ すみません。じゃ、お願いします。
ねが

Ⓐ Isn't that hard to carry by yourself? I'll help you.
Ⓑ Oh, would you mind? Thanks.

Ⓐ 一个人搬不是很辛苦吗？我帮你吧。
Ⓑ 不好意思，那就麻烦你啦。

意味・使う場面

「〜だ」「〜だと思う」のように自分の意見だけを言うのではなく、相手の同意を求める形です。文の最後は軽く上げます（下のⒸを除く）。親しい会話ではこのままで、ていねいな会話では後に「ですか」を付けます。

The forms [*…da*] and [*…da to omou*] are for eliciting the listener's agreement and not for simply expressing one's own opinion. There is a slight rise in intonation at the end of the sentence. Used like this in informal conversation; [*desuka*] is appended in polite speech.

不同于"〜だ"和"〜だと思う"这样只叙述自己的意见，而是一种征求对方同意的表达方式。句子的最后要轻微升调。关系亲密的人之间就这样对话，比较正式的谈话就在后面加上"ですか"。

基本パターン

[N／A／NA／V] ＋じゃない？
Ⓐ 確認（「そうですよね？」という気持ち）
かくにん
Ⓑ 意見・評価（「そう思いませんか」という気持ち）
いけん　ひょうか　　　　　　おも
Ⓒ 驚き・感心（「そうでしょ」という気持ち）
おどろ　かんしん

ポイント

自分だけで断定せず、「相手にも確認してほしい、同意してほしい」という気持ちを表します。「〜じゃありませんか」も同じ意味で使われますが、改まった感じがするので、「〜じゃないですか」のほうがよく使われます。

Expresses sentiment of eliciting listener's confirmation or agreement rather than the speaker judging something alone. [*…ja arimasenka*] is also used with the same meaning but is more formal so [*…ja nai desuka*] is more often used.

不是自己单独判断，而带有"请对方确认、希望对方同意"的心情。与"〜じゃありませんか"所表达的意思相同，用于比较正式的场合。相对来说，"〜じゃないですか"更为常用。

A 確認 Confirmation 确认

1　Ⓐ あそこにいるのは田中さん**じゃない**ですか。

　　Ⓑ あ、ほんとだ。呼んでみましょう。

Ⓐ Isn't that Mr. Tanaka over there?
Ⓑ Oh, you're right. Let's flag him down.
Ⓐ 在那里的不是田中吗？
Ⓑ 啊，真的是，叫他一下吧。

2　Ⓐ そろそろ森さんたちが来る時間**じゃない？**

　　Ⓑ そうだね。じゃ、外まで迎えに行ってくるよ。

Ⓐ Isn't it about time for the Moris to show up?
Ⓑ Yes, it is. I'll go outside to meet them.
Ⓐ 是不是该他们快到了？
Ⓑ 是啊，那我去外面接他们吧。

3　Ⓐ それ、何かの間違い**じゃない？**

　　Ⓑ いえ、本当にそう書いてあったんです。

Ⓐ Isn't that some kind of mistake?
Ⓑ No, that's really what it said.
Ⓐ 那个，是不是有什么地方弄错了？
Ⓑ 不是，那个确实就是那么写的。

B 意見・評価 Opinions and Evaluations 意见・评价

4　Ⓐ これ、お得**じゃない？**

　　Ⓑ そうだね。買おうか。

Ⓐ Isn't this a bargain?
Ⓑ Yeah, it is. Shall we buy it?
Ⓐ 这个不是很划算吗？
Ⓑ 是啊，买吧。

5　Ⓐ 男の子が元気なのはいいこと**じゃない**ですか。

　　Ⓑ ええ。でも、全然勉強しないんですよ。

Ⓐ But shouldn't little boys have lots of energy?
Ⓑ Well, yes, but he doesn't study at all.
Ⓐ 男孩子有活力不是好事吗？
Ⓑ 是啊，但一点儿也不学习啊。

C 驚き・感心・不満 Surprise and Concern 惊奇・佩服

6　Ⓐ 昨日元気がなかった**じゃない**。どうしたの？

　　Ⓑ うん…試験の結果があまりよくなかったんだよ。

Ⓐ You seemed down yesterday. What was wrong?
Ⓑ Uhm, well you see, I didn't do very well on my test.
Ⓐ 昨天是不是没什么精神啊。怎么啦？
Ⓑ 嗯…考试的结果不是太好。

7　Ⓐ このレポート、よくできてる**じゃない**。

　　Ⓑ 実は青木さんにちょっと手伝ってもらったんだよ。

Ⓐ This report is very well done.
Ⓑ Actually, I had Ms. Aoki help me out a little, you see.
Ⓐ 这个报告写得不错嘛。
Ⓑ 实际上请青木帮了一下忙。

8　Ⓐ びっくりする**じゃない**！　急に大きな声出して！

　　Ⓑ ごめん。これが虫に見えちゃって…。

Ⓐ You scared me! Suddenly shouting like that!
Ⓑ Sorry. This thing looked like a bug.
Ⓐ 这不吓人一跳嘛！你突然尖叫！
Ⓑ 不好意思，我看成了虫子…。

☾MEMO　Ⓒでは「～じゃないの。」もよく使われる。相手に語りかける調子が少し強くなる。例最初からそうすればよかったじゃないの。

PART1　日本語会話の最重要文型8

PART2　日本語会話の基本文型80

主に動詞につくもの

主に名詞につくもの

主に形容詞につくもの

文の前につくもの

文の終わりにつくもの

会話をつなぐもの

こそあど

いろいろな形につくもの

56 無理なんじゃない？
（むり）（り）

muri-na-n-janai?

（無理なのではないですか）
（むり）

- -

～んじゃない？

don't you think ～ ?
不是～吗？

Ⓐ 一人で運ぶのは無理な**んじゃない**？　手伝うよ。
（ひとり）（はこ）（むり）（てつだ）

Ⓑ あ、でも、これ、そんなに重くないから大丈夫。
（おも）（だいじょうぶ）

Ⓐ Don't you think it's too much for you to try carrying that by yourself? I'll help you.

Ⓑ Oh, but it's not that heavy, so it's okay.

Ⓐ 你一个人搬有些太勉强了，我帮你吧。

Ⓑ 哦，不过这个不是很重，没关系的。

意味・使う場面

根拠のある判断について、「～だ」と**断定せず**、「～（な）んじゃない？」
（こんきょ）（はんだん）（だんてい）
と**相手の同意を求める**形です。「～じゃない？」と似ていますが、判
（あいて）（どうい）（もと）（かたち）（に）
断の根拠などを含む点で異なります。
（はん）（だん）（こんきょ）（ふく）（てん）（こと）

Seeks agreement from the listener by using 「～（な）んじゃない？」 rather than the definitive 「～だ」.
Used for judgments based on inconclusive evidence. Similar to 「～じゃない？」, but differs in the sense
that there is some basis for the judgment made.

对有根据的判断，并没有断定为 "～だ"，而是采用征求对方同意的形式 "～（な）んじゃない？" 与 "～じゃ
ない？" 比较相似，只是在含有判断根据之处有些不同。

基本パターン

（意見や未確認のことなど）
（いけん）（みかくにん）

[V]

[N、NA~~な~~]＋な ＋ **んじゃない？**

…Ⓐ 注意・確認　Ⓑ 意見・批判　Ⓒ 推測
（ちゅうい）（かくにん）（いけん）（ひはん）（すいそく）

ポイント

「一人で運ぶのは無理じゃないですか」に「**ん**」を入れて「無理なんじゃ
（ひとり）（はこ）（むり）
ないですか」と言うと、「重そうだから」「女性だから」というような
（い）（おも）（じょせい）
理由や**根拠**が含まれます。場面によっては、注意を促したり批判した
（りゆう）（こんきょ）（ふく）（ばめん）（ちゅうい）（うなが）（ひはん）
りする印象を与えます。
（いんしょう）（あた）

When 「ん」 is inserted into the above sentence, 「一人で運ぶのは無理じゃないですか」, the implication is
"because it looks heavy," or "because you are a woman." In some cases, the usage gives the impression of
urging caution or criticism.

"一人で運ぶのは無理じゃないですか" 这句话中加入 "ん" 变成 "無理なんじゃないですか" 的话，就含有 "重
そうだから（看起来挺重的）"、"女性だから（因为你是女性）" 这样的理由或根据。在某些场合，还有促使别
人注意或批判的印象。

A 注意・確認 Warnings, Confirmation 注意、确认

1 Ⓐ そろそろお客さんが来る時間な**んじゃない？**

Ⓑ あ、うっかりしてた。準備しないと。

Ⓐ Don't you think it's about time for the guests to arrive?
Ⓑ Oh, I completely forgot. I've got to get ready.
Ⓐ 客人是不是快来了？
Ⓑ 啊，我都忘了，要赶紧准备了。

2 Ⓐ そのこと、彼女は知らない**んじゃない？**

Ⓑ あ、そうかもしれないね。確認してみるよ。

Ⓐ Don't you think she doesn't know about that?
Ⓑ Oh, perhaps she doesn't. I'll check on that.
Ⓐ 那件事情，她是不是不知道啊？
Ⓑ 啊，可能不知道，确认一下吧。

3 Ⓐ これ、腐ってる**んじゃない？**

Ⓑ ほんとだ。変なにおいがする。

Ⓐ Don't you think this is spoiled?
Ⓑ You're right. It smells funny.
Ⓐ 这个是不是腐烂了？
Ⓑ 真的是啊，有股怪味。

B 意見・批判 Opinion, Criticisms 意见、批判

4 Ⓐ ポスターは３枚ぐらいで十分な**んじゃない**ですか。

Ⓑ ああ、５枚は多かったですね。

Ⓐ Don't you think that three copies of the poster would have been sufficient?
Ⓑ Oh, I guess five copies are too many.
Ⓐ 画报有三张不就足够了吗？
Ⓑ 啊，五张太多了点儿。

5 Ⓐ これ、安すぎる**んじゃない？**

Ⓑ うん。売れないんだよ、きっと。

Ⓐ Don't you think this is too cheap?
Ⓑ Yeah. It won't sell. I'm sure of it.
Ⓐ 这个是不是太便宜了？
Ⓑ 嗯，一定卖不出去啊。

C 推測 Conjecture 推测

6 Ⓐ 熱がある**んじゃない？** 顔が赤いよ。

Ⓑ うん…。体がちょっとだるい。

Ⓐ Don't you think you have a fever? Your face is all red.
Ⓑ Yeah. I feel kind of weak.
Ⓐ 是不是发烧了？脸那么红。
Ⓑ 嗯…。身体发软。

7 Ⓐ 昨日の様子だと、彼女は今日、来ない**んじゃない？**

Ⓑ 調子悪そうだったからね。

Ⓐ Judging by how she looked yesterday, don't you think she won't come today?
Ⓑ Yeah, she did look like she wasn't feeling well, didn't she.
Ⓐ 照昨天的样子来看，她今天不会来了吧？
Ⓑ 看来身体状况不太好啊。

8 Ⓐ 田中君は？

Ⓑ もう帰った**んじゃない**かなあ？ずっと見てないよ。

Ⓐ Where's Tanaka?
Ⓑ He probably already went home, don't you think? I haven't seen him in a while.
Ⓐ 田中呢？
Ⓑ 是不是已经回去了？一直没看到他。

PART1 日本語会話の最重要文型 8

PART2 日本語会話の基本文型 80

主に動詞につくもの

主に名詞につくもの

主に形容詞につくもの

文の前につくもの

文の終わりにつくもの

会話をつなぐもの

こそあど

いろいろな形につくもの

会話練習

57 遅れてるみたい

おく

okurete-ru-mitai

（遅れているみたいです）
おく

～みたい

appears ～
好像～

Ⓐ ねえ、電車、遅れてる**みたい**。
でんしゃ　　おく

Ⓑ うそ！　困ったなあ。間に合わないよ。
こま　　　　　ま　あ

Ⓐ You know, the train seems to be late.
Ⓑ You're kidding! What are we going to do? There's no way we can make it in time.

Ⓐ 喂、电车好像要晚点。
Ⓑ 不会吧！真糟糕！要来不及了！

意味・
使う場面

文の後に付けて推量を表します。「～ようだ」と意味はほぼ同じですが、
ぶん　あと　つ　　　すいりょう　あらわ　　　　　　　　　　　　　　　　　い　み

「～みたい」はより会話的な表現で、くだけた言い方です。推量の形
かいわてき　ひょうげん　　　　　　　　い　かた　　すいりょう　かたち

で意見を控えめに言いたいときに使う場合もあります。
いけん　ひか　　い　　　　　　　　　つか　ば　あい

Appended to the end of a sentence, 「～みたい」 expresses conjecture. 「～ようだ」 has nearly the same meaning, but 「～みたい」 is the more conversational expression and is thus informal. It is sometimes used to reservedly express a personal opinion as a conjecture.

附加在句子后面表示推测。与"～ようだ"的意思大致相同，"～みたい"是更为口语式的表达方式，语气比较随便。有时候也用于想用推量的形式来表达委婉意见的场合。

基本
パターン

［文］＋ **みたい**
ぶん

Ⓐ 推量する guess 猜
すいりょう

Ⓑ 意見を控えめに言う Reservedly Giving an Opinion
いけん　ひか　　い　委婉陈述意见

ポイント

「よく似ている」という意味の「チーズみたいな食べ物」という場合
に　　　　　　　　い　み　　　　　　　　　　た　もの　　　　　ば　あい

の使い方と違い、文の最後に付き、いつも「～みたい（だ）。」で終わ
つか　かた　ちが　ぶん　さいご　つ　　　　　　　　　　　　　　　　お

ります。話し方を丁寧にするときは「～です」を付けます。
はな　かた　ていねい　　　　　　　　　　　　　　つ

Unlike the usage of "looks similar," as in "a food that looks like cheese," this expression is appended to the end of the sentence, always ending as 「～みたい（だ）」. To make the expression more polite, add 「～です」 rather than 「だ」.

与含有"比较相似"的意思的"像奶酪一样的食物"这种表达方式不同，此用法接在句子最后，以"～みたい（だ）"。礼貌表达的时候，用"～です"结句。

A **推量する** Making a Conjecture　推測

1 Ⓐ この店は安い**みたい**だよ。
　　Ⓑ へえ。じゃ、そこに行ってみようか。

　Ⓐ This store seems to be inexpensive, you know.
　Ⓑ Oh? Then, you want to go there?
　Ⓐ 这家店好像挺便宜的。
　Ⓑ 是吗。那就去这家吧。

2 Ⓐ ごはんがちょっと硬いね。
　　Ⓑ ごめん。水が少なかった**みたい**。

　Ⓐ This rice is a little hard, isn't it.
　Ⓑ Sorry about that. It seems there wasn't enough water in it.
　Ⓐ 米饭有些硬啊。
　Ⓑ 对不起，水好像放少了。

3 Ⓐ けがした人、* 助かった**みたい**。
　　Ⓑ そう。よかったね。

　Ⓐ Looks like the person who got hurt has been saved.
　Ⓑ Really? That's good.
　Ⓐ 受伤的人，好像得救了。
　Ⓑ 是吧，太好了。

4 Ⓐ ねえねえ、店長、どんな様子だった？
　　Ⓑ ちょっと怒ってる**みたい**でした。

　Ⓐ Well, well? How was the store manager?
　Ⓑ He seemed a little upset.
　Ⓐ 喂，店长什么表情？
　Ⓑ 好像生气了。

5 Ⓐ 何か運動しようかな。最近、ちょっと太った**みたい**なんだ。
　　Ⓑ じゃ、ジョギングがいいよ。

　Ⓐ I wonder if I should do some sort of exercise. I seem to have gotten kind of fat recently.
　Ⓑ Well, jogging would be good, you know.
　Ⓐ 做点什么运动好呢？最近好像有点儿胖了。
　Ⓑ 那慢跑挺好的。

B **意見を控えめに言う** Reservedly Giving an Opinion　委婉陈述意见

6 Ⓐ このシャツ、私にはちょっと大きい**みたい**。
　　Ⓑ ああ…確かにちょっと大きいね。

　Ⓐ This shirt seems a little too big for me.
　Ⓑ Ah, yes, it definitely is a little big, isn't it.
　Ⓐ 这件衬衫我穿起来好像有些大了。
　Ⓑ 啊，…确实有些大啊。

7 Ⓐ みんな待ってるから、すぐ行ったほうがいい**みたい**。
　　Ⓑ そうか。じゃ、急ごう。

　Ⓐ Everyone's waiting, so it seems like it would be best to go right away.
　Ⓑ Oh, OK. Then let's rush.l
　Ⓐ 大家都在等，还是赶紧去好。
　Ⓑ 是吧，那赶紧去吧。

PART1
日本語会話の最重要文型 8

PART2
日本語会話の基本文型 80

主に動詞につくもの

主に名詞につくもの

主に形容詞につくもの

文の前につくもの

文の終わりにつくもの

会話をつなぐもの

こそあど

いろいろな形につくもの

⌒MEMO
3 助かる：「助ける」の自動詞の形。「助けられる」と同じ意味。

58 きっとできると思う

kitto dekiru-to omou

（きっとできると思います）

• •

〜と思う　　　　　　　　　I think 〜
　　　　　　　　　　　　　我认为〜

Ⓐ 彼ならきっとできる**と思う**。

Ⓑ そうだね。じゃ、やってもらおうか。

Ⓐ I'm sure he can do it.　　　　　　　Ⓐ 如果是他的话，我想一定没问题。
Ⓑ That's probably true. Then shall we have him give it a go?　　Ⓑ 是啊，那就请他做吧。

意味・
使う場面
　自分の意見をはっきり言うときの表現です。前に来る文末の形はさまざまです。「〜か」や「〜かな」「〜んじゃないか」などに続く場合は、疑問や控えめな気持ちを少し含みます。

Expression for clearly stating one's opinion. Many sentence ending patterns come before the expression. When preceded by「〜か」,「〜かな」, or「〜んじゃないか」a slight nuance of doubt or restraint is included.

这种表达方式能清楚明白地表达自己的意见。前面可以接各种各样的句末形式。接在"〜か"、"〜かな"、"〜んじゃないか"后面的时候，稍微含有疑问和含蓄的语气。

基本
パターン

［文など］＋**と思う**

「と思う」の前に来る形	例：V う／V る／V た／V ない／A（た／ない）／Na（た／ない） ／〜か／〜かな／〜（ん）じゃないか／〜だ／〜できる／〜 だろう／〜たほうがいい／〜なければならない／〜べき（だ）

ポイント
　現在の自分の意見を言うには「**〜と思う**」が基本の形で、「**〜と思っている**」は時間的に長い間の考えに使います。「〜と思う」は常に話し手の意見を表すので、「私は」は言う必要がありません。言うと強調になります。「彼」や「彼女」などについては、「（彼は）思う」と言わず、「**思っている（ようだ）**」などと言います。

The basic pattern for expressing one's current opinion is「〜と思う」. For an opinion developed over a long period of time use「〜と思っている」.「〜と思う」is always used to give the speaker's own opinion so it is not necessary to use "I." If the nominative case is used, the opinion is being emphasized. This is not used to state other's opinions; instead,「〜思っている」and「思っているようだ」are used.

叙述自己现在的意见时，一般用"〜と思う"这样的基本形式。"〜と思っている"用于时间比较长的时候。"〜と思う"经常都表示说话者的意见，此时就没必要再说"私は"了。如果要说，就表示强调。"思う"一般不和"彼"和"彼女"连用，而"思っている、思っているようだ"却可以用。

1　Ａ その色、いいね。すごく似合ってる**と思う**。

　　Ｂ ほんと？　じゃ、これにしようかな。

　Ａ That's a great color. I think it really looks good on you.
　Ｂ Really? Then maybe I'll get it.
　Ａ 这颜色不错。我认为很适合你。
　Ｂ 真的？那就这个吧。

2　Ａ この本、小学生にはちょっと難しすぎる**と思う**。

　　Ｂ あ、そう…。面白いんだけどなあ。

　Ａ I think this book would be a little too difficult for elementary school kids.
　Ｂ Oh? But it is interesting.
　Ａ 我觉得这本书对于小学生来说有些难。
　Ｂ 啊，是吗…。其实书还是挺有意思的。

3　Ａ これ、かなり＊反対が出そうだ**と思わない**？

　　Ｂ うーん、そうかもね。

　Ａ Don't you think there will be a lot of opposition to this?
　Ｂ Yeah, maybe so.
　Ａ 这个，你不认为会有很多反对意见吗？
　Ｂ 嗯、可能会。

4　Ａ 給料をもらったら、母に何か送ろう**と思ってます**。

　　Ｂ そう。お母さん、きっと喜ぶよ。

　Ａ When I get paid, I'm thinking of sending something to my mother.
　Ｂ Oh. I'm sure your mother will be very happy.
　Ａ 要是拿到工资，我就想送点什么给母亲。
　Ｂ 是吗，你母亲一定很高兴啊。

5　Ａ 彼、本当はこの仕事、やりたくないんだ**と思う**。

　　Ｂ どうしてそう思うの？

　Ａ I think he actually doesn't want to do this job.
　Ｂ Why do you think so?
　Ａ 我觉得他好像不想做这个工作。
　Ｂ どうしてそう思うの？【中国語翻訳なし】

6　Ａ この数字、間違ってるんじゃないか**と思います**けど。

　　Ｂ ほんと？　わかった。確認するよ。

　Ａ I think these numbers are off.
　Ｂ Really? OK. I'll check them.
　Ａ 这个数字，我觉得是不是错了啊。
　Ｂ 真的？行，我确认一下。

7　Ａ 髪を短くしようか**と思う**んだけど、どうかなあ？

　　Ｂ いいんじゃない。

　Ａ I'm thinking of getting my hair cut short. What do you think?
　Ｂ Why not?
　Ａ 我想把头发剪短，怎么样？
　Ｂ 可以啊。

8　Ａ 新しい部屋はどう？

　　Ｂ 最初は駅からちょっと遠いかな**と思った**んだけど、だんだん慣れたよ。

　Ａ How's the new place?
　Ｂ At first I felt that it was kind of far from the station, but I've gradually gotten used to it.
　Ａ 新房子怎么样？
　Ｂ 开始觉得离车站有些远了，但后来慢慢习惯了。

🔖**MEMO**

　3 反対：反対の意見。

59 いつだっけ？

itsu-da-kke?
（いつでしたか）

・・

〜っけ

just who? 〜 /just where? 〜
是不是〜〜来着

Ⓐ 次の試合、いつだ**っけ？**

Ⓑ 確か来月の第二土曜日じゃない？

Ⓐ Just when is the next game?
Ⓑ I'm pretty sure it's on the second Saturday of next month, isn't it?

Ⓐ 下一次比赛是什么时候来着？
Ⓑ 大概是下个月的第二个星期六吧。

意味・
使う場面

前に知っていたことについて思い出そうとしたり、確認したりするときの表現です。記憶がはっきりしないときに使います。

Expression used when recalling or verifying something known before. Used when the speaker doesn't remember something clearly.

表达想起或确认以前已经知道的事情。用于记得不太清楚的时候。

基本
パターン

［文の終わり］ ＋ { **っけ** ・・・・・・Ⓐ 現在形
たっけ ・・・・・・Ⓑ 過去形

ポイント

人の名前を忘れたときなど、「あの人、誰だ**っけ？**」と言いますが、知っていた時のことを思い出そうとする気持ちで「誰だっ**たっけ？**」と過去形を使うこともあります。

When the speaker forgets a person's name, he says: "*Ano hito daredakke* (Who is that person?)" Sometimes used in the past tense as in "*Dare dattakke*?（Just who was that person?）" to express the feeling of trying to remember something known before.

忘记别人名字的时候，会说 "あの人、誰だっけ？（那个人是谁来着？）"，想起以前的事情时，有时候也会用 "誰だったっけ？（是谁来着？）"这样的过去时。

PART1
日本語会話の最重要文型 8

PART2
日本語会話の基本文型 80

主に動詞につくもの

主に名詞につくもの

主に形容詞につくもの

文の前につくもの

文の終わりにつくもの

会話をつなぐもの

こそあと

いろいろな形につくもの

A ～っけ（現在形 present tense 现在时）

1
Ⓐ これ、森さんのかさだ<u>っけ</u>？
Ⓑ いえ、こっちが私のです。

Ⓐ Is this your umbrella, Mori-san?
Ⓑ No, this one's mine.
Ⓐ 这是不是小森的伞来着？
Ⓑ 不是，这是我的。

2
Ⓐ あの店、今日は休みだ<u>っけ</u>？
Ⓑ いや、休みは月曜だよ。

Ⓐ Is that store closed today?
Ⓑ No, it's closed on Mondays.
Ⓐ 那个店今天休息来着？
Ⓑ 不，休息日是星期一啊。

3
Ⓐ 入場料、いくらだ<u>っけ</u>？
Ⓑ あ、聞くの忘れた。

Ⓐ Just how much is the entrance fee?
Ⓑ Oh, I forgot to ask.
Ⓐ 门票是多少钱来着？
Ⓑ 啊，忘记问了。

4
Ⓐ この駅は急行は止まるんだ<u>っけ</u>？
Ⓑ 確かそうだよ。

Ⓐ Now does the express stop at this station?
Ⓑ I'm sure it does.
Ⓐ 快车在这个车站要停的吧？
Ⓑ 应该要停。

B ～たっけ（過去形 past tense 过去时）

5
Ⓐ さっきあいさつした人、誰だっ<u>たっけ</u>？
Ⓑ え？ 知らないであいさつしたの？

Ⓐ Just who was that person who just came up and said hello?
Ⓑ What? You said hello to someone you don't even know?
Ⓐ 刚才我打招呼的人是谁来着？
Ⓑ 呃？ 不认识就打招呼啊？

6
Ⓐ あのう、3号館はどっちでし<u>たっけ</u>？
Ⓑ そこを右に曲がってすぐの白い建物です。

Ⓐ Uhm, just where was Building Number 3?
Ⓑ Turn right there; it's the white building you see right away.
Ⓐ 请问，3号馆在哪里来着？
Ⓑ 在那里往右转看到的白色建筑物就是。

7
Ⓐ 前に借りてたお金、もう返し<u>たっけ</u>？
Ⓑ ああ、チケット代ね。返してもらったよ。

Ⓐ Did I return the money I borrowed the other day?
Ⓑ Oh, you mean for ticket fare? Yeah, I had you return it.
Ⓐ 以前借的钱已经还了？
Ⓑ 哦，票钱啊，已经还了啊。

8
Ⓐ すみません、研修の受付はここでし<u>たっけ</u>？
Ⓑ いえ、となりのテーブルです。

Ⓐ Excuse me. Was this the reception desk for the training?
Ⓑ No. That's at the next table.
Ⓐ 对不起，请问研修报名是在这里吗？
Ⓑ 不，是旁边的桌子。

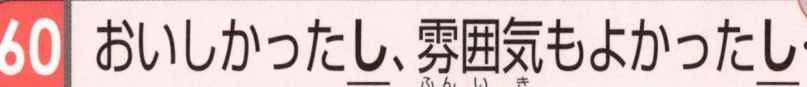

60 おいしかった**し**、雰囲気もよかった**し**…

oishikatta-shi, funiki-mo yokatta-shi…

（おいしかったです。また、雰囲気もよかったです）

・・・・・・・・・・・・・・・・・・・・・・・・・・・・・・・・・・・・・

〜**し**〜**し**／〜**し**　and 〜 and/and all
又〜、又（也）〜 / 又、也〜

Ⓐ おいしかった**し**、雰囲気もよかった**し**、いいお店だったね。

Ⓑ うん。また来ようよ。

Ⓐ The food was delicious, and the ambience great— it was a good restaurant.
Ⓑ Yeah. Let's come back again.

Ⓐ 味道好、气氛也好，这家店真不错！
Ⓑ 嗯，我们下次还来。

意味・使う場面　とても会話的な表現です。**理由や判断材料になるものを二つ並べて**結論を強調します（Ⓐ Ⓑ）。それが基本の形ですが、**一つだけ述べてほかにもあることを暗示する**形もよく使われます（Ⓒ）。また、結論を言った後で「〜し。」を付け加えることもあります（Ⓓ）。

A very conversational expresion. Lists up two reasons and evaluation criteria to emphasize conclusion（Ⓐ Ⓑ）. That is the basic form, but the pattern often includes only one reason and implies the other（Ⓒ）.Also can append「〜し。」after stating conclusion（Ⓓ）.

□语式的表达方式。将理由和判断材料作为并列事项，强调结论（Ⓐ Ⓑ），这是其基本形式。也有只叙述一种情况，暗示还存在其它情况的场合（Ⓒ）。此外，说出结论后，有时候会添加上"〜し。"的形式（Ⓓ）。

基本パターン		
［例1］**し** ＋ ［例2］**し**	……Ⓐ	二つの例
［理由1］**し** ＋ ［理由2］**し**	……Ⓑ	二つの理由
［例］**し**	……Ⓒ	一つの例・理由
［理由］**し**	……Ⓓ	後から理由

ポイント　結論を言わなくても相手に理解される場合は、「〜し。」で終わることもあります。実際の会話ではかなり自由に使われ、論理的なつながりを持たない場合も多いです。

Sometimes sentences end with「〜 し。」if the listener understands the unstated conclusion. Is used quite loosely in conversation; in many cases there is no logical connection.

即使不说出结论，对方也能够理解的时候，用"〜し。"来结句。在实际会话中经常自由使用，句子之间不一定每次都有逻辑性的联系。

A **二つの例** Two Examples 个事例

1 Ⓐ 寝坊して遅刻はする**し**、さいふは * 落と
す**し**、今日は * ついてないなあ。

　Ⓑ ま、そういう日もあるよ。

> Ⓐ I overslept and ended up late; I dropped
> my wallet--this is just not my day.
> Ⓑ Well, sometimes there are days like that.
> Ⓐ 因为睡懒觉迟到了，而且钱包又掉了，今天
> 真是不顺啊。
> Ⓑ 嗯，有时候会有这样的事。

2 Ⓐ 発表はうまくいった**し**、先生もほめてく
れた**し**、ほっとしたよ。

　Ⓑ へー、よかったじゃない。

> Ⓐ My presentation went well; I was praised
> by the teacher--I'm relieved!
> Ⓑ Oh? That's great.
> Ⓐ 发表顺利，老师还表扬了我，这次放心了。
> Ⓑ 哦，那不是挺好的。

B **二つの理由** Two Reasons 两种理由

3 Ⓐ 駅から近い**し**、部屋は広い**し**、ここにし
たら？

　Ⓑ うん…。でも、家賃は高いよ。

> Ⓐ It's close to the station; the rooms are
> spacious--why don't you go for this one?
> Ⓑ Yeah, but the rent is high, you know.
> Ⓐ 离车站又近，房间也宽敞，就选这里怎么样？
> Ⓑ 嗯…。但是，房租太贵。

4 Ⓐ 講義は面白い**し**、厳しくない**し**、あの先
生、好きだな。

　Ⓑ そう言ってる学生、多いよね。

> Ⓐ I like that professor--the lectures are in-
> teresting and she's not too strict.
> Ⓑ A lot of students say that.
> Ⓐ 上课有趣，又不严厉，真喜欢那个老师啊。
> Ⓑ 很多学生都这么说。

C **一つの例・理由** One Example or Reason 一个例子・理由

5 Ⓐ この地図、わかりにくい。

　Ⓑ そうだね。字も小さい**し**。

> Ⓐ This map is hard to understand.
> Ⓑ Yeah, and the print is small, too.
> Ⓐ 这张地图真难看懂。
> Ⓑ 是啊，字又小。

6 Ⓐ 荷物重い**し**、疲れたよ。ちょっと休まない？

　Ⓑ さっき休んだばかりじゃない。

> Ⓐ The bags are heavy and I'm tired. Can't
> we rest for a minute?
> Ⓑ But we just took a break a few minutes ago!
> Ⓐ 行李好重，有些累了。不休息一下吗？
> Ⓑ 刚才不是才休息过吗？

D **後から理由** Reason Comes at the End 理由在后面

7 Ⓐ 司会は石川さんがいいよ。この前もうま
くやった**し**。

　Ⓑ そうだね。じゃ、彼女に頼もう。

> Ⓐ Ms.Ishikawa would be good as the MC.
> She did a great job last time and all.
> Ⓑ That's true. Well, let's ask her to do it.
> Ⓐ 主持的话让石川做比较好。她之前也主
> 持得不错。
> Ⓑ 是的，那就拜托她吧。

🎧MEMO **1**（物を）落とす：なくす。⊛lose
　　　1 ついて（い）ない：運が悪い。⊛unlucky　※反対は「ついて（い）る」。

PART1 日本語会話の最重要文型 8

PART2 日本語会話の基本文型 80

主に動詞につくもの

主に名詞につくもの

主に形容詞につくもの

文の前につくもの

文の終わりにつくもの

会話をつなぐもの

こそあど

いろいろな形につくもの

61 ちょっと聞きたいんだ**けど**

chotto kikitai-n-da-kedo

（ちょっと聞きたいんです。よろしいですか）

～が／～けど（婉曲）　　excuse me, but... (Circumlocution)
表示委婉的说法

Ⓐ ねえ、ちょっと聞きたいんだ**けど**。

Ⓑ うん、何？

Ⓐ Look, I have something I want to ask.
Ⓑ Yeah? What is it?

Ⓐ 那个，我想问点儿事。
Ⓑ 嗯，什么事呢？

意味・使う場面　人に質問したり助けを求めたりするときに、**遠慮の気持ちを表す**ため、文の最後に加えます。

Appended to the end of sentences to express a feeling of reserve when asking questions or soliciting help.

询问别人或者寻求帮助之时，表示客气的语气，加在句末。

基本パターン　（あのう／すみません）／（ちょっと）＋[文]＋**が／けど**

　　Ⓐ（正しい）答えを求める

　　Ⓑ対応を求める

ポイント　質問や要求をそのまま伝えると、「（そのことを）当然のことだ」と考えている印象を相手に与えます。「～が」「～けど」は、それを避け、遠慮の気持ちを表すことができます。

If questions or requests are conveyed directly, gives listener the impression that the speaker is taking things for granted. The use of「～が」or「～けど」can avoid that impression and express polite reserve.

如果直接向别人提问或者提出要求，会给别人一种"那是理所当然的事情"的印象。"～が"、"～けど"就是避免这种印象而表达一种客气的语气。

A （正しい）答えを求める　Questions　提问

1　Ⓐ すみません、明日の会議のことで聞きたいんです**が**。

　　Ⓑ はい、どんなことですか。

　　Ⓐ Excuse me. I'd like to ask something about tomorrow's meeting.
　　Ⓑ Yes? What did you want to know?
　　Ⓐ 不好意思，我想问问关于明天会议的事。
　　Ⓑ 嗯，什么事情呢？

2　Ⓐ すみません、この本を探しているんです**が**。

　　Ⓑ ああ、それでしたら、あの棚です。

　　Ⓐ Excuse me. I'm looking for this book here.
　　Ⓑ Oh, if it's that one you want, it's on that shelf.
　　Ⓐ 不好意思，我想找这本书。
　　Ⓑ 啊，那本书的话，在那里架子上。

3　Ⓐ このペンケースの白がいいんです**が**、ありますか。

　　Ⓑ はい、ございます。

　　Ⓐ A white one in this pen case would be nice. Do you have any?
　　Ⓑ Yes, we do.
　　Ⓐ 这个笔盒白色的挺不错，有吗？
　　Ⓑ 有的。

4　Ⓐ すみません、ここに書いてある会場に行きたいんです**が**。

　　Ⓑ ああ、あの茶色い建物です。

　　Ⓐ Excuse me. I would like to go to the venue that is written up here.
　　Ⓑ Oh, it's in that brown building.
　　Ⓐ 不好意思，我想去上面写的这个会场。
　　Ⓑ 哦，是那个茶色的建筑物。

B 対応を求める　Requests and Lodging of Complaints　要求・投诉

5　Ⓐ あのう、ちょっと相談なんです**が**。

　　Ⓑ 何でしょう？

　　Ⓐ Uhm, I would like to have a discussion with you about something.
　　Ⓑ What is it?
　　Ⓐ 对不起，有事情想商量一下。
　　Ⓑ 什么事呢？

6　Ⓐ すみません、ここがちょっとわからないんです**が**。

　　Ⓑ ああ、ここ。いま説明します。

　　Ⓐ Excuse me. I don't quite understand this section.
　　Ⓑ Oh, this part. I'll explain it immediately.
　　Ⓐ 不好意思，这里有些不太明白。
　　Ⓑ 哦，这里啊，现在我说明一下。

7　Ⓐ すみません、エアコンがちょっと寒いんです**が**。

　　Ⓑ じゃ、ちょっと温度上げますね。

　　Ⓐ Excuse me. The air conditioning is a little too cold.
　　Ⓑ Then why don't you turn up the thermostat?
　　Ⓐ 不好意思，空调太凉了。
　　Ⓑ 那我把温度调高一点儿吧。

PART1　日本語会話の最重要文型 8

PART2　日本語会話の基本文型 80

主に動詞につくもの

主に名詞につくもの

主に形容詞につくもの

文の前につくもの

文の終わりにつくもの

会話をつなぐもの

こそあど

いろいろな形につくもの

62 コンビニに行くけど…

konbini-ni iku-kedo…

（コンビニに行きますけど…）

● ●

〜が／〜けど（単純接続）　　　simple conjunciton
表示单纯的接续

Ⓐ コンビニに行く**けど**、何か欲しいものある？

Ⓑ じゃ、お茶をお願い。

Ⓐ I'm going to the convenience store; is there anything you want?　Ⓐ 我要去便利店，有什么想要的吗？
Ⓑ In that case, could you buy me some tea?　Ⓑ 给我买瓶茶吧。

意味・
使う場面 相手に聞きたいことや伝えたいことを言う前に、**今の状況を軽く示す**ための表現です。

Casually indicates the current situation before saying what the speaker wants to convey or wants the listener to hear.

询问对方或向对方传达某事之前，轻松地表示现在状况的说法。

基本
パターン　　［文（状況など）］ ＋ **が／けど** ＋ ［文（質問・意見など）］

ポイント　この「Ａですが／だけどＢ」の場合、逆接ではないので、Ａ・Ｂは対立しません。論理的な関係でもなく、**話の流れの中で単純につないだ**ものです。

The forms「Ａですが／だけどＢ」are not adversative so A and B do not stand in opposition to each other. There is no logical relationship; the two clauses are linked simply in the flow of conversation.

"Ａですが／だけどＢ"虽然不是逆接，但Ａ・Ｂ也不对立。并非有逻辑关系，而是在谈话过程中，单纯接在句子后面。

PART1　日本語会話の最重要文型 8

PART2　日本語会話の基本文型 80

主に動詞につくもの

主に名詞につくもの

主に形容詞につくもの

文の前につくもの

文の終わりにつくもの

会話をつなぐもの

こそあど

いろいろな形につくもの

A ～が

1 Ⓐ コピー、終わったんです**が**、どこに置いたらいいですか。

　　Ⓑ じゃ、そこのテーブルに置いてください。

　　Ⓐ I finished the copying; where should I put them?
　　Ⓑ Oh, please put them on that table.
　　Ⓐ 复印好了，放哪里呢？
　　Ⓑ 那就放那张桌子上吧。

2 Ⓐ 前から気になってたんです**が**、あそこは人が住んでるんですか。

　　Ⓑ ああ、あそこか。わかんないなあ。

　　Ⓐ This has been bothering me for a while, but does anyone live there?
　　Ⓑ Oh, over there? I don't know.
　　Ⓐ 之前就挺在意的，那里住着人吗？
　　Ⓑ 啊，那里呀，不知道。

3 Ⓐ これから伺いたいと思います**が**、よろしいですか。

　　Ⓑ ああ、いいですよ。

　　Ⓐ I'm thinking of going to see you shortly; would that be all right with you?
　　Ⓑ Oh, that's fine.
　　Ⓐ 我现在想问一下，可以吗？
　　Ⓑ 啊，可以啊。

4 Ⓐ これは聞いた話なんです**が**、彼女、もうすぐ会社をやめるそうです。

　　Ⓑ えーっ、ほんとですか。

　　Ⓐ This is something I heard, but they say she is going to quit the company soon.
　　Ⓑ What? Is that right?
　　Ⓐ 这是听说的事情，听说她马上就要辞掉工作了。
　　Ⓑ 诶，真的吗？

B ～けど

5 Ⓐ ちょっと考えたんだ**けど**、バスで行くのはどう？

　　Ⓑ 節約できて、いいかもね。

　　Ⓐ I've been thinking; how about going by bus?
　　Ⓑ That's economical, and might be a good idea.
　　Ⓐ 我想了一下，我们坐公交车去怎么样？
　　Ⓑ 可以省钱，挺好的啊。

6 Ⓐ これ、読んだ**けど**、あんまり面白くなかった。

　　Ⓑ あ、そう。

　　Ⓐ I read this; it wasn't very interesting.
　　Ⓑ Oh? Really?
　　Ⓐ 这个已经读了，不太有意思。
　　Ⓑ 啊，是吗？

7 Ⓐ さっき田中さんから聞いたんだ**けど**、熱があるんだって？

　　Ⓑ うん、ちょっと…。

　　Ⓐ I heard this a little while ago from Ms. Tanaka, but do you have a fever?
　　Ⓑ Yes, I do.
　　Ⓐ 刚才听田中说你发烧了？
　　Ⓑ 是的。

8 Ⓐ このクッキー、さくらさんが作ったの？

　　Ⓑ そう。初めて作ったんだ**けど**、難しくて。

　　Ⓐ Did you make these cookies, Sakura?
　　Ⓑ Yes. It was my first time to make them, and it was hard.
　　Ⓐ 这个饼干，是小樱你做的吗？
　　Ⓑ 是的，第一次做，挺难的。

63 もう用意できてるから

moo yooi dekiteru-kara

（もう用意ができていますから）

〜ので／〜から

so/therefore
因为〜

Ⓐ 適当に食べ始めて。もう用意できてる**から**。

Ⓑ はーい。

Ⓐ Go ahead and start eating any time. It's all ready.
Ⓑ All right.

Ⓐ 可以开始吃了，已经准备好了。
Ⓑ 好的。

意味・使う場面

理由を述べて相手の理解を得ようとするとき、**理由の後に「ので」「から」などを付けて文を終わる**ことがあります。**Ⓐ 結論を先に言う**場合と、**Ⓑ 結論を省略したりはっきり言わなかったりする**場合があります。

Sometimes when explaining reasons to obtain the understanding of the listener, 「ので」 or 「から」 are appended after the reason given at the end of the sentence. There are cases when the conclusion is given first (A), and when the conclusion is omitted or not clearly stated (B).

叙述里有，希望得到对方理解，有时候会在理由的后面加上"ので"、"から"来结句。Ⓐ 先说结论的场合、Ⓑ 省略结论或者说得不太清楚的场合。

基本パターン

[文] ＋ **ので／から。**

{ ・・・Ⓐ **結論を先に言う**
{ ・・・Ⓑ **結論を省略する・はっきり言わない**

※ Ｂは誘いを断るときに多いパターン。

例用事があるので／急いでるので／忙しいので／今、お金がないので

ポイント

Ⓐは単純に語順の問題です。**Ⓑ**は**遠慮の気持ち**を表し、誘いや依頼を断る場面など、結論が否定的なときに多いパターンです。

A is a simple issue of word order. B expresses a feeling of reserve and is often used when declining an invitation or request, or negating a conclusion.

Ⓐ 是单纯的语言顺序问题。Ⓑ 是表示客气的语气，多用于拒绝邀请或委托的场面，结论多为否定形式。

A **結論を先に言う** A Stating the Conclusion First　先说结论

1 Ⓐ 頭が痛いんだって？
Ⓑ あ、大丈夫です。薬を飲みました**ので**。

Ⓐ Did you say you have a headache?
Ⓑ Oh, I'm all right. I took some medicine.
Ⓐ 说你头疼？
Ⓑ 啊，没关系。已经吃药了。

2 Ⓐ この店はやめとこう。ちょっと高い**から**。
Ⓑ そうだね。

Ⓐ Let's not bother with this restaurant. It's a little too expensive.
Ⓑ Yeah, okay.
Ⓐ 别去这家店了，有些贵。
Ⓑ 好的。

3 Ⓐ 連休はどこかに行った？
Ⓑ 箱根に行きました。温泉旅館に泊まってみたかった**ので**。

Ⓐ Did you go somewhere over the extended break?
Ⓑ I went to Hakone. I had wanted to stay at a Japanese hot springs inn.
Ⓐ 连休去哪里玩了吗？
Ⓑ 去箱根了，因为想住温泉旅馆。

4 Ⓐ 森さんはカラオケ、行くの？
Ⓑ 今日はやめとく。ちょっと疲れてる**から**。

Ⓐ Ms. Mori, are you going to karaoke?
Ⓑ Not today. I'm a little tired.
Ⓐ 小森去唱卡拉 ok 吗？
Ⓑ 今天就不去了，有点儿累了。

5 Ⓐ 一人で大丈夫かなあ、彼女。
Ⓑ 大丈夫だよ。子供じゃないんだ**から**。

Ⓐ I hope she's okay all by herself.
Ⓑ She'll be fine. She's not a child, you know.
Ⓐ 她一个人不要紧吧？
Ⓑ 不要紧，已经不是孩子了。

B **結論を省略する・はっきり言わない** Expressing Feelings of Reserve　表达客气的心情

6 Ⓐ 田中さん、お昼、食べに行きませんか。
Ⓑ すみません、今日はちょっと時間がない**ので**。

Ⓐ Mr. Tanaka, how about going out to lunch with me?
Ⓑ I'm sorry. I don't have much time today.
Ⓐ 田中，不去吃午饭吗？
Ⓑ 不好意思，今天没时间。

7 Ⓐ さくらさんもワイン、飲みます？
Ⓑ ああ、私はお酒、飲めない**ので**。

Ⓐ Sakura, do you want to drink some wine, too?
Ⓑ Oh, no I can't drink alcohol.
Ⓐ 小樱也不喝葡萄酒吗？
Ⓑ 啊，我不会喝酒。

8 Ⓐ じゃ、私はそろそろ…。明日、朝早い**から**。
Ⓑ そうなんだ。じゃ、気をつけて。

Ⓐ Well, I'd better be going. I have an early day tomorrow.
Ⓑ Oh, okay. Then be careful.
Ⓐ 那我就告辞了…。明天还要起早。
Ⓑ 是吧，那小心一点儿。

PART1　日本語会話の最重要文型 8

PART2　日本語会話の基本文型 80

主に動詞につくもの

主に名詞につくもの

主に形容詞につくもの

文の前につくもの

文の終わりにつくもの

会話をつなぐもの

こそあど

いろいろな形につくもの

64 毎日練習してる**のに**
mainichi renshuu-shite-ru-noni
（毎日練習しているのに）

～のに   even though ～ /here (I) am ～
虽然～

Ⓐ 毎日練習してる**のに**、なかなかうまくならないんです。

Ⓑ 練習の方法を変えてみたら？

Ⓐ Here I am practicing every single day, too, but I just don't seem to improve.
Ⓑ Why don't you try changing how you're practicing?

Ⓐ 虽然每天都在练习，但还是进步不大。
Ⓑ 你试试改一下练习的方法。

意味・使う場面

「期待していたこと・意図していたこと」と「結果・状態」が違うときに、**がっかりする気持ちや意外な気持ち**を表します。

Manifests feelings of disappointment or surprise when what is expected or had been planned differs from the results or situation.

"期待的事情・想做的事情"与"结果・状态"不同的时候，表达失望和意外的心情。

基本パターン

［普通形］＋ **のに** ＋「期待と違う結果・状態」

Ⓐ 不満
Ⓑ 意外な気持ち

ポイント

「～が、～けど」に比べ感情的な表現で、不満などの**感情をはっきり表に出す**のが特徴です。

In comparison with 「～が、～けど」 is an expression of emotion characterized by clearly and overtly showing feelings such as dissatisfaction.

与"～が、～けど"所表达的感情更为强烈，其特征是直接表达不满的心情。

A 不満 Dissatisfaction　不満

1 Ⓐ 昨日掃除したばかりな**のに**、もう汚れてる。
　Ⓑ えっ、もう？

　Ⓐ Here I just cleaned the place yesterday and it's already dirty!
　Ⓑ What? Already?
　Ⓐ 昨天刚刚打扫完，又脏了。
　Ⓑ 是吗，又脏了？

2 Ⓐ ずっとメールしてる**のに**、返事が来ないんです。
　Ⓑ どうしたんだろうね。

　Ⓐ And here I've been sending one email after another, and yet there is still no response.
　Ⓑ I wonder what's going on.
　Ⓐ 一直在发邮件，但对方完全没有回音。
　Ⓑ 发生什么了呢？

3 Ⓐ 大学生な**のに**、まだそんなゲームしてるの？
　Ⓑ だって、これ、面白いんだよ。

　Ⓐ Here you are a university student and yet you still play video games like that?
　Ⓑ But this is fun!
　Ⓐ 都是大学生了，还在打那种游戏？
　Ⓑ 那是因为这个太有意思了。

4 Ⓐ せっかく新しい水着を買った**のに**、まだ一度も使ってない。
　Ⓑ もう夏、終わっちゃうよ。

　Ⓐ Here I went to the trouble of buying myself a new swimming suit and I haven't worn it even once yet.
　Ⓑ And summer's going to be over before you know it!
　Ⓐ 特意买了件新泳衣，还一次都没用过。
　Ⓑ 夏天都快结束了哟。

5 Ⓐ バーベキューの話、結局、中止になったよ。
　Ⓑ なんだ。楽しみにしてた**のに**。

　Ⓐ The barbecue ended up being cancelled, you know.
　Ⓑ Oh, man! And here I was really looking forward to it!
　Ⓐ 烧烤，最终还是中止了。
　Ⓑ 真扫兴，我还挺期待的呢。

B 意外な気持ち Feelings of surprise　意外的心情

6 Ⓐ 暑い**のに**、よく平気でいられるね。
　Ⓑ 平気じゃないよ。がまんしてるだけ。

　Ⓐ How can you be so nonchalant when it's so hot?
　Ⓑ I'm not nonchalant. I'm simply putting up with it.
　Ⓐ 那么热，你还能那么平心静气。
　Ⓑ 不是平心静气，只是忍耐着。

7 Ⓐ こんなに晴れてる**のに**、雨が降るの？
　Ⓑ うん。天気予報でそう言ってた。

　Ⓐ You mean it's going to rain even though the sky is this clear?
　Ⓑ Yeah. That's what the weather forecast said.
　Ⓐ 天气这么晴，会下雨吗？
　Ⓑ 嗯，天气预报这么说的。

主に動詞につくもの

主に名詞につくもの

主に形容詞につくもの

文の前につくもの

文の終わりにつくもの

会話をつなぐもの

こそあど

いろいろな形につくもの

65 旅行に行こうと思っ**て**
りょこう い おも

ryokoo-ni ikoo-to omotte

（旅行に行こうと思っているからです）
りょこう い おも

〜って／〜で　　　　　and/or something
表示原因、中頓

Ⓐ それ、旅行のパンフレット？
りょこう

Ⓑ うん。夏休みに旅行に行こうと思っ**て**。
なつやす りょこう い おも

Ⓐ Is that a travel brochure?
Ⓑ Yeah. I'm thinking of taking a trip during summer vacation.

Ⓐ 那是旅游指南书？
Ⓑ 嗯，我想放暑假出去旅游一下。

意味・　ある行動や現在の状況について、**理由や事情を述べる**表現で、**結論**
使う場面　　こうどう げんざい じょうきょう　　　　りゅう じじょう の ひょうげん　　けつろん
部分を省略する言い方です。説明や言い訳をする場面でよく使われま
ぶ ぶん しょうりゃく　い かた　　せつめい い わけ ば めん つか
す。

Expresses reasons or circumstances about some action or current situation, and omits the conclusion. Often used in explanations and excuses.
关于某种行动和现在的状况,通过叙述理由或原因,而省略结论部分的表达方式。经常用于说明和说借口的场合。

| 基本
パターン | [V**て**／Vなく**て**] …Ⓐ |
| | [A**て**／Aなく**て**／NA**で**] …Ⓑ |

ポイント　元の文は「〜て（原因）、…（結果）。」の形ですが、会話の中で「…
もと ぶん　　げんいん　　けっか　かたち　　かいわ なか
（結果）」の内容がわかるため、省略されたものです。
けっか　ないよう　　　　しょうりゃく

The original construction is "〜て (cause)…(result)," but the "result" is omitted in conversation because it is understood.
本来的形式是"〜て（原因）、…（結果）",因为会话中知道"…（結果）"的内容,所以就省略了原因。

会話練習

Ⓐ ［Ｖて／Ｖなくて］

1 Ⓐ まだ病院行ってないの？

Ⓑ うん。もう少し様子を見てからと思っ**て**。

Ⓐ Haven't you gone to the hospital yet?
Ⓑ No, I'm thinking I'll wait a bit to see how I'm doing.
Ⓐ 还没去医院吗？
Ⓑ 嗯，准备看看情况再说。

2 Ⓐ テニス、始めたの？

Ⓑ うん。ちょっと運動したくなっ**て**。

Ⓐ Did you start tennis?
Ⓑ Yeah, I wanted to get some exercise.
Ⓐ 开始打网球了？
Ⓑ 嗯，想运动一下。

3 Ⓐ ごめん、先に店に入ってて。ちょっと電車が遅れちゃっ**て**。

Ⓑ わかった。

Ⓐ Sorry. Go on ahead to the restaurant. My train's a little late.
Ⓑ Okay.
Ⓐ 不好意思，你先进店里吧，我坐的电车有些晚点。
Ⓑ 好的。

4 Ⓐ 今日は帰り、早いね。

Ⓑ うん。ちょっと用事があっ**て**。

Ⓐ You're going home early today.
Ⓑ Yeah. I have something to do.
Ⓐ 今天回去得真早啊。
Ⓑ 嗯，有点儿事情。

5 Ⓐ この前教えたアプリ、使ってみた？

Ⓑ まだ。使い方がよくわからなく**て**。

Ⓐ Did you try that app I was explaining to you the other day?
Ⓑ Not yet. I don't really get how to use it.
Ⓐ 上次告诉你的软件，用了吗？
Ⓑ 还没有，不知道怎么用。

6 Ⓐ ケーキ、食べないの？

Ⓑ うん…。あんまりお腹が空いてなく**て**。

Ⓐ Don't you want some cake?
Ⓑ Nah. I'm not all that hungry.
Ⓐ 你不吃蛋糕吗？
Ⓑ 嗯…。肚子还不太饿。

Ⓑ ［Ａて／Ａなくて／ＮＡで］

7 Ⓐ ジムは行ってる？

Ⓑ 最近あんまり行ってないんだよ。仕事が忙しく**て**。

Ⓐ Are you going to the gym?
Ⓑ I haven't been going much lately. I've been busy at work.
Ⓐ 去健身房锻炼了吗？
Ⓑ 最近没太去。工作太忙。

8 Ⓐ パーティーのプレゼント、買った？

Ⓑ まだ。選ぶのが大変**で**。

Ⓐ Did you buy a present for the party?
Ⓑ Not yet. It's tough to decide on something.
Ⓐ 宴会的礼物买了吗？
Ⓑ 还没有，太难选了。

主に動詞につくもの

主に名詞につくもの

主に形容詞につくもの

文の前につくもの

文の終わりにつくもの

会話をつなぐもの

こそあど

いろいろな形につくもの

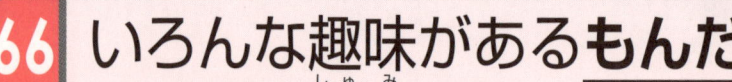
66 いろんな趣味があるもんだね

ironna shumi ga aru mon-dane

（いろいろな趣味があるものですね）

━━━━━━━━━━━━━━━━━━━━━━━━━━━━

〜もの（だ）／〜もん（だ）　there sure are 〜 / it's the case that 〜
应该〜

Ⓐ あの人、コーラのびんばかり集めてるんだって。

Ⓑ へー、いろんな趣味がある**もんだ**ね。

Ⓐ I heard that that guy collects just cola bottles.　　Ⓐ 听说那个人只收集可乐的瓶子。
Ⓑ Weird. There's no accounting for some people's tastes.　　Ⓑ 是吗，他的兴趣爱好真广泛啊。

意味・　意外なことに**驚いたり感心したりした気持ち**を込めて言う表現です
使う場面　（Ⓐ感嘆）。また、**理由説明などを一方的に述べる**ときにも使います（Ⓑ
自己主張）。

Expresses surprise or admiration at something unusual (Ⓐ: Wonder). Also used when listing explanations or reasons unilaterally (Ⓑ: Self-assertion).

是一种对意外的事情表示惊奇或佩服的心情的表达方式（Ⓐ 感叹）。用于单方面陈述理由说明等（Ⓑ 自我主张）。

基本
パターン　　［文］＋ **もの／もん（だ）**　{ Ⓐ**感嘆**
　　　　　　　　　　　　　　　　　　　　　　Ⓑ**自己主張**

ポイント

〈Ⓐ感嘆〉には、改めて深く考えたり反省したりする用法も含まれます。〈Ⓑ自己主張〉は、「**（だって）〜んだもん**」という形で、子供が親に反論するときなどに使われます。少し子どもっぽい表現です。

Ⓐ (Wonder) includes notion of rethinking something deeply or reflecting on something. The forms 「（だって）〜んだもん」 are used by children when objecting to parents (Ⓑ: Self-assertion). Slightly childish expression.

〈Ⓐ感叹〉中，也含有重新深刻思考和反省的用法。〈Ⓑ自我主张〉中，用"（だって）〜んだもん"的形式，用于孩子反对父母的场合，这是有些孩子气的表达方式。

A 感嘆 かんたん Wonder 感叹

1 Ⓐ よく、そんな重い<ruby>重<rt>おも</rt></ruby>いものを一人<ruby>一<rt>ひと</rt></ruby>人で持<ruby>持<rt>も</rt></ruby>てる**もんだ**なあ。

Ⓑ 慣<ruby>慣<rt>な</rt></ruby>れてますから。力<ruby>力<rt>ちから</rt></ruby>じゃなくて、バランスですよ。

Ⓐ It's amazing that you can carry such a heavy thing by yourself.
Ⓑ I'm used to it. It's not a matter of strength, but of balance, you see.
Ⓐ 那么重的东西，你一个人真能拿得动啊。
Ⓑ 习惯了，不是力气，是平衡。

2 Ⓐ カード１枚<ruby>枚<rt>まい</rt></ruby>あれば、何<ruby>何<rt>なん</rt></ruby>でも買<ruby>買<rt>か</rt></ruby>えて、何<ruby>何<rt>なん</rt></ruby>でも利用<ruby>利用<rt>りよう</rt></ruby>できるんですね。

Ⓑ ほんとに。便利<ruby>便利<rt>べんり</rt></ruby>になった**もんです**ね。

Ⓐ If you have just one card you can buy anything and use it for anything.
Ⓑ It's true. Things have sure gotten convenient, haven't they.
Ⓐ 只要有一张卡，就什么都能买，什么都能利用了。
Ⓑ 真的是方便啦。

3 Ⓐ 名前<ruby>名前<rt>なまえ</rt></ruby>も告<ruby>告<rt>つ</rt></ruby>げずに１億円<ruby>億円<rt>おくえん</rt></ruby>、寄付<ruby>寄付<rt>きふ</rt></ruby>したんだって。

Ⓑ へー、世<ruby>世<rt>よ</rt></ruby>の中<ruby>中<rt>なか</rt></ruby>には立派<ruby>立派<rt>りっぱ</rt></ruby>な人<ruby>人<rt>ひと</rt></ruby>がいる**もんだ**。

Ⓐ I heard that he donated one-hundred million yen anonymously.
Ⓑ Wow. There sure are some great people in the world.
Ⓐ 听说没留名，就捐赠了一亿日元。
Ⓑ 是吗，这个世界可真有了不起的人啊。

4 Ⓐ 世界的<ruby>世界的<rt>せかいてき</rt></ruby>な企業<ruby>企業<rt>きぎょう</rt></ruby>になったと思<ruby>思<rt>おも</rt></ruby>ったら、急<ruby>急<rt>きゅう</rt></ruby>に倒産<ruby>倒産<rt>とうさん</rt></ruby>しちゃいましたね。

Ⓑ 世<ruby>世<rt>よ</rt></ruby>の中<ruby>中<rt>なか</rt></ruby>、わからない**もの**ですね。

Ⓐ Just when we thought it had become a global corporation, it suddenly went bankrupt, didn't it.
Ⓑ One sure doesn't know what's going to happen in the world.
Ⓐ 还以为成为世界型的企业了，却突然倒闭了。
Ⓑ 这个世界真是不可预测啊。

B 自己主張 じこしゅちょう Self-assertion 自我主张

5 Ⓐ ニンジンも食<ruby>食<rt>た</rt></ruby>べなさい。

Ⓑ いやだよ。嫌<ruby>嫌<rt>きら</rt></ruby>いなんだ**もん**。

Ⓐ Eat your carrots, too.
Ⓑ I don't want to! I hate them!
Ⓐ 也吃点儿胡萝卜吧。
Ⓑ 不要，我讨厌胡萝卜。

6 Ⓐ まだパスポート取<ruby>取<rt>と</rt></ruby>りに行<ruby>行<rt>い</rt></ruby>ってないの？

Ⓑ だって、忙<ruby>忙<rt>いそが</rt></ruby>しくて全然<ruby>全然<rt>ぜんぜん</rt></ruby>時間<ruby>時間<rt>じかん</rt></ruby>がないんだ**もん**。

Ⓐ You still haven't gone to get your passport?
Ⓑ But what do you expect? I've been too busy and haven't had any time.
Ⓐ 你还没去拿护照吗？
Ⓑ 因为太忙了，完全没时间。

7 Ⓐ なんでタクシー、使<ruby>使<rt>つか</rt></ruby>わなかったの？

Ⓑ お金<ruby>金<rt>かね</rt></ruby>がなかったんだ**もん**。しょうがないでしょ。

Ⓐ Why didn't you take a taxi?
Ⓑ I didn't have any money, that's why. What was I supposed to do?
Ⓐ 为什么没坐出租车呢？
Ⓑ 没钱啦，没办法啊。

PART1
日本語会話の最重要文型8

PART2
日本語会話の基本文型80

主に動詞につくもの
主に名詞につくもの
主に形容詞につくもの
文の前につくもの
文の終わりにつくもの
会話をつなぐもの
こそあど
いろいろな形につくもの

67 日本の食べ物はどう？

にほん　た　もの

nihon-no tabemono-wa doo?

（日本の食べ物はどうですか）
にほん　た　もの

～どう？

How about it?/How are you?
～怎么样？

Ⓐ スミスさん、日本の食べ物は**どう**？　だいたい食べられる？
　　　　　　　にほん　た　もの　　　　　　　　　た

Ⓑ ええ、何でも好きですよ。
　　　なん

Ⓐ How do you like Japanese food, Mr. Smith? Can you eat just about anything?

Ⓑ Yes, I like everything.

Ⓐ 史密斯先生，日本的食物怎么样？大都能吃吗？

Ⓑ 嗯，我都喜欢。

意味・
使う場面

「（Ⅹは）どう？」は、Ⅹに関して**「どう」思うか**、相手から**意見・意**
　　　　　　　　　　　　　かん　　　　　　　　おも　　　あいて　　　　いけん
向・感想・情報を得たいときに使います。同時に、自分の意見などを
こう　かんそう　じょうほう　え　　　　　　つか　　どうじ　　じぶん　いけん
相手に示す機能もあります。
あいて　しめ　きのう

The pattern 「（Ⅹは）どう？」 is used to find out what the listener thinks of something by asking his or her opinion, intentions, impressions, or information. At the same time, it also serves the function of indicating the speaker's opinion, etc. to the listener.

「（Ⅹは）どう？」用于就Ⅹ询问对方如何，从对方那里得到意见、意向、感想、信息的场合。此外，还有着向对方表示自己意见的功能。

基本
パターン

[N（評価や感想などの対象）＋**は**]＋**どう？** …Ⓐ
　ひょうか　かんそう　　　たいしょう

[N（評価や感想を尋ねられている人）＋**は**]＋**どう？** …Ⓑ
　ひょうか　かんそう　たず　　　　　ひと

※「Nは」の部分は省略されることも多い。「は」を省略した「N、どう？」
　　　　　ぶぶん　しょうりゃく　　　　おお　　　　　　しょうりゃく
の形も多い。
かたち　おお

ポイント

「この問題について、あなたはどう思いますか」という意味で、親しい
　　もんだい　　　　　　　　　おも　　　　　　いみ　　した
相手には「どう（思う）？」と簡単に聞くことができます。ただし目上
あいて　　　　おも　　　かんたん　き　　　　　　　　　　めうえ
の人には丁寧に**「いかがでしょうか」「どう思われますか」**と尋ねます。
ひと　ていねい　　　　　　　　　　　　おも　　　　　たず

This pattern means, "What do you think about this issue?" The question can be put simply 「どう（思う）？」 to people with whom the speaker is on familiar terms. When speaking to social superiors, use a polite form of inquiry, such as 「いかがでしょうか？」 or 「どう思われますか？」.

"这个问题，你有什么想法（关于这个问题，你有什么想法）"的表达方式，如果是对关系亲近的人，就可以简单地说"どう（思う）？"。但是，对地位较高的人要用"いかがでしょうか？"、"どう思われますか？"这种礼貌的说法进行询问。

A [N（対象）＋は] ＋どう？

1 Ⓐ うちの母親の誕生日のお祝い、何がいいかな？

Ⓑ お花は、**どう？** もらうとうれしいよ。

Ⓐ I wonder what I should get for a birthday present for Mother.
Ⓑ How about flowers? I'm sure she'd be thrilled to receive them.
Ⓐ 庆祝母亲的生日，送什么好呢？
Ⓑ 送花怎么样呢？母亲收到花一定很高兴哦。

2 Ⓐ ねえ、このワイン、**どう？**

Ⓑ いいね。値段もまあまあだし。

Ⓐ Hey, what do you think of this wine?
Ⓑ It's good. The price is about right, too.
Ⓐ 你看，这个红酒怎么样？
Ⓑ 不错啊，价格也合适。

3 Ⓐ 久しぶりにすきやきが食べたいなあ。**どう？**

Ⓑ 賛成！

Ⓐ It's been a long time since we had sukiyaki. I'd sure like some. How about it?
Ⓑ I agree!
Ⓐ 好久都没吃日式牛肉火锅了，去吃吃怎么样？
Ⓑ 我赞成！

4 Ⓐ 1週間くらい休みをとって、ゆっくりしたいなあ。

Ⓑ じゃ、温泉旅行なんか**どう？**

Ⓐ I'd like to take about a week off and relax.
Ⓑ Then how about taking a trip to a hot springs?
Ⓐ 请一周的休假，真想好好休息一下啊。
Ⓑ 那去温泉旅行怎么样？

5 Ⓐ うちのサークルも、もっとＰＲ活動をしないとね。

Ⓑ じゃ、ブログを始めるのは**どう？**

Ⓐ Our club really must do more publicity.
Ⓑ Then how about starting a blog?
Ⓐ 我们俱乐部必须再做做宣传啊。
Ⓑ 那就开个博客怎么样？

6 Ⓐ この仕事はコンピューターに詳しい人じゃないと。

Ⓑ じゃ、キムさんは**どう？**

Ⓐ This work requires someone who knows a lot about computers.
Ⓑ Then, how about Mr. Kim?
Ⓐ 这个工作也应该是熟悉电脑的人来做。
Ⓑ 那小金怎么样？

7 Ⓐ ＊最近**どう？**

Ⓑ ええ、おかげさまで元気でやってます。

Ⓐ How are things these days?
Ⓑ Thank you. I'm doing well.
Ⓐ 最近怎样？
Ⓑ 嗯，托您的福，我还可以。

B [N（人）＋は] ＋どう？

8 Ⓐ スミスさんの意見は、よくわかりました。で、山下さんは**どう？**

Ⓑ そうですねえ。難しい問題ですね。

Ⓐ I understand Mr. Smith's opinion very well. So what about you, Mr.Yamashita?
Ⓑ Yeah, uhm. It is a difficult problem, isn't it.
Ⓐ 史密斯先生的意见我知道了，那山下先生怎么认为的呢？
Ⓑ 这个啊，真是个难题呢！

MEMO 7「最近どう？」は「最近、調子はどうですか」という意味で、「調子は」を省略した言い方。

右側タブ：
PART1 日本語会話の最重要文型 8
PART2 日本語会話の基本文型 80
主に動詞につくもの
主に名詞につくもの
主に形容詞につくもの
文の前につくもの
文の終わりにつくもの
会話をつなぐもの
こそあど
いろいろな形につくもの

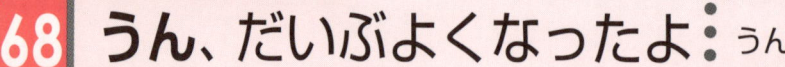

68 うん、だいぶよくなったよ ： うん

un, daibu yoku natta-yo
（うん、だいぶよくなりましたよ）

yeah, you're right./ Yeah
嗯

Ⓐ 体調は？

Ⓑ **うん**、だいぶよくなったよ。

Ⓐ How're you feeling?
Ⓑ Yeah, I've gotten a lot better.

Ⓐ 身体状况怎样?
Ⓑ 嗯，好多啦。

▶ Ⓐ 「YES／NO」で答えるような質問や要求などに対して、**YES の意味**を表します。Ⓑ 問いや説明などに対して、「**相手の意図を理解していること**」を示して、**会話を続けます**。

Means "yes" to a question or request that requires a yes/no answer Ⓐ. Another meaning is that the listener understands the speaker's intention about a question or explanation. Used to continue the conversation.

对于 Ⓐ 中要用「YES／NO」来回答的疑问或者要求时，表示 YES 的意思。对于 Ⓑ 中的问题或者说明，表示"理解对方意图"，以此来继续谈话。

基本パターン	[文（質問や要求、提案など）] ＋**うん** …Ⓐ YES の意味で答える [文（問いや説明など）] ＋**うん** …Ⓑ 意図を理解していることを示す

会話練習

Ⓐ **1** Ⓐ 昨日はよく眠れた？

Ⓑ **うん**、まあまあ。

Ⓐ Did you sleep well last night?
Ⓑ Yeah, so-so.
Ⓐ 昨晚睡得好吗?
Ⓑ 嗯，还行。

2 Ⓐ レポートのこと、先生に直接聞いてみたら？

Ⓑ **うん**、そのほうが早いね。

Ⓐ Why don't you ask the teacher directly about the report?
Ⓑ Yeah, that would be quickest, wouldn't it.
Ⓐ 最近，冷水很浸牙啊。
Ⓑ 明天去牙医那里看看怎样?

Ⓑ **3** Ⓐ 今、空港にいるんだけど。

Ⓑ **うん**。

Ⓐ 到着が遅れたから、そっちに着くのが5時頃になると思う。

Ⓑ **うん**、わかった。気をつけて。

Ⓐ Uhm, I'm at the airport now.
Ⓑ Yeah?
Ⓐ The arrival was late so I think I'll get there at about five o'clock.
Ⓑ Yeah, okay. Be careful.
Ⓐ 我现在在飞机场。
Ⓑ 好的。
Ⓐ 飞机晚点，我想到你那里大概五点吧。
Ⓑ 好的，知道了，小心点儿。

69 うーん、どうだろう
uun, doodaroo
（うーん、どうでしょうか）

うーん

well...
表示否定

Ⓐ ここに自転車をとめてもいいのかなあ。
Ⓑ **うーん**、どうだろう。

Ⓐ I wonder if I can park my bike here.
Ⓑ Hmm, hard to say.

Ⓐ 能把自行车停这里吗？
Ⓑ 嗯？不知道啊。

▶ 質問や問題に対する答えがすぐに出ないときに、**考えていることを示す**表現です。

Expresses idea that the speaker is thinking and can't answer a question or solve a problem immediately.

对于疑问或者问题的回答没能立刻给出的时候，表示的意思是正在思考。

基本パターン
[文（簡単に答えにくい内容）]　＋　**うーん** （＋「疑問や否定的なこと」など）

会話練習

1 Ⓐ 土曜と日曜、どっちにする？
　 Ⓑ **うーん**、どっちがいいかなあ。

Ⓐ Which do you want to do, Saturday or Sunday?
Ⓑ Hmm, I wonder which would be better.
Ⓐ 星期六和星期天，哪天？
Ⓑ 嗯，哪天好呢？

2 Ⓐ 6時に間に合うと思う？
　 Ⓑ **うーん**、難しいんじゃないかなあ。

Ⓐ Do you think we'll make it by six o'clock?
Ⓑ Hmm, I think that might be difficult.
Ⓐ 你觉得六点能赶得及吗？
Ⓑ 嗯，挺难吧。

3 Ⓐ このメモ、何て書いてあるんだろう？
　 Ⓑ **うーん**、よくわからないね。

Ⓐ I wonder what this memo says.
Ⓑ Hmm, I don't really know.
Ⓐ 这个笔记，写的是什么？
Ⓑ 嗯，不太清楚。

4 Ⓐ 湖まで歩いて行けますか。
　 Ⓑ 湖ですか!? **うーん**、かなり歩きますよ。

Ⓐ Can you walk all the way to the lake?
Ⓑ The lake?! Hmm, that's quite a walk.
Ⓐ 到湖边能走着去吗？
Ⓑ 湖吗 !? 嗯，要走好久哦。

PART1
日本語会話の最重要文型8

PART2
日本語会話の基本文型80

主に動詞につくもの

主に名詞につくもの

主に形容詞につくもの

文の前につくもの

文の終わりにつくもの

会話をつなぐもの

こそあど

いろいろな形につくもの

70 へー、そうなんだ ┊ へー／ああ

hee, soo-nan-da
（へー、そうなのですね）

huh/wow; oh
表示应答、疑问、惊奇

Ⓐ 来月、寮を出て、一人暮らしを始めることにしたんです。

Ⓑ へー、そうなんだ。

Ⓐ I've decided to leave the dorm next month and start life on my own.
Ⓑ Huh. Is that so?

Ⓐ 我决定下个月离开宿舍，开始一个人的生活。
Ⓑ 诶，是嘛。

▶ **聞いたことに納得したり感心したりすること**を表す 表現です。「はい」や「そうですか」に比べて積極的な感じのする答えですが、丁寧にはならないので、親しい間での話し方に限られます。

The word「へー」is used to express agreement or admiration about something heard.. In both cases, these responses sound more than「はい」or「そうですか」. They are not found in polite language and so are limited in use to close friends or family.

对于听到的事情表示理解或佩服时，所使用的表达方式。"はい"、"そうですか"相比，是比较积极的回答方式，因为不是特别有礼貌，所以只限于关系亲密的对话。

基本パターン	［相手の発言（軽く感心したり驚いたりすること）］ ⇒ へー
	［相手の発言（軽く納得したり確認したりすること）］ ⇒ ああ

 会話練習

Ⓐ **1** Ⓐ ここは昔、海だったんだよ。
　　 Ⓑ へー、知らなかった。

Ⓐ This place used to be the ocean, you know.
Ⓑ Huh. No, I didn't know that.
Ⓐ 这里过去是大海哦。
Ⓑ 诶，我不知道啊。

2 Ⓐ あの日は体調が悪くて、先に帰ったんです。
　 Ⓑ ああ、そうだったんですか。

Ⓐ That day I wasn't feeling well so I went home early.
Ⓑ Oh, is that what happened.
Ⓐ 那天身体不舒服，先回去了。
Ⓑ 啊，是嘛！

3 Ⓐ ここの色を変えてみたんだけど、どう？
　 Ⓑ ああ、いいと思いますよ。

Ⓐ I tried changing the color here. What do you think?
Ⓑ Oh, I think it's good.
Ⓐ 把这里的颜色换一下，怎么样？
Ⓑ 哦，我决定挺好啊。

71 えっ？ 明日じゃなかった？

ett? ashita-ja nakatta?

（えっ？ 明日じゃなかったですか）

えっ？

What?

诶？

Ⓐ レポート出した？　今日までだよね。

Ⓑ **えっ？**　明日じゃなかった？

Ⓐ Did you turn in the report? It was by today, right?
Ⓑ What?! It wasn't tomorrow?

Ⓐ 报告，交了？今天截止呢。
Ⓑ 诶？不是明天吗？

PART1
日本語会話の最重要文型8つ

PART2
日本語会話の基本文型80

主に動詞につくもの

主に名詞につくもの

主に形容詞につくもの

文の前につくもの

文の終わりにつくもの

会話をつなぐもの

こそあど

いろいろな形につくもの

▶ Ⓐ**驚いたり疑問を感じたりしたとき**や、Ⓑ**相手の言葉がよく聞き取れず、聞き返すとき**に使います。Ⓐで驚きが大きい場合、「えーっ」と伸ばすことが多いです。不満の気持ちがある場合は、さらに音を上げることが多いです。

Used when expressing surprise or doubt Ⓐ, or when one can't hear well what the speaker has said and asks the speaker to repeat Ⓑ. When the speaker is expressing great surprise, the「えーっ」is often drawn out. Ⓐ rising intonation is used when drawing out the word to indicate displeasure.

用于 Ⓐ 表示惊奇和疑问的场合、Ⓑ 没听清对方所讲的内容，重新问的场合。Ⓐ 场合中，感到非常惊奇的场合，多延长发音为"えーっ"。有不满情绪的场合，多用升调。

基本パターン	えっ？ (＋疑問や不満を表す文など)	…Ⓐ 驚きや疑問を表す
		…Ⓑ 聞き返す

会話練習

Ⓐ1　Ⓐ これ、あげますよ。

　　Ⓑ **えっ？**　ほんとですか。

Ⓐ I'll give this to you.
Ⓑ What? Really?
Ⓐ 这个给你。
Ⓑ 诶？真的吗？

2　Ⓐ 困ったなあ。旅行、行けなくなるかもしれない。

　　Ⓑ **えーっ！**　それは絶対だめだよ。

Ⓐ I'm in a difficult situation. I might not be able to go on the trip.
Ⓑ What?! That will never do!
Ⓐ 真麻烦啊。旅行可能去不了啦。
Ⓑ 诶！那绝对不行啊。

Ⓑ3　Ⓐ 会議って、4時からですよね。

　　Ⓑ **えっ？**　ごめん、今、何て言った？

Ⓐ The meeting's from four o'clock, right?
Ⓑ Pardon? I'm sorry, what did you say just now?
Ⓐ 会议是从四点开始吧？
Ⓑ 诶？对不起，刚才你说什么？

72 なるほど。頭いい！

Naruhodo. Atama ii!

（なるほど。頭がいいですね）

なるほど／ふーん

I see/as I expected; oh?
原来如此

Ⓐ こうすれば、うまく入れられるんだよ。

Ⓑ **なるほど**。頭いい！

Ⓐ If you do it like this, you will be able to get it in without any problem.
Ⓑ I see. You're smart!

Ⓐ 像这样，就能很轻松地放进去。
Ⓑ 原来如此。真聪明！

▶「なるほど」は、<u>聞いたことに納得したり感心したりすること</u>を表します。「ふーん」は、<u>聞いたことの意味を一応理解したこと</u>を表します。ただし、「なるほど」や「ヘー」のように肯定的な反応ではありません。関心の低さや不満を表すことも多いので、注意が必要です。

The word「なるほど」indicates that the listener is convinced or impressed by what he has heard. The expression「ふーん」indicates that the listener has understood what was said; it does not, however, indicate an affirmative response as does 「なるほど」or「ヘー」. Caution is needed in using it; it often implies a low level of interest or dissatisfaction.

"なるほど"表示的是对听到的事情表示理解和佩服的意思。"ふーん"表示的是大概理解了听到的事情。但不是像"なるほど"和"ヘー"一样，是肯定的反应。需要注意表示的语感多为不太关心和不满。

基本パターン	［説明や助言など］⇒ **なるほど** ＋（そういうことか／それでか／だからか）
	［説明や伝聞情報など］⇒ **ふーん**

会話練習

1 Ⓐ 彼女、結婚して名前が変わったんだよ。

Ⓑ **なるほど**。そういうことか。

Ⓐ Her name changed when she got married, you know.
Ⓑ I see. So that's the case.
Ⓐ 她结婚后改名了。
Ⓑ 原来是这样啊。

2 Ⓐ 田中さんの子供、今年から小学生だって。

Ⓑ **ふーん**。

Ⓐ I heard that Mr. Tanaka's child starts elementary school this year.
Ⓑ Oh?
Ⓐ 听说田中的孩子今年上小学。
Ⓑ 是吗。

3 Ⓐ レジ袋も石油からできてるんだよ。

Ⓑ **ふーん**。そうなんだ。

Ⓐ Even grocery bags are made from oil, you know.
Ⓑ Oh, so that's the case.
Ⓐ 超市的塑料袋也是石油制成的哟。
Ⓑ 是吗。是吧。

73 で、どうなったの？

de, doo natta-no?
（それで、どうなりましたか）

で、〜

and/so
那么

Ⓐ で、結局、どうなったの？
けっきょく

Ⓑ 中止になったよ。
ちゅうし

Ⓐ So what ended up happening?
Ⓑ It was cancelled, you know.

Ⓐ 然后，结果怎么样了？
Ⓑ 中止了啊。

▶ **話の続きを聞くため**、あるいは**新しい話題を出す**ために使う表現です。「**そ
はなし つづ き あたら わだい だ つか ひょうげん
れで**」の短い形として使われます。
みじか かたち つか

Used to hear the continuation of a discussion or to bring up a new topic. Used as the shortened form of「それで」.

为了继续将话题听下去或者要引出新话题所使用的表达方式。是"それで"的略缩形式。

| 基本パターン | で？ | …Ⓐ 話の続きを聞く はなし つづ き |
| | で ＋［文］ぶん | …Ⓑ 新しい話題 あたら わだい |

会話練習

Ⓐ 1 Ⓐ で、どうしたんですか。
Ⓑ しょうがないから、遅れて行きま
おく い
した。

Ⓐ So what did you do?
Ⓑ There was nothing for it but to get there late.
Ⓐ 然后，怎么办了呢？
Ⓑ 没办法，就晚去一会儿。

2 Ⓐ で、大丈夫だったんですか。
だいじょうぶ
Ⓑ ええ。なんとか無事に着きました。
ぶ じ つ

Ⓐ So did everything turn out all right?
Ⓑ Yeah, we somehow managed to get there in one piece.
Ⓐ 结果，没事吧？
Ⓑ 是的，总算是平安到达了。

Ⓑ 3 Ⓐ で、いつにします？
Ⓑ 早いほうがいいですね。
はや

Ⓐ So when do you want to do it?
Ⓑ The sooner the better.
Ⓐ 那么，选什么时候呢？
Ⓑ 越早越好。

PART1
日本語会話の最重要文型8

PART2
日本語会話の基本文型80

主に動詞につくもの

主に名詞につくもの

主に形容詞につくもの

文の前につくもの

文の終わりにつくもの

会話をつなぐもの

こそあど

いろいろな形につくもの

74 あのさ、今週の土曜さ

ano-sa, konshuu-no doyoo-sa

（あのう、今週の土曜日）

〜さ／〜ね

like.../hey...
表示断定（自嘲、感叹）

Ⓐ あの**さ**、今週の土曜**さ**、みんなでバーベキューに行かない？

Ⓑ ああ、いいね。面白そう。

Ⓐ You know, like this Saturday? How about if we all go have a barbecue?
Ⓑ Oh, that's a good idea. Sounds fun.

Ⓐ 那个，这周六，大家一起去烧烤怎么样？
Ⓑ 啊，好啊，一定会很开心。

意味・使う場面 **相手の関心を確かめながら話す**ため、句の後に付け足す表現です。親しい話し方に限って使われます。「さ」も「ね」も同じようなものですが、「さ」のほうが親しい感じが強いです。

Appended to the end of clauses to verify while speaking the listener's level of interest. Only used in speaking with people who are on familiar terms. Both 「さ」and 「ね」have the same meaning, but 「さ」has the stronger tone of familiarity.

说话时,确认对方是否关心此话题,添加在句子后面。仅限与关系亲密的人说话。"さ"与"ね"的用法相同,"さ"的亲密感更强。

基本パターン

[句] ＋ **さ** …Ⓐ

[句] ＋ **ね** …Ⓑ

ポイント 話したいという気持ちが表に出るので、相手も聞こうとする態度になりますが、**あまり多く使うと、うるさい感じになります。**

Since the word expresses openly the feeling of wanting to talk about something, the listener feels obligated to listen. If used excessively, can sound annoying.

比较直接地表示想说的心情,对方也会采取倾听的态度,但使用太多,会让人感到啰嗦。

A ～さ

1　Ⓐ 今日<u>さ</u>、授業の後、何か予定ある？
　　Ⓑ いや、特にないけど。

Ⓐ Today, you know, after class, do you have anything going on?
Ⓑ No, not particularly.
Ⓐ 今天哈，下课后，有什么安排吗？
Ⓑ 没什么安排。

2　Ⓐ それで<u>さ</u>、もっと詳しく話してって言ったの。
　　Ⓑ うん。そうしたら？

Ⓐ So, you know, then I said to give me more details.
Ⓑ Well, what did he say?
Ⓐ 然后，就说让我说得更详细一些。
Ⓑ 哦，之后呢？

3　Ⓐ さっき<u>さ</u>、誰と話してたの？
　　Ⓑ ああ、アルバイト先で知り合った人。

Ⓐ Who was it you were talking to, like a few minutes ago?
Ⓑ Oh, that's someone I met at my part-time job.
Ⓐ 刚才，和谁说话来着？
Ⓑ 哦，在打工的地方认识的人。

4　Ⓐ 田中さん<u>さあ</u>、今、中国語習ってるんだって。
　　Ⓑ へー、知らなかった。

Ⓐ Ms. Tanaka says, you know, that she's learning Chinese now.
Ⓑ Oh? I didn't know that.
Ⓐ 听说田中在学汉语。
Ⓑ 是吗，我不知道。

B ～ね

5　Ⓐ 私<u>ね</u>、来年留学しようかと思ってるの。
　　Ⓑ へー、どこに？

Ⓐ You know what? I'm thinking about studying abroad next year.
Ⓑ Really? Where?
Ⓐ 我想明年去留学。
Ⓑ 哦，去哪里？

6　Ⓐ それで<u>ね</u>、もう一度事務の人に聞きに行ったんだよ。
　　Ⓑ そしたら？

Ⓐ So then, you see, I went to talk to the office person again.
Ⓑ Then what happened?
Ⓐ 然后我又去问了一下办公室的人。
Ⓑ 之后呢？

7　Ⓐ そのことなんだけど<u>ね</u>。案外、反対の人が多いらしいよ。
　　Ⓑ え？ そうなの？

Ⓐ Well, when it comes to that, you see, you'd be surprised how many people are opposed to it.
Ⓑ Oh, is that right?
Ⓐ 关于那件事情，没想到反对的人好像很多。
Ⓑ 诶，是吗？

8　Ⓐ 昨日の話<u>ね</u>、まだ、はっきり決まってないみたい。
　　Ⓑ そうなんだ。

Ⓐ You know what they were discussing, like, yesterday? They don't seem to have come up with a clear decision on it yet.
Ⓑ Oh, I see.
Ⓐ 关于昨天说的事情，还没完全定下来。
Ⓑ 是嘛！

PART1 日本語会話の最重要文型 8

PART2 日本語会話の基本文型 80

主に動詞につくもの

主に名詞につくもの

主に形容詞につくもの

文の前につくもの

文の終わりにつくもの

会話をつなぐもの

こそあど

いろいろな形につくもの

75 この辺に喫茶店なかった？

kono hen-ni kissaten nakatta?

（この辺に喫茶店がありませんでしたか）

この／その／あの／どの

this/that/that over there/which
这个（近称）/ 那个（中称）/ 那个（远称）/ 哪个

Ⓐ **この**辺に喫茶店なかった？

Ⓑ あるよ。ほら、あそこ。

Ⓐ Wasn't there a coffee shop around here?
Ⓑ There is. See? It's over there.

Ⓐ 这附近没有咖啡馆吗？
Ⓑ 有啊，你看，在那里。

意味・
使う場面

「これ／それ／あれ／どれ」が名詞に続く形です。

The words「これ／それ／あれ／どれ」append to nouns.
「これ／それ／あれ／どれ」是接名词的形式。

基本
パターン

この＝話し手に近い

その＝聞き手に近い

あの＝話し手と聞き手から遠い

どの＝？（どこか／どれかわからない）

ポイント

「この／その／あの／どの」は、「この・へん」のように<u>いろいろな語</u><u>に付いて熟語のように</u>使われます。少しずつ覚えていくことで、聴き取りと表現の力が増します。

The forms「この／その／あの／どの」are used in compounds in that they pair with a variety of words, as in「この・へん」("around here"). By memorizing a few at a time, your listening comprehension and speaking ability will improve.

「この / その / あの / どの」像 "この・へん" 一样，接在各种词语前面，作熟语使用。通过一点点的记忆学习，会提高听力和表达能力。

1 Ⓐ <u>この</u>人たちは何のグループかなあ。
　　<small>ひと</small>　　<small>なん</small>
　Ⓑ ツアーの観光客じゃない？
　　　　<small>かんこうきゃく</small>

　Ⓐ I wonder what kind of group these people are.
　Ⓑ Don't you think they're with a tour?
　Ⓐ 这些人是什么团体啊？
　Ⓑ 不是旅游的观光客吧？

2 Ⓐ ずいぶん人が多いですね。
　　　　　<small>ひと</small>　<small>おお</small>
　Ⓑ ええ。毎年<u>この</u>時期はすごく混むん
　　　　<small>まいとし</small>　　<small>じき</small>　　　　<small>こ</small>
　　です。

　Ⓐ There certainly are a lot of people.
　Ⓑ Yes, it's always really crowded about this time every year.
　Ⓐ 人真多啊。
　Ⓑ 是啊，每年的这个时候都很拥挤。

3 Ⓐ <u>その</u>犬、大きさは？
　　　　<small>いぬ</small>　<small>おお</small>
　Ⓑ だいたい<u>この</u>ぐらいです。

　Ⓐ About how big is that dog?
　Ⓑ About like this.
　Ⓐ 那只狗有多大？
　Ⓑ 大概这么大。

4 Ⓐ さわると危ないので、<u>その</u>ままにし
　　　　　<small>あぶ</small>
　　ておいてください。
　Ⓑ わかりました。

　Ⓐ It's dangerous to touch so please just leave it alone.
　Ⓑ Okay. I understand.
　Ⓐ 碰到很危险，别动它。
　Ⓑ 知道了。

5 Ⓐ ときどき学生時代に戻りたくなるよ。
　　　　　　<small>がくせいじだい</small>　<small>もど</small>
　Ⓑ <u>あの</u>頃は楽しかったからね。
　　　　<small>ころ</small>　<small>たの</small>

　Ⓐ Sometimes I wish I could go back to my college days.
　Ⓑ That was a fun time, wasn't it?
　Ⓐ 有时候真想回到学生时代。
　Ⓑ 那时候真开心啊。

6 Ⓐ <u>あの</u>男の子、迷子じゃない？
　　　　<small>おとこ</small> <small>こ</small> <small>まいご</small>
　Ⓑ そうかもしれない。今にも泣きそう
　　　　　　　　　　　　　<small>いま</small>　<small>な</small>
　　な顔してる。
　　　<small>かお</small>

　Ⓐ Don't you think that little boy is lost?
　Ⓑ Maybe so. He looks like he's about to cry any moment.
　Ⓐ 那个男孩是不是迷路了？
　Ⓑ 可能是啊，看他都快哭出来了。

7 Ⓐ <u>あの</u>話、結局どうなったんだろう。
　　　　<small>はなし</small> <small>けっきょく</small>
　Ⓑ 研修旅行でしょ。とりあえず延期に
　　<small>けんしゅうりょこう</small>　　　　　　　　　<small>えんき</small>
　　なったみたい。

　Ⓐ I wonder what ever happened on that.
　Ⓑ You mean the study tour? It seems to have been postponed for a while.
　Ⓐ 那件事情，结果怎么样了？
　Ⓑ 进修旅行吗？好像暂时延期了。

8 Ⓐ 今度引っ越したの、<u>どの</u>辺り？
　　<small>こんどひ</small> <small>こ</small>　　　　　<small>あた</small>
　Ⓑ 中央公園のすぐそばだよ。
　　<small>ちゅうおうこうえん</small>

　Ⓐ What area did you move to this time?
　Ⓑ Right next to Central Park.
　Ⓐ 这次搬到哪里去了？
　Ⓑ 中央公园的旁边。

PART1
日本語会話の最重要文型8

PART2
日本語会話の基本文型80

主に動詞につくもの

主に名詞につくもの

主に形容詞につくもの

文の前につくもの

文の終わりにつくもの

会話をつなぐもの

こそあど

いろいろな形につくもの

⌒MEMO
　6 今にも～そう：すぐにも／まさに～そう。
　　<small>いま</small>

76 こっちにするよ

kocchi-ni suru-yo

（これのほうにしますよ）

こっち／そっち／あっち／どっち

over here/over there/way over there/ where?
这里（这个）(近称) / 那里（那个）(中称) / 那里（那个）(远称) / 哪里（哪个）

Ⓐ デザインは違うけど、値段は一緒だね。

Ⓑ なるほど。じゃ、**こっち**にするよ。

Ⓐ The design is different, but the price is the same.
Ⓑ That makes sense. Then, I'll take this one.

Ⓐ 设计不一样，价格是一样的。
Ⓑ 明白，那就这个吧。

意味・使う場面

「**これのほう、話し手のほう**」という意味で「こっち」といいます。「**こちら」と同じ**ですが、より会話的です。物や事、場所のほか、人や組織を指す用法（会話例**3**）もあります。「そっち／あっち／どっち」も同じです。

The phrase「こっち」means "this one" or "the speaker's." It is more conversational than「こちら」. It is also used to indicate things, events, places, people, or organizations (See Conversation example 3). The same is true for the forms「そっち／あっち／どっち」.

"这个、说话一方"的意思叫"こっち"。与"こちら"一样，属于口语。除指代物体、事情、场所的用法外，也可以指代人或者组织（会话例 3），与"そっち／あっち／どっち"完全一样。

基本パターン

こっち＝これのほう、私（話し手）のほう、私／私たち（の側）

そっち＝それのほう、あなた（聞き手）のほう、あなた／あなたたち（の側）

あっち＝あれのほう、私とあなたから遠いほう、彼／彼女／彼ら／彼女ら（の側）

どっち＝どの方向、二つのうちのどれ

ポイント

改まった場面や丁寧な話し方では、「**こちら／そちら／あちら／どちら**」を使います。話の中の事や物を指す場合は、普通、「そっち」より「それ」を使います。

In formal situations or polite language, use「こちら／そちら／あちら／どちら」. When referring in conversation to events or things,「それ」is more commonly used than「そっち」.

在正式的场合和礼貌用语的场合时，多使用"こちら／そちら／あちら／どちら"，指代话题中的事情或物体的时候，比起"そちら"，多使用"それ"。

1 Ⓐ **こっち**と**そっち**、どう違うんですか。

　Ⓑ こちらのほうが作りがしっかりしています。

Ⓐ How is this one different from that one?
Ⓑ This one is better made.
Ⓐ 这个和那个，有什么区别呢？
Ⓑ 这个做得比较好。

2 Ⓐ **こっち**を出るのが1時だから、**そっち**に着くのは4時ぐらいになると思う。

　Ⓑ わかった。

Ⓐ We'll be leaving here at one o'clock, so I think we'll arrive there at around four o'clock.
Ⓑ I see.
Ⓐ 从这里出发是一点，到那里的时候是四点左右。
Ⓑ 好的。

3 Ⓐ **こっち**は完全に学生のチームだけど、**あっち**は元プロが2人もいるんだって。

　Ⓑ じゃ、勝てないよ。

Ⓐ Our team is made up entirely of university students, while I heard that the other team has two members who used to be professionals.
Ⓑ Then we don't stand a chance!
Ⓐ 这边完全是学生队，而据说对方有两人是原职业球员。
Ⓑ 那就赢不了啦。

4 Ⓐ **あっち**の店のほうがいいんじゃない。**こっち**は高いよ。

　Ⓑ じゃ、もう一回見に行こう。

Ⓐ Don't you think that restaurant would be better? This one is expensive, you know.
Ⓑ Then, let's go take another look at it.
Ⓐ 那个店不好吗？这个店太贵。
Ⓑ 那就再去看一次吧。

5 Ⓐ 行くの、行かないの、**どっち**？

　Ⓑ ちょっと待ってよ。

Ⓐ Are you going or not? Which is it?
Ⓑ Just give me a minute, will you?
Ⓐ 去还是不去？
Ⓑ 等会儿吧。

6 Ⓐ **こっち**の選手のほうが人気あるんだね。

　Ⓑ 実力は同じくらいだけどね。

Ⓐ This athlete is the more popular, isn't he.
Ⓑ But they have about the same ability.
Ⓐ 这个选手比较有人气。
Ⓑ 实力都差不多。

7 Ⓐ ＊各駅と次の急行、**どっち**のほうが早く着くんだろう。

　Ⓑ さあ…。駅員に聞いてみよう。

Ⓐ I wonder which one gets there first, this local or the next express train.
Ⓑ I don't know. Let's ask the station staff.
Ⓐ 慢车和下一趟快车，哪一趟早点到达目的地？
Ⓑ 这个嘛…。问问列车员吧。

8 Ⓐ 駅は**どっち**かなあ。全然わかんない。

　Ⓑ （指を差しながら）**こっち**か**こっち**、**どっち**かだよ。

Ⓐ What direction is the station? I have no idea.
Ⓑ (Pointing) Either this way or this way; it's one or the other.
Ⓐ 车站在哪里？完全不知路。
Ⓑ（一边指着）不是这边就是那边。

PART1
日本語会話の最重要文型8

PART2
日本語会話の基本文型80

主に動詞につくもの

主に名詞につくもの

主に形容詞につくもの

文の前につくもの

文の終わりに つくもの

会話をつなぐもの

こそあど

いろいろな形につくもの

🎵**MEMO**

7 各駅：「各駅停車」のこと。一駅ずつ停まる電車。

77 こちらにお入りください

kochira-ni o-hairi-kudasai

（ここに入ってください）

こちら／そちら／
あちら／どちら

this one(way)/that one (way)/that one (way) over there/where?
这里（这个）(近称) / 那里（那个）(中称) / 那里（那个）(远称) / 哪里（哪个）

ⓐ どうぞ、**こちら**にお入りください。

ⓑ あ、はい。失礼します。

ⓐ This way, please.
ⓑ Oh, uh, thank you.

ⓐ 请进。
ⓑ 好的，那就不客气了。

意味・使う場面

「これのほう、話し手のほう」という意味で「こちら」といいます。「こっち」と同じですが、より丁寧な言い方です。物や事、場所のほか、人や組織を指す用法（会話例3）もあります。「そちら／あちら／どちら」も同じです。

The phrase 「こちら」 means "this one" or "the speaker's." It is a more polite form of 「こっち」. It is also used to indicate things, events, places, people, or organizations (See Conversation example 3). The same is true for the forms 「そちら／あちら／どちら」.

"这个方面、说话人一方"的意思叫"こちら"。和"こっち"完全一样，但"こちら"更为礼貌。除指代物体、事情、场所的用法外，也可以代指人或者组织（会话例3），与"そちら／あちら／どちら"完全一样。

基本パターン

こちら＝これのほう、私（話し手）のほう、私／私たち（の側）

そちら＝それのほう、あなた（聞き手）のほう、あなた／あなたたち（の側）

あちら＝あれのほう、私とあなたから遠いほう、彼／彼女／彼ら／彼女ら（の側）

どっち＝どの方向、二つのうちのどれ

ポイント

話の中の事や物を指す場合は、普通、「そちら」より「それ」を使います。

When referring in conversation to events or things, 「それ」 is more commonly used than 「そちら」.

指代话题中的事情或物体的时候，比起"そちら"，多使用"それ"。

会話練習

1 Ⓐ 恐れ入りますが、**こちら**のカードは期限切れになっておりました。
Ⓑ そうでしたか…。

Ⓐ I'm sorry, but this card has expired.
Ⓑ Oh, it has?
Ⓐ 对不起，这张卡过期到了。
Ⓑ 是吗…。

2 Ⓐ じゃ、今から**そちら**に伺います。
Ⓑ わかりました。

Ⓐ Then, I'll be coming over in a while.
Ⓑ Okay.
Ⓐ 那我现在去拜访您吧。
Ⓑ 好的。

3 Ⓐ **あちら**にいらっしゃるのが山下先生です。
Ⓑ ああ、けっこう若い方なんですね。

Ⓐ The person over there is Professor Yamashita.
Ⓑ Oh, he is very young, isn't he.
Ⓐ 那边的是山下老师。
Ⓑ 啊，真年轻啊。

4 Ⓐ ご出身は**どちら**の大学ですか。
Ⓑ Ｋ大学です

Ⓐ Which university did you graduate from?
Ⓑ K University.
Ⓐ 你是哪所大学毕业的?
Ⓑ 是 K 大学。

5 Ⓐ よろしければ、**そちら**のお荷物をお預かりしますが。
Ⓑ あ、じゃ、お願いします。

Ⓐ If you wish, I will keep those bags for you.
Ⓑ Oh. Then, yes, please.
Ⓐ 如果可以的话，您的行李就寄放在这里吧。
Ⓑ 啊，那就拜托了。

6 Ⓐ ご連絡は、電話とメール、**どちら**がよろしいですか。
Ⓑ **どちら**でもけっこうです。

Ⓐ How should I contact you, by phone or email?
Ⓑ Either way is fine.
Ⓐ 用电话还是用邮件联系
Ⓑ 哪个都行。

7 〈電話で〉
Ⓐ …恐れ入ります。* **どちら**の田中様でしょうか。
Ⓑ ふじ工業の田中です。

(On the phone)
Ⓐ Excuse me, but which Mr. Tanaka is this?
Ⓑ I'm Tanaka from Fuji Manufacturing.
〈打电话〉
Ⓐ …不好意思，请问您是哪位田中先生?
Ⓑ 我是富士工业的田中。

PART1
日本語会話の最重要文型 8

PART2
日本語会話の基本文型 80

主に動詞につくもの

主に名詞につくもの

主に形容詞につくもの

文の前につくもの

文の終わりにつくもの

会話をつなぐもの

こそあど

いろいろな形につくもの

♪MEMO
7 どちら：「誰ですか」の意味で、「どちら様ですか」という表現もよく使われる。

78 こうすれば、開くんだよ

koo sureba, aku-n-dayo

（こうすれば、開くのですよ）

こう／ああ／どう （副詞）　　like this/like that/like that way/how? (Adverb)
这样 / 那样 / 那样 / 怎样

Ⓐ 〈入れ物など〉ほら。**こう**すれば、簡単に開くんだよ。

Ⓑ あ、ほんとだ。

Ⓐ (Container, etc.) See? It opens easily if you do this.
Ⓑ Oh, you're right.

Ⓐ〈容器等〉你看，这样做就能很简单地打开了。
Ⓑ 啊，真的啊。

意味・使う場面

「こう（副詞）」は「このように」という意味で、**動詞を伴って**使われます。「そう／ああ／どう」も同じです。

※「そう」については「そう」（p.174）で別に扱う。

The construction「こう（adverb）」means「このように」and is used with verbs. The same is true for「そう／ああ／どう」.

"こう（副词）"是"像这样"的意思，和动词连用。"そう／ああ／どう"也是一样的。

基本パターン

こう／ああ／どう + V

こう＝このように、私（話し手）のほうを指す感じ

ああ＝あのように、私とあなたから遠いほうを指す感じ

どう＝どのように？、方向や方法がわからない

ポイント

具体的にやり方などを示すときに使います。

Used to explain methods in a concrete way.
用于表示具体做法的意思。

166

1 Ⓐ この字は、左から右へ**こう**書くんです。
Ⓑ わかりました。

Ⓐ You write this letter from left to right, like this.
Ⓑ I see.
Ⓐ 这个字从做到右这么写。
Ⓑ 知道了。

2 Ⓐ あの人のやり方をよく見てください。**ああ**やればいいんですよ。
Ⓑ はい、わかりました。

Ⓐ Watch carefully how he does it. That's how it's supposed to be done.
Ⓑ All right. I see.
Ⓐ 你仔细看那个人的做法，只要那么做就可以了。
Ⓑ 好的，知道了。

3 Ⓐ ケンだったら、これ、日本語に**どう**訳す？
Ⓑ うーん、難しいね。

Ⓐ If it were you, Ken, how would you translate this into Japanese?
Ⓑ Uhm, that's a tough one.
Ⓐ 如果是ケン的话，这个怎么翻译成日语？
Ⓑ 嗯，真难啊。

4 Ⓐ **こう**雨が続くと、洗濯が全然できないね。
Ⓑ ほんと、困る。

Ⓐ When it rains incessantly like this, we can't get any laundry done, can we.
Ⓑ That's right. It's a real problem.
Ⓐ 像这样一直下雨的话，没法洗衣服了。
Ⓑ 嗯，真难办啊。

5 Ⓐ 昨日の試合、見た？　ひどかったね。
Ⓑ 最初はよかったのに、なんで**ああ**なったんだろうね。

Ⓐ Did you see the game yesterday? It was terrible, wasn't it.
Ⓑ It was fine in the beginning. I wonder why it ended up like that.
Ⓐ 昨天的比赛看了吗？真过分啊！
Ⓑ 开始还挺不错的，为什么变成那样了？

6 Ⓐ **どう**やったら、そんなにうまくなるの？
Ⓑ それはもちろん、練習だよ。

Ⓐ What do you do to get so good at that?
Ⓑ Of course, that's practice.
Ⓐ 怎么才能做得更好呢？
Ⓑ 那当然是练习啦。

7 Ⓐ **こう**してほしいという意見があれば、どんどん言ってください。
Ⓑ わかりました。

Ⓐ If you have any opinions about how things should be done, don't hesitate to tell me.
Ⓑ Okay.
Ⓐ 像这样如果有想要的意见，就直言不讳地说吧。
Ⓑ 好的，知道了。

8 Ⓐ 面接に落ちたら、**どう**すればいいんだろう。
Ⓑ また、ほかのところを受ければいいよ。

Ⓐ I wonder what I should do if I fail the interview.
Ⓑ All you have to do is try another place.
Ⓐ 如果面试不合格的话，怎么办才好呢？
Ⓑ 那就去其他地方面试吧。

PART1
日本語会話の最重要文型8の

PART2
日本語会話の基本文型80

主に動詞につくもの

主に名詞につくもの

主に形容詞につくもの

文の前につくもの

文の終わりにつくもの

会話をつなぐもの

こそあど

いろいろな形につくもの

79 そんな話、初めて聞いた

sonna hanashi, hajimete kiita

（そのような話は初めて聞きました）

| こんな／そんな／
あんな／どんな | this kind/that kind/that kind over there/what kind?
这样的／那样的／那样的／怎样的 |

Ⓐ うちの会社も来年、海外に店を出すんでしょ。

Ⓑ ほんと？ **そんな**話、初めて聞いた。

Ⓐ Isn't it true that our company is going to open an office overseas next year?
Ⓑ Really? I hadn't heard that.

Ⓐ 我们公司明天会在国外开分公司吧？
Ⓑ 真的吗？ 我第一次听说。

意味・使う場面

「こんな」は「このような」という意味です。**話し手やその周辺の状況**、話し手が**手に持っている物や近くにある物の様子**を表します。「そんな／あんな／どんな」も同様です。

The form「こんな」means「このような」. It refers to the situation involving the speaker, things the speaker is holding, or things near the speaker. The same is true for the forms「そんな／あんな／どんな」.

"こんな"是"このような"的意思。表示说话人和周边的情况以及说话人手里拿着的某种物体或附近某种物体的样子。与"そんな／あんな／どんな"的意思相同。

基本パターン

こんな／そんな／あんな／どんな＋［N］

こんな⇒このような、話し手やその周辺の状況、話し手が手に持っている物・近くにある物

そんな⇒そのような、聞き手やその周辺の状況、聞き手が手に持っている物・近くにある物

あんな⇒あのような、話し手と聞き手が知る物事の状態、話し手と聞き手から見える物の様子

どんな⇒どのような？

ポイント

「こんな」と「こういう」は、意味はほとんど同じです。「こんな」のほうが少しやわらかく、指示するものへの話し手の感情が含まれることが多いです。また、**低く見たり軽く扱ったりする場合のほうが多い**です。

The meanings of「こんな」and「こういう」are almost identical. The word「こんな」is somewhat more subtle and often includes the feelings of the speaker toward what the speaker is referring. It is often used in cases where something is looked at as lowly or considered unimportant.

"こんな"和"こういう"的意思几乎一样。"こんな"更为柔和，多含说话人对指示物的某种感情。此外，还伴有轻视、慢待的语义。

1 Ⓐ 見て。今、妹から**こんな**メールが来て、びっくりした。

Ⓑ へー、楽しそうだね。

Ⓐ Look! An email came in just now from my younger sister. I'm surprised.
Ⓑ Oh? That sounds fun.
Ⓐ 你看，刚刚从妹妹那里收到这样的邮件,吓了一跳。
Ⓑ 是吗，挺有意思的。

2 Ⓐ ここ、すごくいい席だね。

Ⓑ うん。**こんな**近くで見るのは初めて。

Ⓐ This is a great seat.
Ⓑ Yeah. This is the first time I've ever been able to see it so close up.
Ⓐ 这里真的是好位子啊。
Ⓑ 嗯，第一次从这么近来观看。

3 Ⓐ この中で、うちのチームが一番弱い？

Ⓑ **そんな**ことはないんじゃない？

Ⓐ My Japanese isn't very good. Is that okay?
Ⓑ You don't have to worry about something like that.
Ⓐ 这当中，我们队最弱吗？
Ⓑ 不会吧。

4 Ⓐ 日本語が下手なんですが、大丈夫ですか。

Ⓑ **そんな**の、気にしなくていいよ。

Ⓐ Is our team the weakest of these?
Ⓑ That's not true, is it?
Ⓐ 日语不好，没关系吧？
Ⓑ 不用太在乎这个。
Ⓐ〈考试〉他那么努力，听说还是没有及格，
Ⓑ 是吗…。真是遗憾啊。

5 Ⓐ **そんな**に食べて大丈夫？

Ⓑ ちょっと食べ過ぎたかもしれない。

Ⓐ Are you okay, eating that much?
Ⓑ Maybe I did eat a little too much.
Ⓐ 那么吃没事吧？
Ⓑ 可能吃得有点儿多了。

6 Ⓐ 結婚するんだったら、**あんな**人がいいな。

Ⓑ そう？

Ⓐ If I were going to get married, a person like that would be good.
Ⓑ Oh?
Ⓐ 要是结婚的话，那样的人不错。
Ⓑ 是吗？

7 Ⓐ〈試験〉彼、**あんな**に頑張ったのに、だめだったんだって。

Ⓑ そうか…。残念だったね。

Ⓐ (Test) I heard that he failed even though he studied that hard!
Ⓑ Oh. That's too bad.

8 Ⓐ 今度のパーティーには、**どんな**服で行く？

Ⓑ まだ決めてない。

Ⓐ What are you going to wear to the party?
Ⓑ I haven't decided yet.
Ⓐ 这次的晚会,你穿什么衣服去？
Ⓑ 还没决定。

PART1 日本語会話の最重要文型 8

PART2 日本語会話の基本文型 80

主に動詞につくもの

主に名詞につくもの

主に形容詞につくもの

文の前につくもの

文の終わりにつくもの

会話をつなぐもの

こそあど

いろいろな形につくもの

80 そういうかばんが欲しい
sooyuu kaban-ga hoshii
（そのようなかばんが欲しいです）

●●●●●●●●●●●●●●●●●●●●●●●●●●●●●●●●●●●●

こういう／そういう／	this type/that type/that type over there/what type?
ああいう／どういう	像这样的 / 像那样的 / 像那样的 / 怎样的

Ⓐ 私も**そういう**かばんが欲しいなあ。

Ⓑ これ？ うん、軽くていいよ。

Ⓐ I'd sure like to have a briefcase like that.
Ⓑ This? Yeah, it's nice and light.

Ⓐ 我也想要那样的包啊。
Ⓑ 这个吗？ 嗯，挺轻的，不错。

意味・使う場面 「こういう」は「このような」という意味です。**話し手やその周辺の状況、話し手が手に持っている物や近くにある物の様子**を表します。「そういう／ああいう／どういう」も同じです。

The phrase 「こういう」 means 「このような」. It refers to circumstances involving the speaker, something the speaker is holding, or something near the speaker. The same is true of the phrases 「そういう／ああいう／どういう」.

"こういう" 是 "このような" 的意思，表示说话人和周边的情况以及说话人手里拿着的某种物体或附近某种物体的样子。与 "そういう／ああいう／どういう" 的意思相同。

基本パターン

こういう／そういう／ああいう／どういう ＋ [N]

こういう ⇒ このような、話し手やその周辺の状況、話し手が手に持っている物・近くにある物

そういう ⇒ そのような、聞き手やその周辺の状況、聞き手が手に持っている物・近くにある物

ああいう ⇒ あのような、話し手と聞き手が知る物事の状態、話し手と聞き手から見える物の様子

どういう ⇒ どのような？

ポイント 「こういう」と「こんな」は、意味はほとんど同じです。比べると、「こんな」が感情を含んだ言い方であるのに対し、**「こういう」のほうが客観的な言い方**です。

The phrases 「こういう」 and 「こんな」 are almost identical in meaning. Compared with 「こんな」, which includes feelings, 「こういう」 is more objective.

"こういう" 与 "こんな" 的意思几乎一样。相比之下，"こんな" 是包含着感情的说法，而 "こういう" 是客观的说法。

1 Ⓐ 最近、**こういう**事件が多いね。
　　　さいきん　　　　　　じけん　おお
　 Ⓑ ほんと。いやになるね。

Ⓐ These kinds of incidents are on the increase nowadays, aren't they.
Ⓑ Yeah, really. It's disgusting.
Ⓐ 最近，这样的事件挺多啊。
Ⓑ 是啊，真烦人啊。

2 Ⓐ **こういう**ときはどうしたらいいんだろう？
　 Ⓑ わかんない。ネットで調べてみよう。
　　　　　　　　　　　　　　　　しら

Ⓐ What's a person supposed to do at a time like this?
Ⓑ I don't know. Let's check on the Internet.
Ⓐ 这种时候哦怎么办才好呢？
Ⓑ 不知道，在网上查一下吧。

3 Ⓐ コーチから学ぶことなんて、何もないよ。
　　　　　　　　まな　　　　　　　なに
　 Ⓑ **そういう**言い方は失礼だよ。
　　　　　　　　い　かた　しつれい

Ⓐ There's nothing that I can learn from the coach.
Ⓑ That's a rude thing to say!
Ⓐ 从教练那里什么都没学到。
Ⓑ 这样说很失礼哟。

4 Ⓐ 誰かほかの人にやってもらう、というのは？
　　　だれ　　　　ひと
　 Ⓑ ああ、**そういう**考え方もあるね。
　　　　　　　　　かんが　かた

Ⓐ How about having someone else do it for you?
Ⓑ Oh, that's one idea.
Ⓐ 请其他别的人做做，也就是说？
Ⓑ 啊，那样的想法也是有的。

5 Ⓐ 変わった店だったね。
　　　か　　　　みせ
　 Ⓑ でも、最近、**ああいう**店、増えてるよ。
　　　　　　さいきん　　　　　　みせ　ふ

Ⓐ That is a weird store.
Ⓑ But that kind of store is on the increase nowadays.
Ⓐ 真是一家怪怪的店铺啊。
Ⓑ 最近这样的店增多了。

6 Ⓐ うちのチームにも**ああいう**選手が欲しいね。
　　　　　　　　　　　　　　　せんしゅ　ほ
　 Ⓑ そうだね。

Ⓐ Our team would really like an athlete like that.
Ⓑ That's for sure.
Ⓐ 我们队也想要那样的选手啊。
Ⓑ 是啊。

7 Ⓐ **どういう**音楽が好きなんですか。
　　　　　　　おんがく　す
　 Ⓑ 何でも好きですよ。日本のポップスも好きです。
　　　なん　　す　　　　　にほん　　　　　　　す

Ⓐ What kind of music do you like?
Ⓑ I like everything. I like J-pop, too.
Ⓐ 你喜欢什么样的音乐呢？
Ⓑ 什么都喜欢，日本的流行音乐也喜欢。

8 Ⓐ それって、**どういう**こと？
　 Ⓑ 私も詳しく知らないんです。
　　　わたし　くわ　　し

Ⓐ What exactly is that about?
Ⓑ I don't know anything about it, either.
Ⓐ 那个，是什么？
Ⓑ 具体的，我也不太清楚。

PART1 日本語会話の最重要文型 8

PART2 日本語会話の基本文型 80

主に動詞につくもの

主に名詞につくもの

主に形容詞につくもの

文の前につくもの

文の終わりにつくもの

会話をつなぐもの

こそあど

いろいろな形につくもの

81 それは心配だね

sore-wa shinpai-dane

（それは心配ですね）

それ   that
                              那个

Ⓐ 夕方からずっと連絡がとれないんです。

Ⓑ **それ**は心配ですね。

Ⓐ I haven't been able to contact her ever since last evening.   Ⓐ 从傍晚起就一直联系不上。

Ⓑ That is worrisome, isn't it.   Ⓑ 真是让人担心啊。

意味・使う場面 🔗「それ」は「**聞き手の近くにあるもの**」や「**話の中に出てきた物や事**」を指します。

The word「それ」refers to something close to the listener or things or events that arise in conversation.

「それ」指的是"听话人附近的物体"或者是"话题中所出现的物体或事情"。

基本パターン	**それ** ＋ {は〜　など}	Ⓐ **具体的な物** Ⓑ **情報** Ⓒ **発言・行為** Ⓓ **状況**

💡 ポイント 話の中に出てきた物や事で、自分の知らないものを指します。Ⓐが「昨日、靴を買ったよ」と言うと、Ⓑはその靴のことは初めて聞くので、「それ、どんな靴？」と聞きます。目の前になくても、一緒に買ったりして知っていれば、「あれ、いい靴だね」などと言います。

Refers to things or events that arise in conversation about which the speaker knows nothing. If A says, "I bought some shoes yesterday, you know," B, who has not heard about the shoes before, asks, "What kind of shoes are they?" (「それ、どんな靴？」). Even if the shoes are not in front of him, provided the listener knows about the shoes because he was there when the speaker bought them, he could respond with, "Those are nice shoes, aren't they." (「あれ、いい靴だね」).

指的是在话题中所出现的物体或事情中自己所不知道的东西。A说"昨天买鞋了？B因为第一次听到鞋的事情，所以会问"那是什么鞋？即使眼前没有，如果听话人知道是一起去买的，也会说"那双鞋不错"之类的话。

Ⓐ 具体的な物 A Concrete Things

1 Ⓐ <u>それ</u>、いいですね。どこで買ったんですか。

　　Ⓑ ベトナムです。

Ⓐ That's nice. Where did you buy it?
Ⓑ In Vietnam.
Ⓐ 那个真不错，在哪里买的？
Ⓑ 在越南。

2 Ⓐ <u>それ</u>はどんな味ですか。

　　Ⓑ チーズみたいな味です。今度買って持っ

　　てきますよ。

Ⓐ What kind of flavor is that?
Ⓑ It takes cheese. Next time I'll buy one and bring it for you.
Ⓐ 那是什么味儿？
Ⓑ 好像是奶酪的味道。下次我买了带过来。

3 Ⓐ <u>それ</u>、うまく開かないの。開けてくれない？

　　Ⓑ ああ、このワインね。

Ⓐ I just can't get that open. Would you mind opening it for me?
Ⓑ Oh, you mean the wine, right?
Ⓐ 那个不好开啊，能帮我开开吗？
Ⓑ 哦，这瓶酒啊。

Ⓑ 情報 Information　信息

4 Ⓐ あの二人が離婚⁉　<u>それ</u>、本当なの？

　　Ⓑ うん。残念だけどね。

Ⓐ Are those two getting a divorce? Is that really true?
Ⓑ Yeah. It's too bad, though.
Ⓐ 那两人离婚了！？ 真的吗？
Ⓑ 嗯，真遗憾啊。

Ⓒ 発言・行為 Statements and Actions　发言・行为

5 Ⓐ 上司がそんなこと言ったの⁉　<u>それ</u>って

　　セクハラだよ。

　　Ⓑ そうだよね。

Ⓐ Did the boss really say something like that? That's sexual harassment!
Ⓑ It is, isn't it.
Ⓐ 上司说那种话吗？那是性骚扰啊。
Ⓑ 是啊。

Ⓓ 状況 Circumstances　状况

6 Ⓐ みんなに迷惑かけて、ほんとに申し訳な

　　いよ。

　　Ⓑ ＊<u>それ</u>より体の具合はどうなの？

Ⓐ I'm truly sorry for causing so much trouble for everyone.
Ⓑ Don't worry about that. How are you feeling now?
Ⓐ 给大家添麻烦了，真是对不起啊！
Ⓑ ＊没什么，重要的是身体怎么样了？

7 〈コンサートの中止〉

　　Ⓐ 当日に突然中止。もう、がっかりだよ。

　　Ⓑ <u>それ</u>はひどいね。

Ⓐ (Concert is cancelled)　The concert was cancelled the day it was supposed to be held. I'm so disappointed!
Ⓑ That is terrible!
〈演唱会中止〉
Ⓐ 当天突然中止了，真让人失望啊。
Ⓑ 真是很过分啊。

8 Ⓐ 〈人や店など〉中村さんが推薦したんだ。

　　<u>それ</u>なら大丈夫。

　　Ⓑ 中村さん、信用があるんですね。

Ⓐ Mr. Nakamura recommended it. Since that's the case, it should be all right.
Ⓑ So Mr. Nakamura is trustworthy.
Ⓐ 中村推荐了，那就没事了。
Ⓑ 中村信得过。

🔖**MEMO**　**6** それより：そんなことより、それはいいから。

82 そう。それはよかった

soo. sore-wa yokatta

（そうですか。それはよかったです）

• •

そう　　　　　　　　　　　looks like 〜
　　　　　　　　　　　　　是吧

Ⓐ おかげさまで大学に合格しました。

Ⓑ そう。それはよかった。

Ⓐ I passed the entrance exam for college.
Ⓑ Oh, I'm so glad to hear that.

Ⓐ托您的福，考上大学了。
Ⓑ是吗，那太好啦。

意味・
使う場面

主に次の３つの使い方があります──Ⓐ相手の話を聞いて、その内容を指す。Ⓑ自分の言ったことを指す。Ⓒ答えを考えるときに言う（慣用的な表現）。

This expression is mainly used in the following three ways: Ⓐ to refer to what the speaker said after listening to him; Ⓑ: to refer to what you yourself said; Ⓒ: to buy time when thinking about what to respond (idiomatic expression).

主要有以下三种使用方式　Ⓐ听取对方的谈话，指代谈话内容。Ⓑ指代自己说的内容。Ⓒ考虑答案时所说的话。（惯用型表达）。

基本
パターン

〈相手の話を受けて〉 そう＋α …Ⓐ相手が言ったことを指す

そう＋α …Ⓑ自分が言ったことを指す

〈前の話を受けて〉 そう＋だ / です＋ね / なあ
…Ⓒ答えを考えるときに言う

ポイント

「聞いてわかった」ことを表す「そう」「そうですか」、同意を強調する「そう、そう」、「納得した、感心した」ことを表す「そうなんだ」などがよく使われます。

〈ほかの例〉
そうなんです／そうかなあ／そうすれば？／そうじゃない？／そう思う

The forms「そう」and「そうですか」are often used to indicate "I understand what I heard," while「そうなんだ」is used in strong agreement to mean "yes, that's right," "I'm convinced," or "I'm impressed."

表示"听懂了"意思的"そう"、"そうですか"、表示"强调"意思的"そう、そう"、表示"理解、佩服"意思的"そうなんだ"等经常使用。

A 相手が言ったことを指す　Referring to What the Speaker Has Said　指代对方说话的内容

1 Ⓐ 全員無事でした。
ぜんいん ぶ じ
　 Ⓑ **そう**ですか。よかったですね。

Ⓐ Everyone was safe.
Ⓑ Is that so. I'm glad.
Ⓐ 大家都没事。
Ⓑ 是吧。太好啦。

2 Ⓐ 髪型、似合ってるよ。
かみがた　に あ
　 Ⓑ **そう**？ ＊ありがと。

Ⓐ Your hairstyle looks good on you.
Ⓑ Oh? Thanks.
Ⓐ 发型很配你啊！
Ⓑ 是吗？谢谢。

3 Ⓐ 最終試験は来月になったんだって。
さいしゅう し けん　らいげつ
　 Ⓑ えっ、**そう**なの？

Ⓐ I heard that it turns out the final exam will be next month.
Ⓑ What? Is that right?
Ⓐ 听说最后的考试是下个月。
Ⓑ 诶，是吗？

4 Ⓐ 彼、結局、医者になるの、あきらめ
かれ　けっきょく　いしゃ
　 たんだって。
　 Ⓑ **そう**なんだ。

Ⓐ He said that he gave up on the idea of becoming a doctor after all.
Ⓑ Oh, is that so.
Ⓐ 听说他最后还是放弃当医生啦。
Ⓑ 是吧。

5 Ⓐ やっぱりイタリアで食べたピザは最
　 た　　　　　　　　さい
　 高においしかったです。
こう
　 Ⓑ そりゃ、**そう**でしょ。

Ⓐ Just as I expected, the pizza I had in Italy was absolutely delicious.
Ⓑ Well, I would think so.
Ⓐ 还是在意大利吃的披萨是最好吃的。
Ⓑ 那当然啦。

B 自分が言ったことを指す　Referring to What One Has Said　指代自己的谈话内容
じ ぶん　い　　　　　さ

6 Ⓐ こういうところが日本は遅れてるん
　 　　　　　　　　　にほん　おく
　 だよ。**そう**思わない？
　 　　　　　　おも
　 Ⓑ そうだね。

Ⓐ It's in things like this that Japan is behind, don't you think?
Ⓑ Yeah, that's probably true.
Ⓐ 就是这些地方日本才比较落后啊。你不这么认为吗？
Ⓑ 是啊。

C 答えを考えるときに言う　Before Giving an Answer　放在说答案之前
こた　　かんが

7 Ⓐ どうして日本に留学しようと思っ
　 　　　　にほん　りゅうがく　　　おも
　 たんですか。
　 Ⓑ **そう**ですね。子供の頃から日本の文
　 　　　　　　　こども　ころ　　　にほん　ぶん
　 化に興味があったんです。
か　きょうみ

Ⓐ Why did you think of coming to Japan to study?
Ⓑ Hmm, well, I have been interested in Japanese culture since I was a child.
Ⓐ 为什么你想去日本留学呢？
Ⓑ 这个嘛，因为我从小时候就对日本的文化感兴趣。

8 Ⓐ 次、外国に旅行に行くとしたら、ど
　 つぎ　がいこく　りょこう　い
　 こ？
　 Ⓑ **そう**だなあ。タイかな。

Ⓐ If you were to take another trip abroad, where would you go?
Ⓑ Hmm, maybe Thailand.
Ⓐ 下一次如果去国外旅游的话，去哪里呢？
Ⓑ 这个嘛，去泰国。

PART1
日本語会話の最重要文型 8

PART2
日本語会話の基本文型 80

主に動詞につくもの

主に名詞につくもの

主に形容詞につくもの

文の前につくもの

文の終わりにつくもの

会話をつなぐもの

こそあど

いろいろな形につくもの

⌕**MEMO**

2 ありがと：「ありがとう」のくだけた言い方。
い　かた

83 かさ**はいい**よ

kasa-wa ii-yo

（かさは必要ないです）

〜はいい（不要）　　　　　　　　（Unnecessary）
（不用）

Ⓐ 用意はできましたか。かさは持ちました？

Ⓑ かさは**いい**よ。降らないと思う。

Ⓐ Are you all set? Do you have your umbrella?
Ⓑ I don't need an umbrella. I don't think it's going to rain.

Ⓐ 看来挺重的。我帮你吧。
Ⓑ 不用了，我一个人没关系的。

意味・使う場面

「**いらない、不要だ**」という意味で使われる場合の「いい」です。手伝いなどの申し出を断るときによく使います。「〜は」は、省略されることも多いです。

This is the「いい」that is used to mean "doesn't want" or "unnecessary." It is often used to decline offers of help, etc. The particle「〜は」is often omitted.

这是在"不需要""不要"的意思上所使用的"いい"。多用于拒绝帮助的场合。"〜は"也经常省略。

基本パターン

Ⓐ ［N］＋ **は** ＋ **いい**

Ⓑ ［Vる＋の／それ］＋ **は** ＋ **いい**

※ Ⓑ の「〜のは（それは）」はふつう、省略される。

ポイント

「**いい**」「**いいんだ**」は、主にくだけた会話で使われます。丁寧に言う場合、「**いいです**」「**いいんです**」を使うこともありますが、「**けっこうです**」など、ほかの表現を使うことが多くなります。

The forms「いい」and「いいんだ」are mainly used in informal conversation. There are times in polite speech when「いいです」and「いいんです」are used, but mostly other expressions, such as「けっこうです」are used instead.

"いい"、"いいんだ"多用于亲密随便的会话。有礼貌的正式场合有时候也使用"いいです"、"いいんです"，或者有时候也使用"けっこうです"这样的表达方式。

A [N] ＋ は ＋ いい

1 Ⓐ これはまだ取っておきますか。

Ⓑ いや、それ**は**もう**いい**です。捨ててください。

Ⓐ Do you want to hang on to this?
Ⓑ No, I don't need that anymore. Please throw it away.
Ⓐ 这个还是留着吧。
Ⓑ 不用了。扔了吧。

2 Ⓐ お礼**はいい**って言ったんだけどな。

Ⓑ けっこういいお菓子だよ、これ。

Ⓐ But I said that they didn't have to give me anything in return.
Ⓑ This is a pretty high-class confection, you know.
Ⓐ 我说过不用道谢了。
Ⓑ 这是很不错的糕点啊。

3 Ⓐ 言い訳**はいい**から、早くやって。

Ⓑ はい、すみません。

Ⓐ Enough with the excuses. Just hurry up and do it.
Ⓑ All right. I'm sorry.
Ⓐ 不要找借口了，赶紧做吧。
Ⓑ 好的，对不起啊。

4 Ⓐ 子供の入場料はいくらですか。

Ⓑ ああ、子供**はいい**んだって。

Ⓐ How much does it cost for children to get in?
Ⓑ Oh, they said that children can get in for free.
Ⓐ 孩子的入场费是多少钱呢？
Ⓑ 啊，听说孩子不要钱。

B [Vる＋の] ＋ は ＋ いい

5 Ⓐ 森さん、何か飲みますか。

Ⓑ いえ、**いい**です。ありがとうございます。

Ⓐ Mr. Mori, would you like something to drink?
Ⓑ No, I'm fine, thank you.
Ⓐ 森先生，喝点儿什么吗？
Ⓑ 不用了。谢谢。

6 〈電車やバスで〉

Ⓐ どうぞ座ってください。

Ⓑ あ、**いい**です、いいです。次で降りますから。

(In a train or bus)
Ⓐ Please sit down.
Ⓑ Oh, that's okay. I'm getting off at the next stop anyway.
〈在电车或公交车上〉
Ⓐ 请坐吧。
Ⓑ 啊，不用了。我下一站下车。

7 Ⓐ 重そうですね。手伝いましょうか。

Ⓑ **いい**よ、一人で大丈夫だから。

Ⓐ That looks quite heavy. Shall I help you?
Ⓑ That's okay. I'm fine by myself.
Ⓐ 准备好了吗？带伞了吗？
Ⓑ 不用伞了。我觉得不会下雨的。

8 Ⓐ エアコン、つけたほうがいいですか。

Ⓑ まだ**いい**んじゃない。

Ⓐ Would you prefer the air conditioning on?
Ⓑ Don't you think it's still okay without it?
Ⓐ 还是把空调打开好点儿吧？
Ⓑ 还不用吧。

177

84 何か書くものある？

<u>なに</u> <u>か</u>
nanika kaku-mono aru?
（何か書くものはありますか）

なにか something 有什么

Ⓐ **何か**書くものある？
　　なに　か
Ⓑ あるよ。ペンと鉛筆、どっちがいい？
　　　　　　　えんぴつ

Ⓐ Do you have anything to write with?
Ⓑ I do. Which do you want, a pen or pencil?

Ⓐ 有什么能书写的东西吗？
Ⓑ 有啊，钢笔和铅笔，哪个好呢？

意味・使う場面　「**何か…ある？**」は「**あるか、ないか**」を尋ねる表現です。「ある」ことがわかっている場合は「**何がある？**」と尋ねます。また、「何か」は「なんでも（いい）」という意味の場合もあります。

The expression 「何か…ある？」 is used to ask whether there is something or not. If it is known that there is something, the question becomes "what is there?"「何がある？」. Also,「何か」can mean "anything is okay."

"何か…ある？"是询问"有？还是无？"的表达方式。知道"有"的时候，会用"何がある？"这种方式进行询问。此外，"何か"也有"なんでも（いい）"的含义。

基本パターン

何か ＋ ［…？］　Ⓐ 「あるかないか」の問い
なに

何か ＋ ［…。］　Ⓑ 不特定の物事 Indefinite Things 不特定的事物
なに　　　　　　　　ふ とくてい　ものごと

ポイント　「何か」は、例えば「何かおいしいもの」のように「**具体的でないもの**」に使います。「**いつか／どこか／だれか／なぜか**」も似ています。「何か（が）ある」「誰か（が）いる」は、「よくわからない物や人が存在する」という意味です。

The word 「何か」(something) can be used for indefinite things as in "something delicious"（「何かおいしいもの」）. The words "sometime," "somewhere," "someone," "for some reason"（「いつか／どこか／だれか／なぜか」）are similar. The expressions "there is something"（「何か（が）ある」）and "there is someone"（「誰か（が）いる」）means that something or someone not well understood exists.

"何か"用于像"何かおいしいもの"这种"指的不是具体的东西"的场合。跟"いつか／どこか／だれか／なぜか"比较相似。"何か（が）ある"、"誰か（が）いる"的意思是"不知道的东西或者不认识的人存在"。

PART1
日本語会話の最重要文型 8

PART2
日本語会話の基本文型 80

主に動詞に
つくもの

主に名詞に
つくもの

主に形容詞に
つくもの

文の前に
つくもの

文の終わりに
つくもの

会話をつなぐ
もの

こそあど

いろいろな形に
つくもの

A 「あるかないか」の問い Asking If There Is Something 有或者无的提问

1 Ⓐ 何か運動やってる？

Ⓑ ジョギングやってるよ。

Ⓐ Are you doing any kind of exercise?
Ⓑ I jog.
Ⓐ 你做什么运动吗？
Ⓑ 我练跑步。

2 Ⓐ いま何か言った？

Ⓑ いや、何も言ってないよ。

Ⓐ Did you say something just now?
Ⓑ No. I didn't say anything.
Ⓐ 刚才说什么啦？
Ⓑ 没有，什么都没说。

3 Ⓐ ただいま。何か変わったこと、なかった？

Ⓑ いや、別に。

Ⓐ I'm home! Anything new happen?
Ⓑ No, not particularly.
Ⓐ 我回来啦，没什么事吧？
Ⓑ 没什么。

4 Ⓐ 何か、もっと効率的なやり方はないの？

Ⓑ もしあるなら、こっちが教えてほしいよ。

Ⓐ Isn't there any more efficient way to do that?
Ⓑ If there is, I sure wish someone would tell me what it is.
Ⓐ 没什么更为有效率的做法吗？
Ⓑ 如果有的话，我都希望你能教教我。

B 不特定の物事 Indefinite Things 不特定的事物

5 Ⓐ おみやげに何か買って帰ろうよ。

Ⓑ そうだね。何にしようか。

Ⓐ Let's buy some kind of souvenir to take home.
Ⓑ Yeah, let's. What should we get?
Ⓐ 我买点儿什么礼物回去吧。
Ⓑ 是啊，买什么好呢？

6 Ⓐ もう、こんな時間か。スーパー、閉まっちゃったね。

Ⓑ 冷蔵庫の中に何かあったと思うけど。

Ⓐ It's already this late? The supermarket is already closed, isn't it.
Ⓑ I think we have something in the refrigerator.
Ⓐ 都这个点儿啦，超市关门了吧。
Ⓑ 冰箱里面应该有点儿什么的。

7 Ⓐ この箱の中、何だと思う？ ちょっと持ってみて。

Ⓑ うん。…けっこう軽いね。何か、お菓子かな。

Ⓐ What do you think is in this box? Try picking it up.
Ⓑ Hmm. It's pretty heavy. Is it some kind of confection?
Ⓐ 你觉得这个箱子里有什么呢？拿来看看。
Ⓑ 嗯。…真轻啊，是糕点什么的吧？

💬 **MEMO**　「何か」のよりくだけた言い方として、「なんか」もよく使われる。

85 なんか寒くない？

nanka samuku nai?

（なぜだかわからないですが、寒くないですか）

• •

なんか／なんだか
kind of ～
等等、之类；不知为何、总觉得

Ⓐ この部屋、**なんか**寒くない？

Ⓑ そうかなあ。ちょうどいいけど。

Ⓐ Doesn't this room feel kind of cold?
Ⓑ Oh? I think it's just right.

Ⓐ 这间房间不冷吗？
Ⓑ 是吗，我觉得正好。

意味・使う場面

理由はよくわからないがそう感じるとき、うまく言い表せないときなどに使います。また、**不満や否定的な気持ち**を表す用法もあります。

Used when someone can't express clearly something felt for reasons not well understood. Also used to express dissatisfaction or negative feelings.

用于自己不太清楚原因，但总感觉这样，或不能言传理的场合。此外，还用于表达不满和否定的情绪。

基本パターン

なんか／なんだか＋［A／NA／文］

…Ⓐ どんな理由・事情かわからないけど

…Ⓑ 漠然とだけど

…Ⓒ なにか～

…Ⓓ 不満や否定的な気持ち

ポイント

例えば、「なんかお腹空いた」の「なんか」は「**少し、ちょっと**」の意味で、「なんかお腹が痛い」は「原因はよくわからないが"ちょっと"痛い」という意味です。また、「なんかねえ」は「ちょっとねえ」と同じく、否定的な答えです。

For example, the 「なんか」 in 「なんかお腹空いた」 means "I'm kind of hungry,;" in 「なんかお腹が痛い」 it means "for some reason, my stomach hurts." Further, 「なんかねえ」is a negative response similar to 「ちょっとねえ」 ("Uh, I don't think so.").

例如，"なんかお腹空いた"的"なんか"是"少し、ちょっと"的意思，"なんかお腹が痛い"的意思是，"虽然原因不太清楚，但是很疼"。此外，"なんかねえ"和"ちょっとねえ"一样，都是否定的回答方式。

A どんな理由・事情かわからないけど　　A Reasons and Circumstances Are Unknown
不太清楚何种理由或原因

1　Ⓐ 店長、**なんか**怒ってたよ。
　　てんちょう　　　　おこ
　Ⓑ え、ほんと？　いやだなあ。

Ⓐ The store manager was mad about something.
Ⓑ What? Really? Oh, no!
Ⓐ 店长有些生气啊。
Ⓑ 诶，是吗？真烦啊。

2　Ⓐ **なんだか**元気ないね。
　　　　　　　　げんき
　Ⓑ うん…ちょっとね。

Ⓐ You seem to be kind of out of sorts.
Ⓑ Yeah, well, a little.
Ⓐ 好像不太有精神啊。
Ⓑ 嗯…有点儿。

3　Ⓐ 今日は**なんか**集中できないなあ。
　　きょう　　　　しゅうちゅう
　Ⓑ 昨日の疲れが、まだ残ってるんだよ。
　　きのう　つか　　　　　のこ

Ⓐ I just don't seem to be able to concentrate today.
Ⓑ You're probably still tired out from yesterday.
Ⓐ 今天不知怎么的，集中不了精神 。
Ⓑ 昨天的疲劳还没完全恢复。

B 漠然とだけど　Vaguely, but...　有些茫然
　ばくぜん

4　Ⓐ うちの子、一人で大丈夫かしら。**な**
　　　　こ　　ひとり　だいじょうぶ
　　んか心配。
　　　　しんぱい
　Ⓑ 大丈夫だよ。
　　だいじょうぶ

Ⓐ I wonder if that child of ours will be all right on his own. I'm kind of worried.
Ⓑ He'll be all right.
Ⓐ 我家的孩子，一个人不要紧吧，总有些担心。
Ⓑ 不要紧的。

5　Ⓐ ねえ、このビデオは？「お笑いニッ
　　　　　　　　　　　　　　わら
　　ポン」だって。
　Ⓑ **なんか**面白そうだね。借りてみよう
　　　　　おもしろ　　　　　か
　　か。

Ⓐ Hey, how about this video? It's called Owarai Nippon.
Ⓑ Sounds kind of interesting. Should we rent it and try it out?
Ⓐ 喂，这个录像啊，听说叫"日本笑话"。
Ⓑ 好像挺有意思的，借来看看吧。

C なにか〜　something　有什么

6　Ⓐ このデザイン、どう思う？
　　　　　　　　　　おも
　Ⓑ うーん、**なんか**足りないんだよね。
　　　　　　　　　た

Ⓐ What do you think of this design?
Ⓑ Well, I do think there is something missing.
Ⓐ 这种设计，怎么样？
Ⓑ 嗯，总感觉某些地方有不足。

7　Ⓐ ヘアスタイル、変えてみたんだけど、
　　　　　　　　　か
　　どう？
　Ⓑ うーん、**なんか**変。前のほうがいい。
　　　　　　　　へん　まえ

Ⓐ I tried changing my hairstyle. What do you think?
Ⓑ Well, it's a little strange somehow. It looked better before.
Ⓐ 发型变了，怎么样？
Ⓑ 嗯，总觉得怪怪的，还是以前的那种好。

D 不満や否定的な気持ち　Feelings of Discontent or Negativity　不满或否定的情绪
　ふまん　ひていてき　きも

8　Ⓐ プリンター、どうする？
　Ⓑ 修理代に１万円払うのも**なんだか**
　　しゅうりだい　まんえんはら
　　ね…。新しいの、買おうか。
　　　　あたら　　　か

Ⓐ What should we do about the printer?
Ⓑ I don't know about paying out 10,000 yen for repairs. Should we buy a new one?
Ⓐ 打印机，怎么办？
Ⓑ 要付一万日元的修理费。买新的吧。

PART1
日本語会話の最重要文型 8
PART2
日本語会話の基本文型 80
主に動詞に つくもの
主に名詞に つくもの
主に形容詞に つくもの
文の前に つくもの
文の終わりに つくもの
会話をつなぐ もの
こそあど
いろいろな形に つくもの

86 何て答える？

なん こた
nan-te kotaeru?
（何と答えますか）
なん こた

・・・・・・・・・・・・・・・・・・・・・・・・・・・・・・・・

なんと〜、なんという〜／なんて〜、なんていう〜 how〜/what a 〜!
多么、何等

Ⓐ 「よろしくお願いします」って言われたら、ふつう<mark>何て</mark>答える？
ねが   い   なん   こた

Ⓑ やっぱり「こちらこそ、よろしくお願いします」でしょ。
ねが

Ⓐ How do you usually answer if someone tells you yoroshiku onegai shimasu?
Ⓑ Well, you'd have to answer kochira koso, yoroshiku onegai shimasu, wouldn't you?

Ⓐ 如果别人说 "よろしくお願いします"，一般怎么回答呢？
Ⓑ 还是说 "こちらこそ、よろしくお願いします" 吧。

意味・ わからないことについて、名前や内容など、<mark>具体的な情報を得たいと</mark>
使う場面   なまえ ないよう   ぐ たいてき じょうほう え
<mark>き</mark>に使います。
つか

Used to find out names, content, and other concrete information about something you don't know.

用于自己不清楚的事情，想得到对方的姓名、内容或者具体的信息时。

基本 パターン	何と／何て ＋ ［V］ …Ⓐ なん なん
	何という／何ていう ＋ ［N］ …Ⓑ なん なん

ポイント 「何と／何て」は「どう」と似ていますが、「何と／何て」のほうが具
なん なん   なん なん
体的です。「何と言ってた？」と「どう言ってた？」を比べると、<mark>「何</mark>
たいてき なん い   い   くら   なん
<mark>と〜？」は具体的な言葉を、「どう〜？」は内容</mark>を尋ねる文です。
ぐ たいてき ことば   ないよう たず ぶん

The expressions「何と／何て」are similar to「どう」, bu「何と／何て」are more concrete. Comparing「何と言ってた？」and「どう言ってた？」,「何と〜？」asks for some concrete response, while「どう〜？」asks for content.

"何と／何て" 与 "どう" 比较相似，"何と／何て" 的意思更为具体。"何と言ってた？" 与 "どう言ってた？" 相比，"何と〜？" 询问具体的语言，而 "どう〜？" 询问具体的内容。

A 何と／何て ＋［Ｖ］

1 Ⓐ 本当にありがとうございました。**何と**お礼を申し上げていいか。

Ⓑ いえいえ、当たり前のことをしただけです。

Ⓐ Thank you very, very much. How can I ever thank you enough?
Ⓑ Oh, think nothing of it. I only did what anyone would do.
Ⓐ 真是太感谢了，真不知道要怎么道谢才好呢？
Ⓑ 不用谢，我只是做了该做的事。

2 Ⓐ うわっ、小さい字。

Ⓑ ほんと。これじゃ、**何て**書いてあるか読めないよ。

Ⓐ Wow, what tiny letters!
Ⓑ I'll say. With that size of print, I can't read it what's written.
Ⓐ 哇，这么小的字。
Ⓑ 真的是啊，就这样的话，都看不懂写的什么啊。

3 Ⓐ 山下さんに「３万円貸して」って頼んだら、**何て**言うだろう。

Ⓑ ふざけるなって言うんじゃない？

Ⓐ I wonder what Yamashita will say if I ask him to lend me thirty-thousand yen.
Ⓑ Didn't I tell you to stop fooling around?
Ⓐ 如果向山下借“三万日元”，他会怎么说啊。
Ⓑ 不是会被说别开玩笑了吧？

4 Ⓐ 駅前の高いビル。あれ、**何て**言うんでしたっけ？

Ⓑ スカイタワーでしょ。

Ⓐ That tall building in front of the station—what was it called again?
Ⓑ You mean the Sky Tower, right?
Ⓐ 车站前那座高的大厦，是叫什么来着？
Ⓑ 天空塔吧。

5 Ⓐ メッセージカードに**何て**書こうかな。

Ⓑ 「ときどき会いましょうね」とか？

Ⓐ What message should I write in the card?
Ⓑ How about something like, "Let's meet sometimes"?
Ⓐ 留言卡上些什么好呢？
Ⓑ "时而见见吧"之类的？

B 何という／何ていう ＋［Ｎ］

6 Ⓐ **何という**雑誌をお探しですか。

Ⓑ 『キッチン手帳』です。

Ⓐ What is the name of the magazine you are looking for?
Ⓑ Kitchen Diary.
Ⓐ 您找什么杂志呢？
Ⓑ 《厨房记事本》。

7 Ⓐ 懐かしいな。今流れてるの、**何て**曲だったっけ？

Ⓑ ええと、何だっけな。愛の…。

Ⓐ I haven't heard the song that's playing now in a long time. Now what was the name of that tune?
Ⓑ Uh, what was it? "Love" something?
Ⓐ 真让人怀念啊，现在放的是什么歌曲来着？
Ⓑ 嗯，什么来着，爱的…。

87 辛いほうが好き

karai hoo-ga suki

（辛いほうが好きです）

〜ほう
〜方面

〜 is better, etc.

Ⓐ カレーは甘いのと辛いの、どっちが好き？

Ⓑ 私は辛い**ほう**が好き。田中さんは？

Ⓐ Which kind of curry do you like better, mild or spicy?

Ⓑ I like spicy curry better. What about you, Ms. Tanaka?

Ⓐ 甜的咖喱和辣的咖喱，你喜欢哪个？

Ⓑ 我怕喜欢辣的，田中呢？

意味・使う場面 📎 **2つ（以上）を比べて1つを選ぶ**とき、「ほう」を使います（Ⓐ比較）。また、**直接言及するのを避けて**「〜のほう」と言う用法もあります（Ⓑ婉曲）。

When comparing two (or more) things and choosing one, 「ほう」 is used; (Ⓐ: Comparisons). Can also be used to avoid a direct reference to something; (Ⓑ: Circumlocution).

两个（以上）比较，选择一个的时候，用"ほう"（Ⓐ比较）。此外，避免直接提及的时候，用"〜のほう"的形式（Ⓑ委婉）。

基本パターン	[N] ＋ **の** ＋ **ほう** [V る] ＋ **ほう** ｝ ＋（**が** ＋「プラス評価」）…Ⓐ比較
	[N] ＋ **の** ＋ **ほう** …Ⓑ婉曲

ポイント 直接はっきり「嫌いです」「いやです」などと断ると人間関係が悪くなりそうなときは、「好きなほうじゃない」のように、間接的で遠回しな断り方をします。また、言いにくい話題を言うときにも使います。

When refusing something directly by clearly stating dislikes can worsen human relations, expressions such a 「好きなほうじゃない」 (I don't really prefer it.) are used as indirect hints at refusal. Also, when talking about topics that are difficult to discuss, 「(〜の) ほう」 is used.

直接使用"嫌いです"和"いやです"进行拒绝的时候，会破坏人际关系，这时候用"好きなほうじゃない"这样间接的拒绝方式比较好。此外，对于难以说出口的话题时，可以使用"（〜の）ほう"的方式。

184

会話練習

PART1
日本語会話の最重要文型 8

PART2
日本語会話の基本文型 80

主に動詞につくもの

主に名詞につくもの

主に形容詞につくもの

文の前につくもの

文の終わりにつくもの

会話をつなぐもの

こそあど

いろいろな形につくもの

A 比較 Comparisons 比

1 Ⓐ 土曜と日曜、どっちがいい？

Ⓑ どっちでもいいけど、土曜の**ほう**が

いいかな。

Ⓐ Saturday or Sunday, which is better?
Ⓑ Either is okay, but maybe Saturday would be better.
Ⓐ 星期六和星期天，哪个好？
Ⓑ 哪个都可以，星期六比较好。

2 Ⓐ 8月は暑くて嫌だなあ。

Ⓑ そうね。でも私は、6月とか7月とかの**ほう**が蒸し暑くていや。

Ⓐ August is so hot I can't stand it.
Ⓑ That's for sure. But to me, June and July are the muggiest and most disagreeable.
Ⓐ 8月份太热，真不喜欢啊。
Ⓑ 是啊，但是我觉得6月份和7月份更闷热,不舒服。

3 Ⓐ 朝早く起きて勉強すると頭に入るよ。

Ⓑ ぼくは夜勉強する**ほう**が集中できるな。

Ⓐ If you wake up early in the morning to study, it's easier to remember everything, you know.
Ⓑ In my case, I can concentrate on my studies better at night.
Ⓐ 早上起早学习，能得进去。
Ⓑ 我晚上学习才能集中精神。

4 Ⓐ ボールを使うスポーツは？

Ⓑ どっちかっていうと苦手な**ほう**。走るほうが得意。

Ⓐ How about sports that require the use of balls?
Ⓑ If anything, I'm not so good at those. I'm better at running.
Ⓐ 打球的运动呢？
Ⓑ 不管怎么说不太擅长，还是跑比较擅长。

5 Ⓐ この赤いの、かわいくない？

Ⓑ そう？ ぼくは、こっちの青い**ほう**がいいな。

Ⓐ Don't you think this red one is cute?
Ⓑ Really? I think I like this blue one better.
Ⓐ 这个红色的，不是挺可爱的嘛？
Ⓑ 是吗？ 我认为这个蓝色的好点儿。

B 婉曲 Circumlocution 委婉

6 Ⓐ お支払いの**ほう**は、どうなさいますか。

Ⓑ カードでお願いします。

Ⓐ What would you like to do about payment?
Ⓑ I'd like to use my card, please.
Ⓐ 请问您用什么来支付呢？
Ⓑ 用卡来付。

7 Ⓐ お仕事の**ほう**は順調ですか。

Ⓑ まあ、なんとかやってます。

Ⓐ Is your work progressing smoothly?
Ⓑ Well, (I'm) getting along somehow.
Ⓐ 工作还顺利吧？
Ⓑ 那个嘛，正在想办法做。

8 Ⓐ で、おけがの**ほう**は、どうだったんですか。

Ⓑ ああ、大したけがじゃなかったんです。心配をおかけしました。

Ⓐ What was the upshot on your injury?
Ⓑ Oh, it wasn't serious. Thank you for your concern.
Ⓐ 那么，您的伤怎么样了？
Ⓑ 啊，不是那么严重的伤，让您担心啦。

88 やっぱりバスで行かない？

yappari basu-de ikanai?

（やはりバスで行きませんか）

・・・・・・・・・・・・・・・・・・・・・・・・・・・・・・・・・・・・・・

やっぱり after all/as expected
还是

Ⓐ **やっぱり**バスで行かない？

Ⓑ そうだね。歩くと 30 分以上かかりそうだからね。

Ⓐ How about if we take the bus after all?
Ⓑ Let's. It would probably take over thirty minutes if we walked.

Ⓐ 还是坐公交车去吗？
Ⓑ 是啊，走着去的话，要花三十分钟以上呢。

意味・
使う場面

「やはり」のくだけた言い方です。「**前と変わらない様子**」や「**予想どおりの結果**」について「**思っていたとおり**」と、**納得した気持ち**を表します。また、最終的な結論を述べるときに「**いろいろあるが、結局これだ**」と、納得した気持ちを表します。

Casual form of「やはり」. Manifests a feeling of conviction, ("just as I thought"), about situations that are unchanging or results that are predictable. When giving a final conclusion, expresses a feeling of conviction ("there are any number of possibilities, but in the end this is it").

是"やはり"的比较随便的说法。关于"与之前一样"或"就是预想的结果"这一点，跟"自己所想的一样"，表示能理解的心情。此外，在叙述最终结论的时候，表示"虽然有各种各样的过程，但结果还是这个"，表示能够理解的心情。

基本
パターン

やっぱり ＋ [文] …

Ⓐ 前と変わらない様子（評価なども含む）
Ⓑ 予想どおりの結果
Ⓒ 最終的な結論

ポイント

場合によっては、「思っていたとおり」というニュアンスが「評価の低さ」を表し、相手を不快にさせることがあるので注意しましょう。

例 試験、不合格でした。―― やっぱりそうでしたか。

In some cases, the nuance in "just as I thought" can imply a low estimation that can make the listener take umbrage, so care is needed in using it. Example: A: I failed the test. B: So you did fail it after all.

某些场合还含有"跟预想的一样"这种"评价较低"的语感，所以使用时一定要注意不要给对方不愉快的感觉。

例 考试，没有及格。果然没及格啊？

Ａ 前と変わらない様子　A Unchanging Situations　　与以前一样

1 Ⓐ 山田さんは、**やっぱり**歌、うまいね。

　　Ⓑ そんなことないよ。

Ⓐ Mr. Yamada, you are good at singing, just as I thought.
Ⓑ Oh, no, I'm not, you know.
Ⓐ 山田唱歌还是唱得很好啊。
Ⓑ 哪里，哪里

2 Ⓐ 日本の観光地と言えば、**やっぱり**京都ですね。

　　Ⓑ そうですね。

Ⓐ When it comes to sightseeing spots, it's got to be Kyoto.
Ⓑ Yes, that's true.
Ⓐ 要说日本的景点，还是京都啊。
Ⓑ 是啊。

3 Ⓐ 夏は山がいいな。

　　Ⓑ そう？　私は**やっぱり**海だな。

Ⓐ I prefer the mountains in the summer.
Ⓑ Oh? I'd say it has to be the sea.
Ⓐ 夏天大山不错啊。
Ⓑ 是吗？　我还是喜欢大海。

4 Ⓐ **やっぱり**無理かなあ。

　　Ⓑ あと１か月しかないからね。

Ⓐ So it's probably impossible, just as I thought.
Ⓑ Yeah, because there's only one month left.
Ⓐ 还是来不及吧。
Ⓑ 只有一个月了吧。

5 Ⓐ 曇ってるね。**やっぱり**傘を持っていったほうがいいよ。

　　Ⓑ わかった。そうする。

Ⓐ It's cloudy. You should take an umbrella after all.
Ⓑ All right. I will.
Ⓐ 乌云密布啦，还是带着伞为好。
Ⓑ 好的，我带着。

Ｂ 予想どおりの結果　Expected Results　　跟预想的结果一样

6 Ⓐ 森さん、大島さんと付き合ってるんだって。

　　Ⓑ **やっぱり**！　この前、一緒に歩いてるのを見たよ。

Ⓐ I heard that Ms. Mori is going with Mr. Oshima.
Ⓑ That's just what I thought! I saw them walking together the other day, you know.
Ⓐ 听说小森和大岛在交往。
Ⓑ 果然是啊！　上次我还看到他们走在一起呢。

Ｃ 最終的な結論　Final Conclusion　　最终的结论

7 Ⓐ 林さんは紅茶？

　　Ⓑ うん。…あ、ごめん、**やっぱり**コーヒーにする。

Ⓐ Mr. Hayashi, did you want some tea?
Ⓑ Uhm, well, sorry, it's got to be coffee for me.
Ⓐ 小林喝红茶？
Ⓑ 嗯。…啊，不好意思，我还是喝咖啡吧。

8 Ⓐ さっきパンを頼んだけど、**やっぱり**いい。自分で買いに行くから。

　　Ⓑ あ、そう。わかった。

Ⓐ I asked you to get some bread a few minutes ago, but don't bother after all. I'll go buy it myself.
Ⓑ Oh, okay.
Ⓐ 刚才叫了面包，后来还是算了。自己去买吧。
Ⓑ 哦，是吧，好的。

PART1 日本語会話の最重要文型 8

PART2 日本語会話の基本文型 80

主に動詞につくもの

主に名詞につくもの

主に形容詞につくもの

つくの前につくもの

文の終わりにつくもの

会話をつなぐもの

こそあど

いろいろな形につくもの

文型リスト

※ 意味・働きが複数の場合、例と異なるものもあります。

#	文型とその例	主な意味・働き
1	おいしいね	軽く同意を求める／再確認／念を押す
2	もう帰ったよ	新情報を伝える／指示・注意の強調
3	お祭り行くよね	確認／新情報を伝える／調子を合わせる
4	コピーしようか。	疑問・問いかけ／提案や申し出／再確認
5	もう予約したの？	質問／事情説明
6	疲れているんだ	事情を伝える
7	会うのは初めて	名詞のように扱う
8	少し遅れるって	引用・強調
9	集合時間、わかってる？	動作の継続／状態の継続／くり返し
10	コピーしといて	準備／放置
11	言っちゃったの!?	完了／失敗・残念な結果
12	帰るところ	直前／途中／直後
13	買ったばかり	〜してすぐ
14	着いたら電話して	仮定や条件
15	遅れたりしないで	〜するようなこと
16	借りたらいい	提案／助言
17	もうすぐ降りそう	そうなる手前の状態／そのような様子
18	受かるはずがない	当然の否定
19	見たわけじゃない	内容を制限する
20	断るわけにはいかない	立場上できない／不満や欲求を抑えられない
21	食べていい？	許可
22	早く行かないと	義務／必要
23	これにしたら？	人に勧める
24	行ってみない？	勧誘／誘導／依頼
25	彼って、独身？	話題
26	明日のことだけど	話題
27	秋はいいね	高い評価／適当と思う／同意・許可
28	体にいい	良い効果がある
29	明日でもいい	許可する・受け入れる／許可を求める
30	断るしかない	他の可能性はない
31	テニスとか	例を示す
32	スーパー行くなら	条件／主題
33	これなんか、どう？	例を示す／軽視（軽く扱う）・謙遜（自分を低く扱う）
34	うそばかり	目立って多い
35	サルみたいな子	似たものに例える
36	ABCっていう店	具体的な情報を示す
37	別れたいってこと	伝聞／確認
38	明るくていいね	ほめる
39	けっこう忙しい	意外に
40	ほんと、うれしい	本当だ／本当に、実に
41	あのう、ちょっと伺いますが	話しかける／相手の注意をひく
42	ねえ、聞いた？	話しかける／相手の注意をひく
43	ほら、これだよ	相手の注意をひく／相手の承認を求める
44	あれ？ 雨だ	驚きや疑問
45	さあ、どうだろう	答えがすぐ出ない／行動を促す

46	まあ、大丈夫でしょ	十分ではないが許せる／感動
47	そしたら、もう帰る？	対応を述べる
48	晴れるといいな	感動や軽い願望／判断を確かめる
49	困ったなあ	感動・不満・願望など
50	紅茶にしようかな	軽い疑問／依頼
51	間に合うかなあ	疑問／願望
52	間に合うかも	結果の予測／原因や理由の推測
53	勝てる気がする	漠然と、そう思う
54	知ってるでしょ？	答えを求める／同意を求める
55	大変じゃない？	確認／意見・評価／驚き・感心
56	無理なんじゃない？	注意・確認／意見・批判／推測
57	遅れてるみたい	推量／意見を控えめに言う
58	合格すると思う	意見をはっきり言う
59	いつだっけ？	はっきり覚えてない
60	近いし、安いし…	例を挙げる
61	ちょっと聞きたいんだけど	婉曲（遠慮の気持ち）
62	出かけるけど…	単純接続
63	もう用意できてるから	結論を先に言う／結論を省略する
64	約束したのに	不満／意外な気持ち
65	帰ろうと思って	理由
66	大したものだ	感嘆（深く感じること）
67	これはどう？	意見や感想を聞く
68	うん、だいぶよくなったよ	YESの返事／理解していることを表す
69	うーん、どうかな	答えを考えている
70	へー、そうなんだ	納得や感心
71	えっ？本当？	驚きや疑問／聞き返す
72	なるほど。そうか あ、そう、ふーん	納得や感心（なるほど）一応の理解（ふーん）
73	で、どうしたの？	話の続きを聞く／新しい話題
74	あのさ、それでさ	反応を見ながら話す
75	この辺になかった？	「これ・それ・あれ・どれ」が名詞につく形
76	こっちにする	方向・場所
77	こちらにどうぞ	方向・場所
78	こうすれば開くよ	やり方など
79	そんな話、初めて聞いた	話し手やその周辺／持っている物や近く
80	そういうかばんが欲しい	話し手やその周辺／持っている物や近く
81	それは心配だね	具体的な物／情報／発言・行為／状況
82	そう。よかったね	相手や自分の発言
83	かさはいい	不要
84	何か買う？	あるかないか／不特定の物事
85	なんか心配	理由はわからないが／漠然と
86	何て答える？	具体的な情報
87	辛いほうが好き	比較／婉曲
88	やっぱりバスで行く？	前と変わらない様子／予想通りの結果／最終的な結論

さくいん Index／索引

● 監修者・著者

水谷 信子（みずたに のぶこ）
お茶の水女子大学・明海大学名誉教授、元アメリカ・カナダ大学連合日本研究
センター教授、元ラジオ講座「100万人の英語」講師など

● 著者

松本 隆（まつもと たかし）　アメリカ・カナダ大学連合日本研究センター教授
有田 聡子（ありた さとこ）　弥勒の里日本語学校専任講師
高橋 尚子（たかはし なおこ）　熊本外語専門学校専任講師

レイアウト・DTP　　オッコの木スタジオ
カバーデザイン　　花本浩一
本文イラスト　　はやし・ひろ／白須道子
翻訳　　Jenine Heaton ／ Ako Fukushima ／
　　　　王雪／司馬黎

わかる！話せる！日本語会話 基本文型 88

平成 26 年（2014 年）　10 月 10 日　初版第 1 刷発行

監修者・著者　水谷信子
著　　者　　松本隆／有田聡子／高橋尚子
発 行 人　　福田富与
発 行 所　　有限会社Jリサーチ出版
　　　　　　〒 166-0002　東京都杉並区高円寺北 2-29-14-705
電　　話　　03(6808)8801（代）　FAX 03(5364)5310
編 集 部　　03(6808)8806
　　　　　　http://www.jresearch.co.jp
印 刷 所　　株式会社シナノ パブリッシング プレス